AF324872

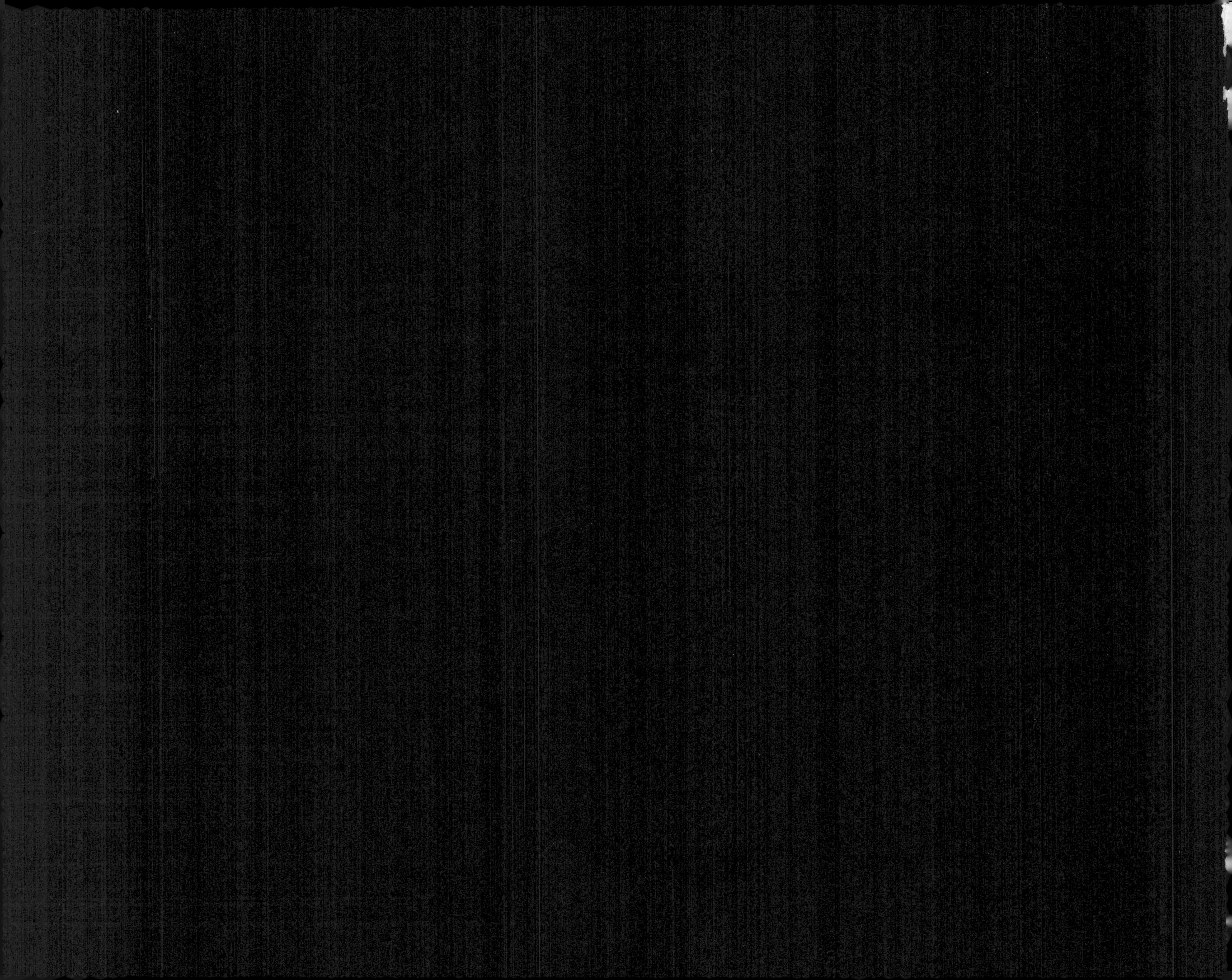

NOMADS LAND

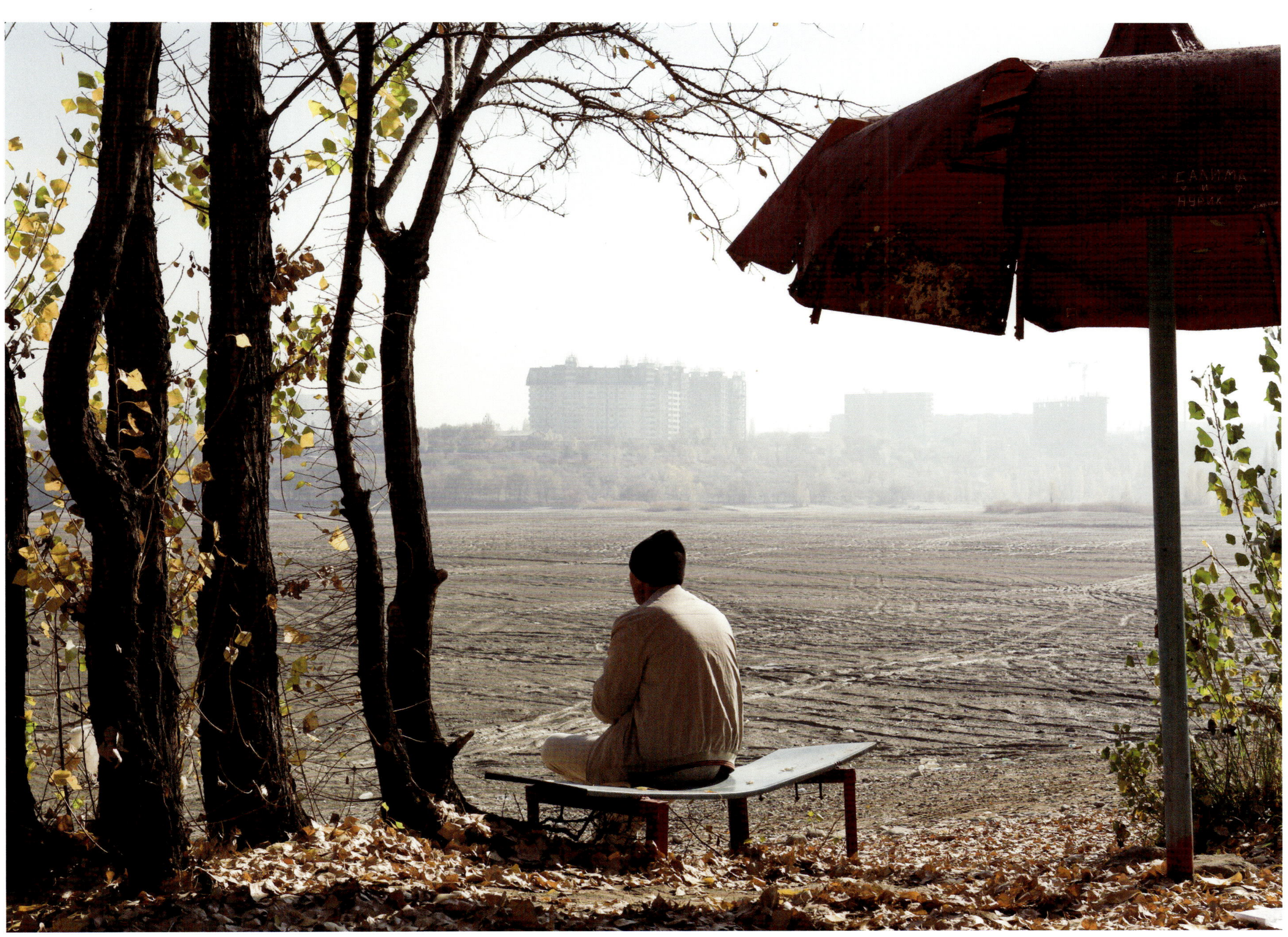
САЛИМА
и
НУРИК

NOMADS LAND
The Kazakhstan Project

Dieter Seitz • photographs
Markus Kaiser • essay

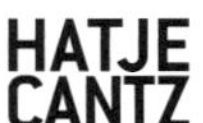

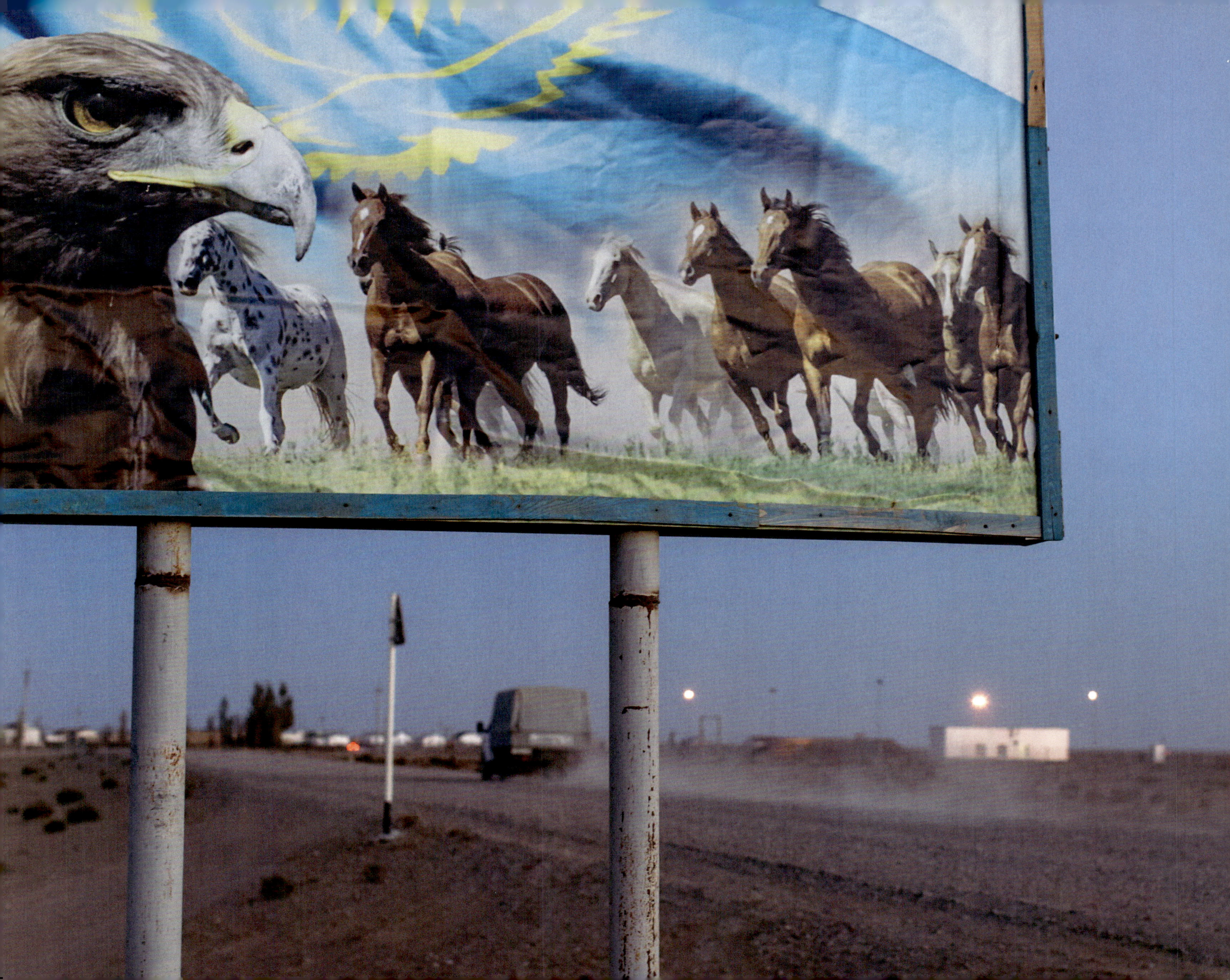

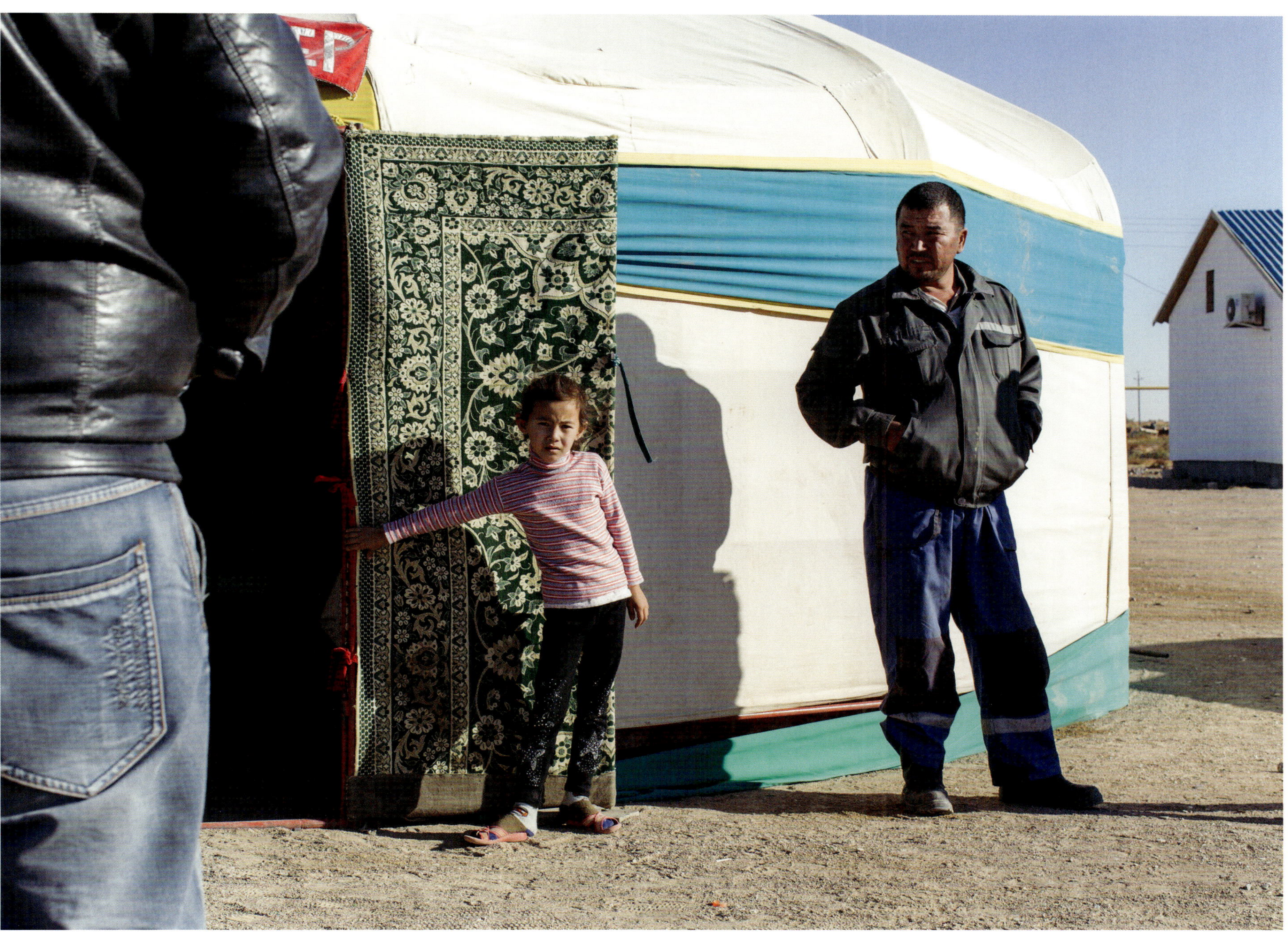

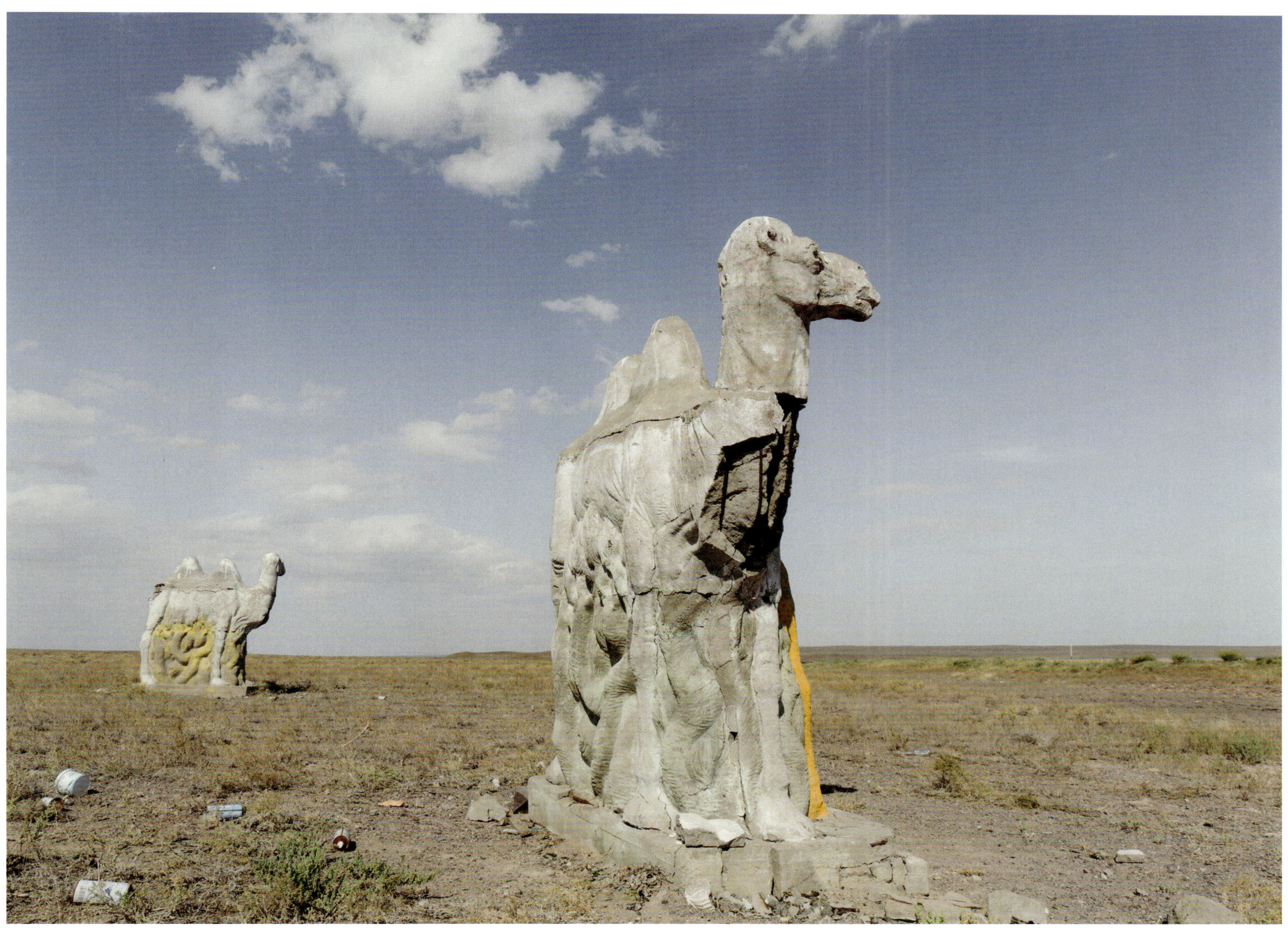

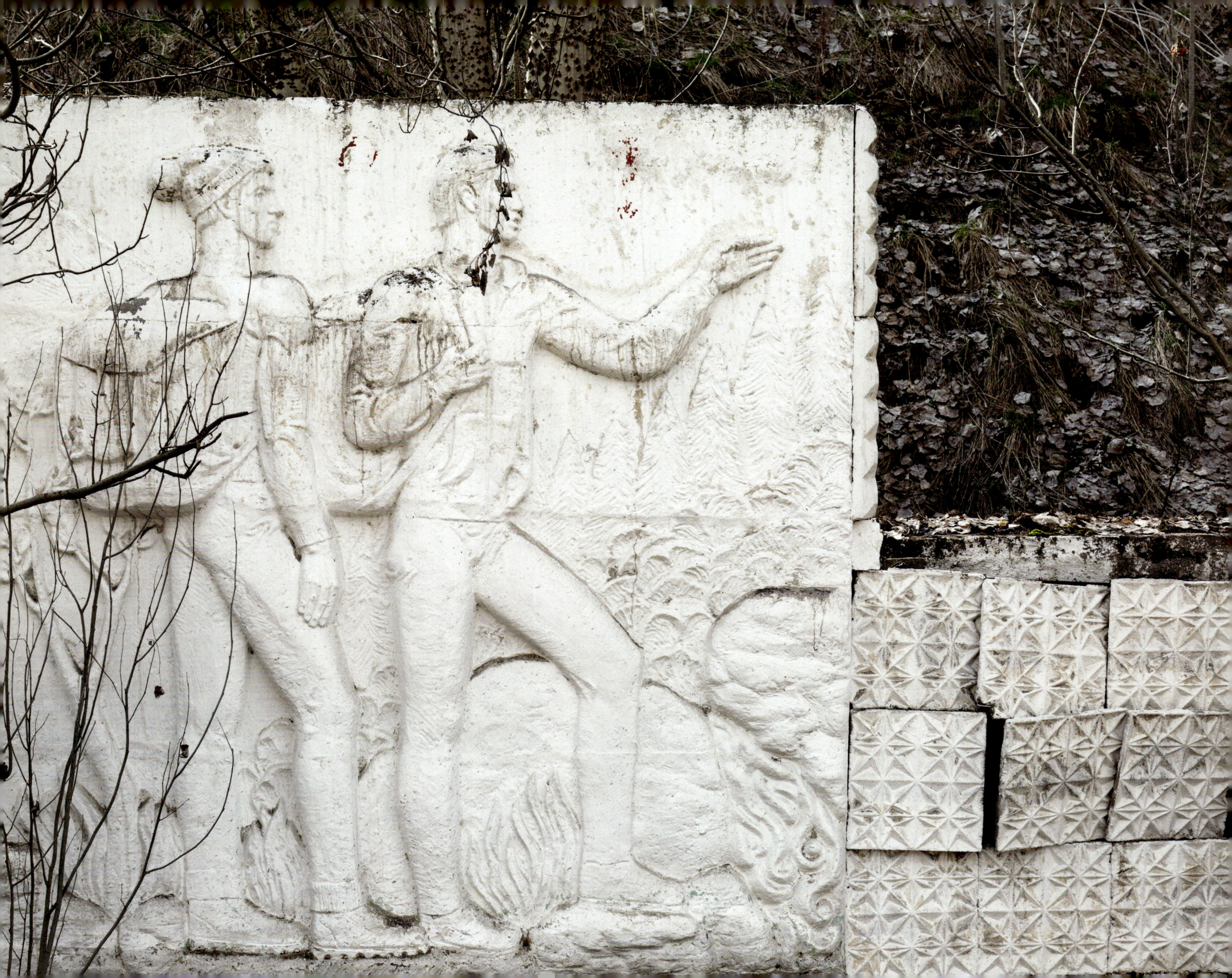

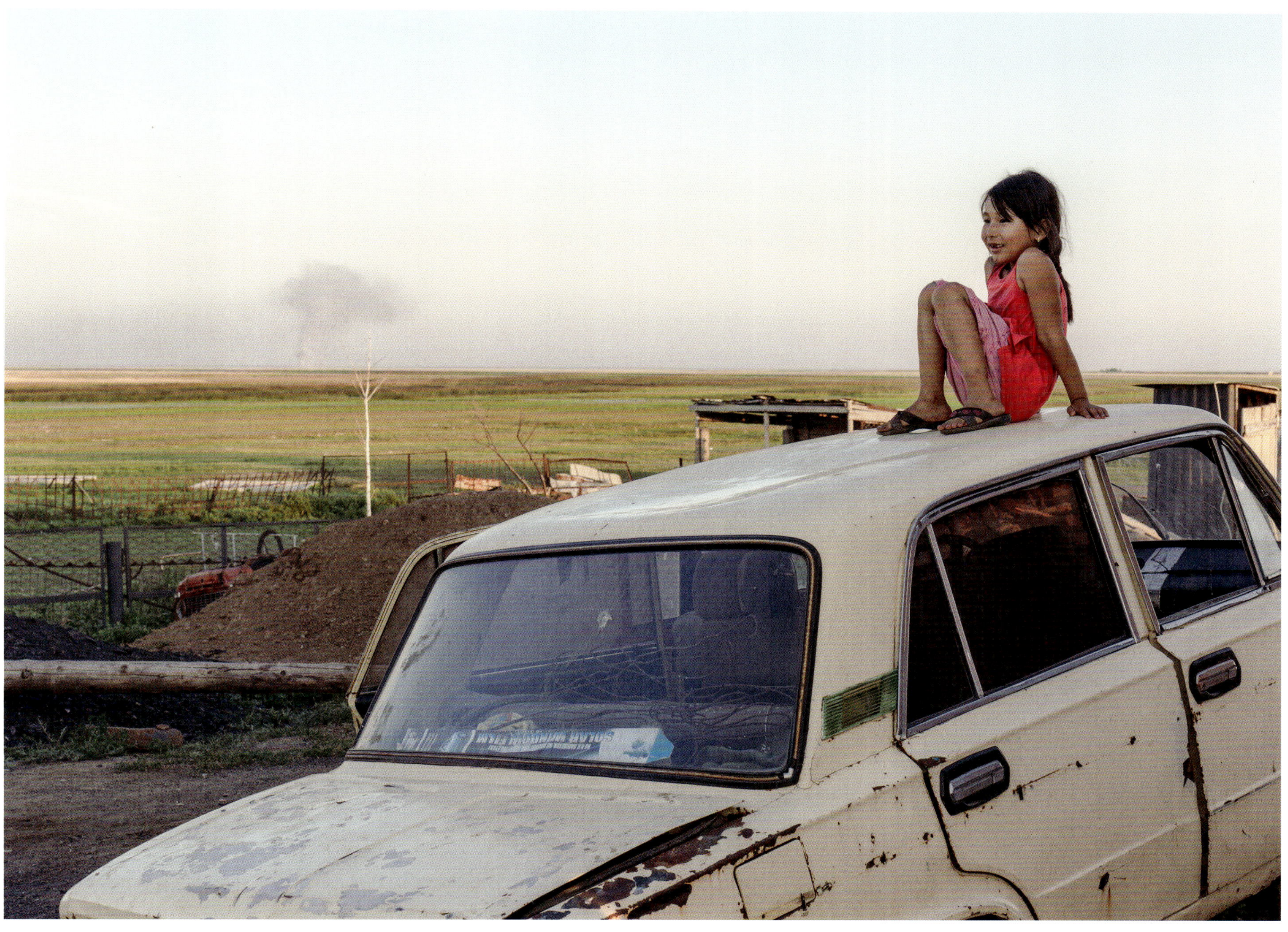

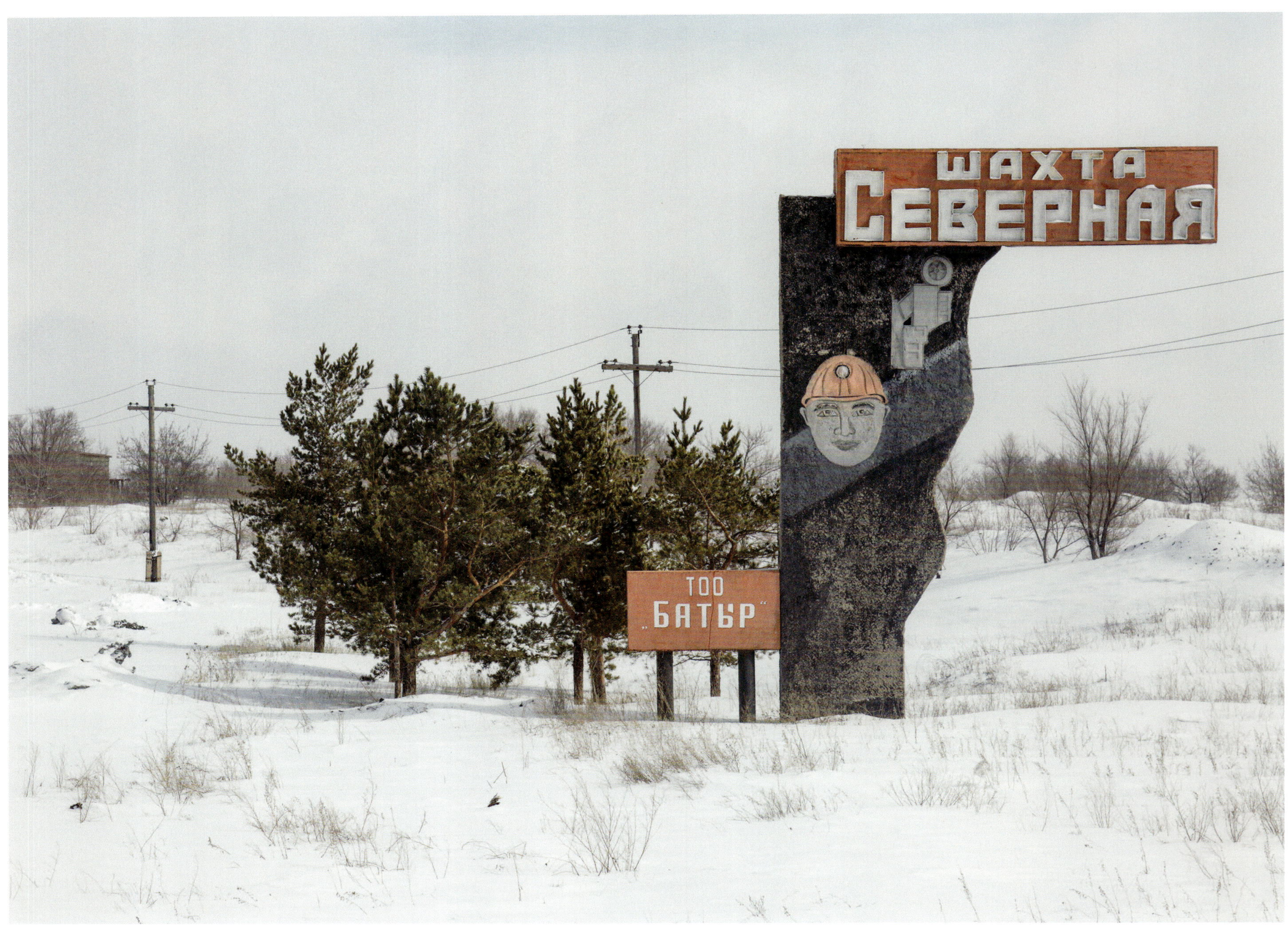

ШАХТА
СЕВЕРНАЯ
ТОО
„БАТЫР"

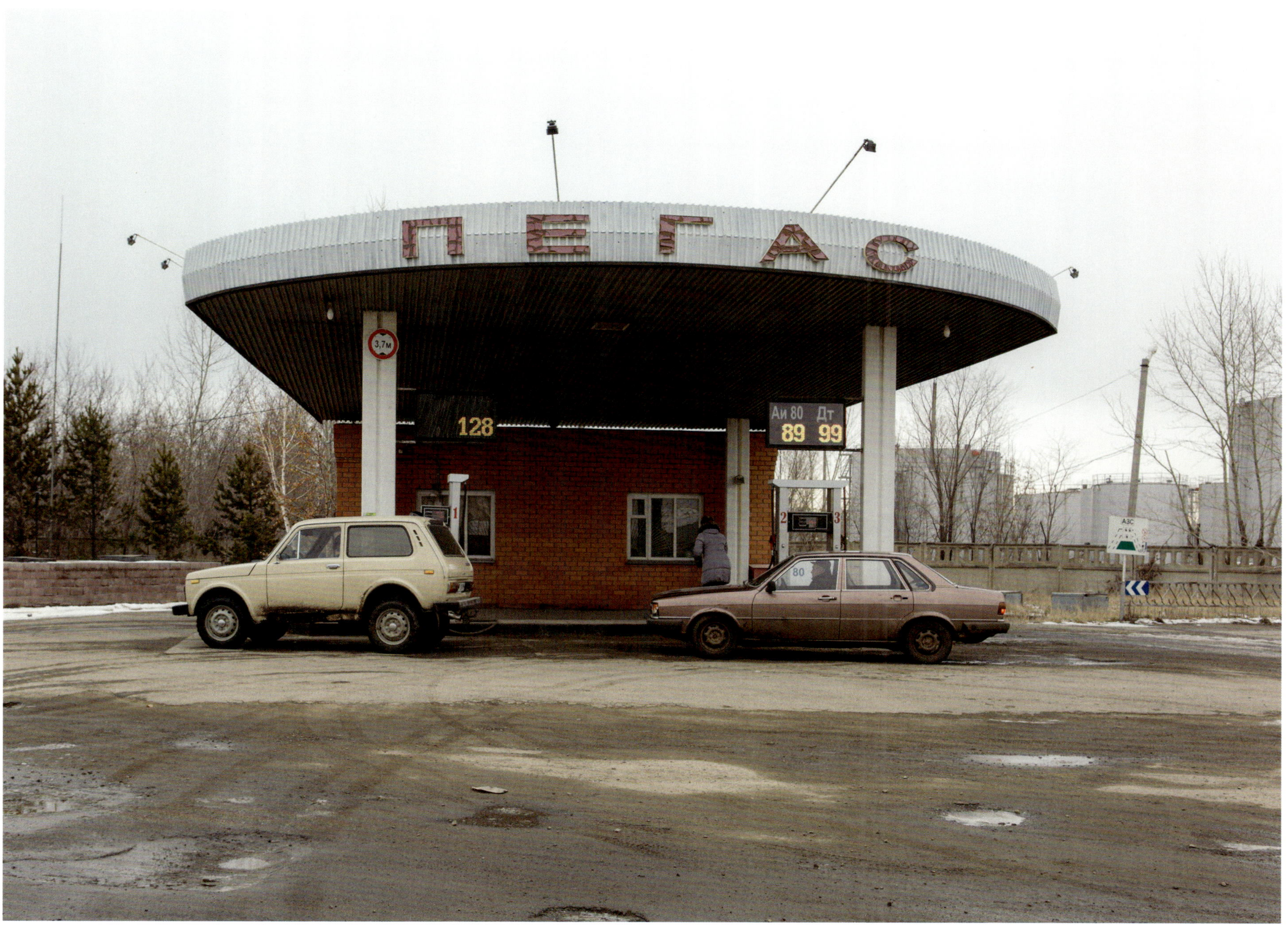

ПЕГАС
3,7м
128
Аи 80   Дт
89   99
1
2 3
80
АЗС

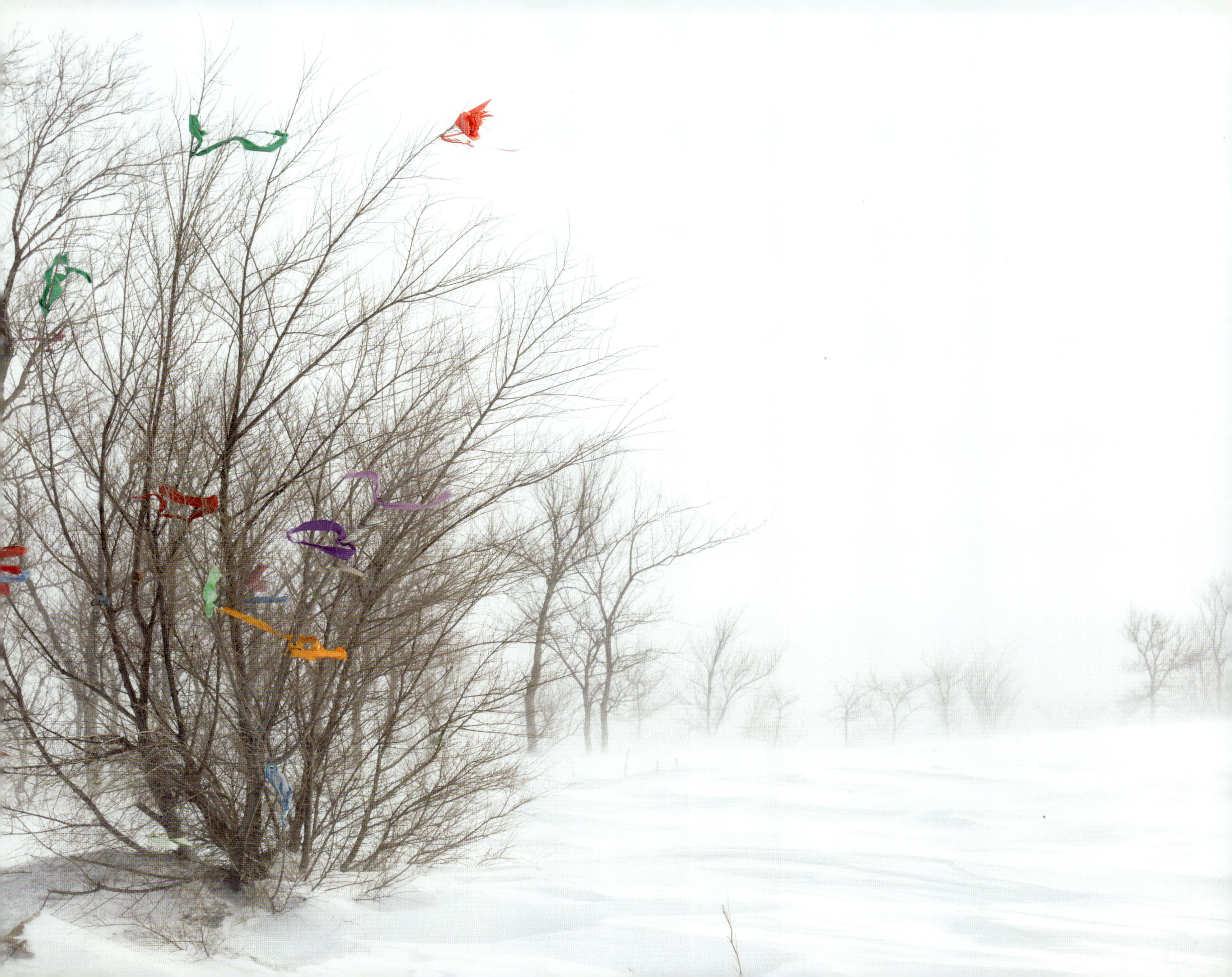

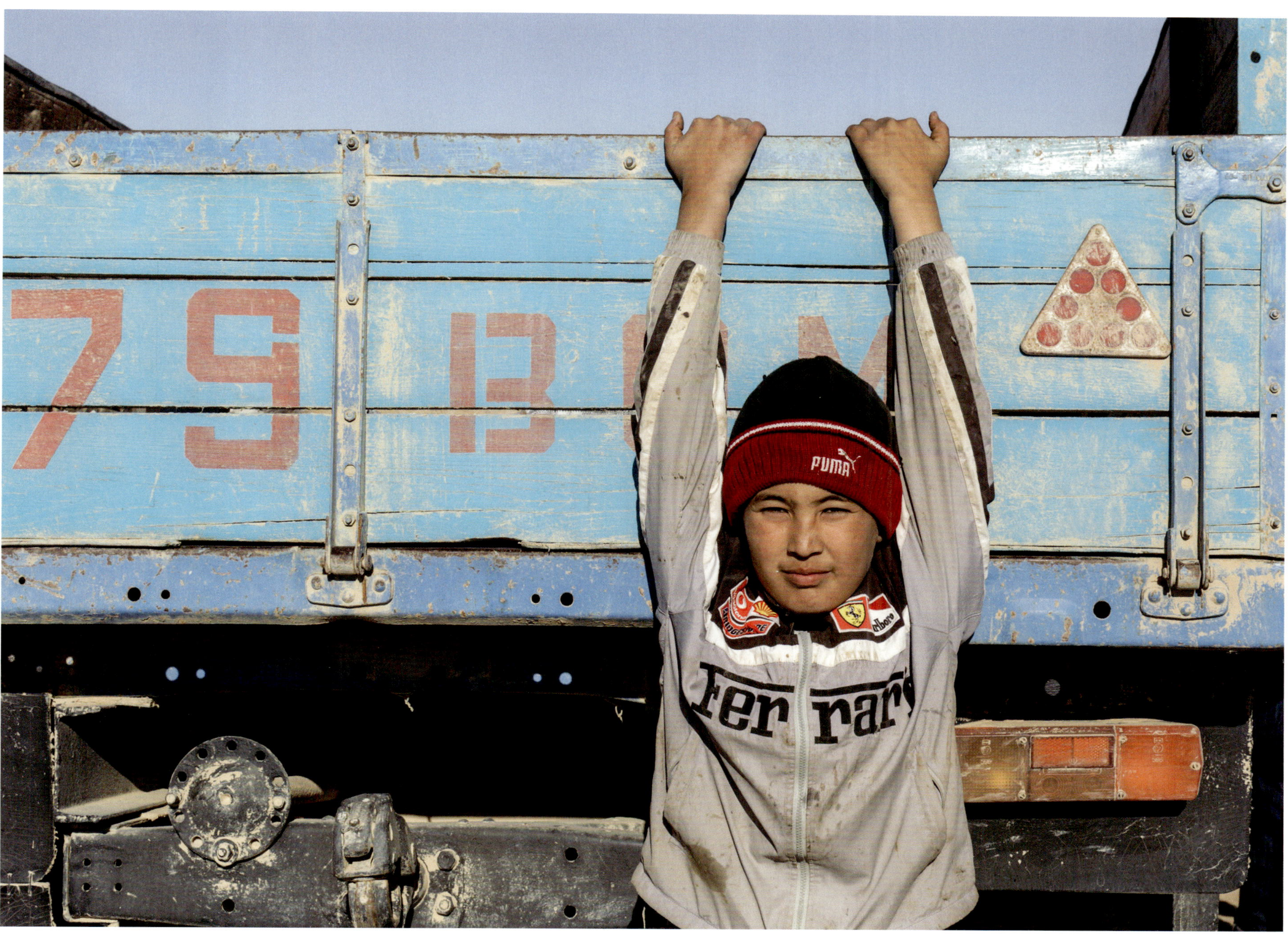

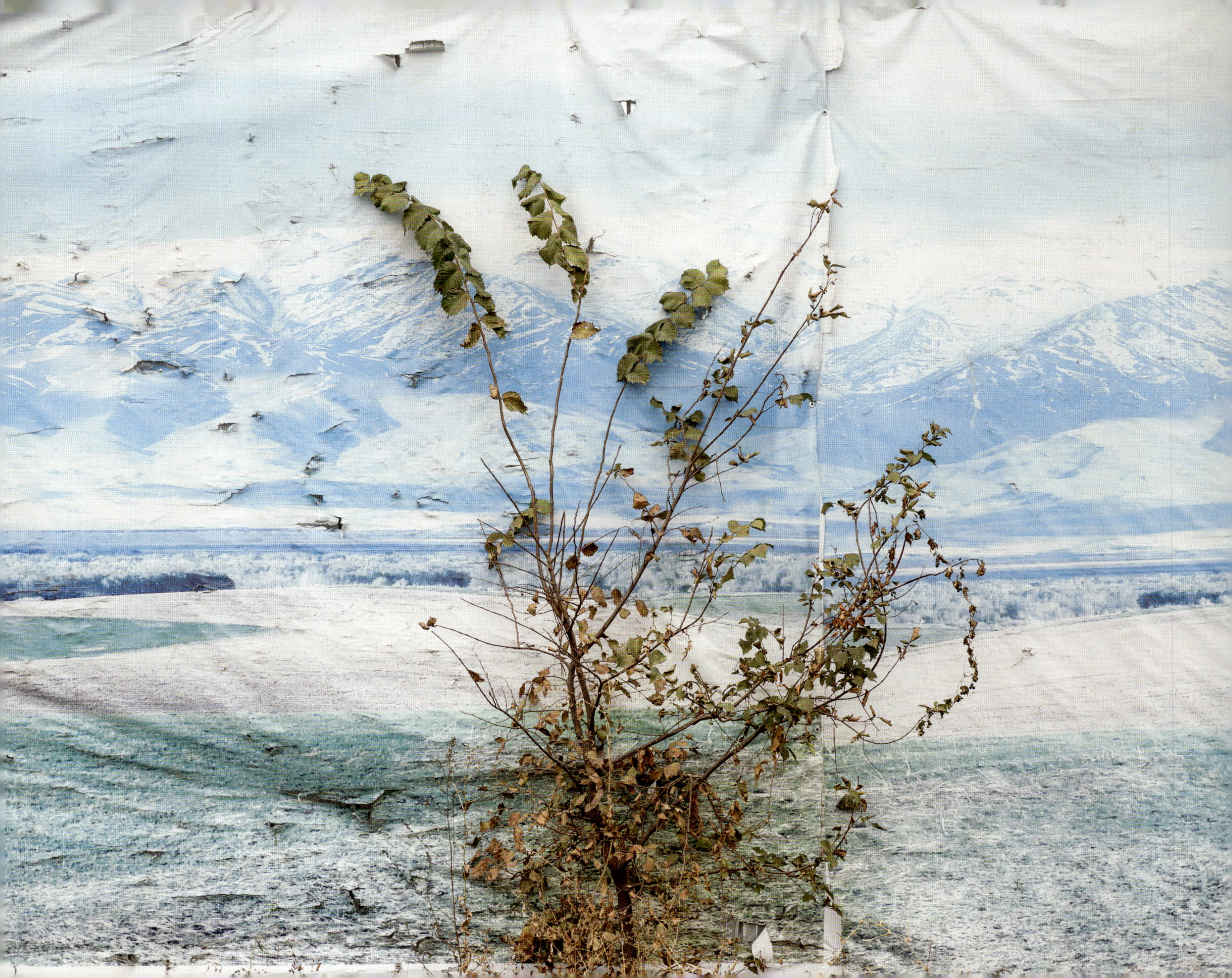

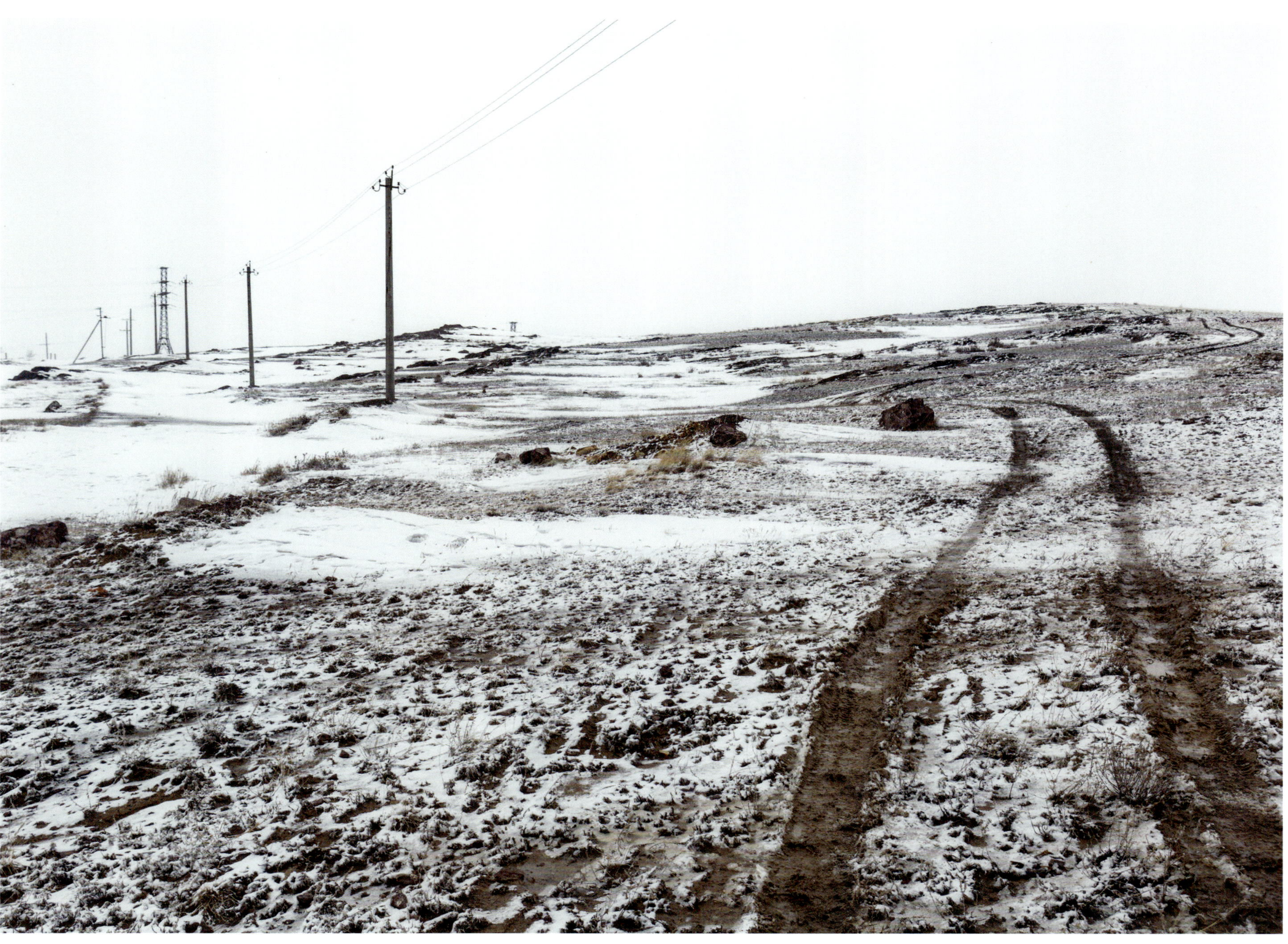

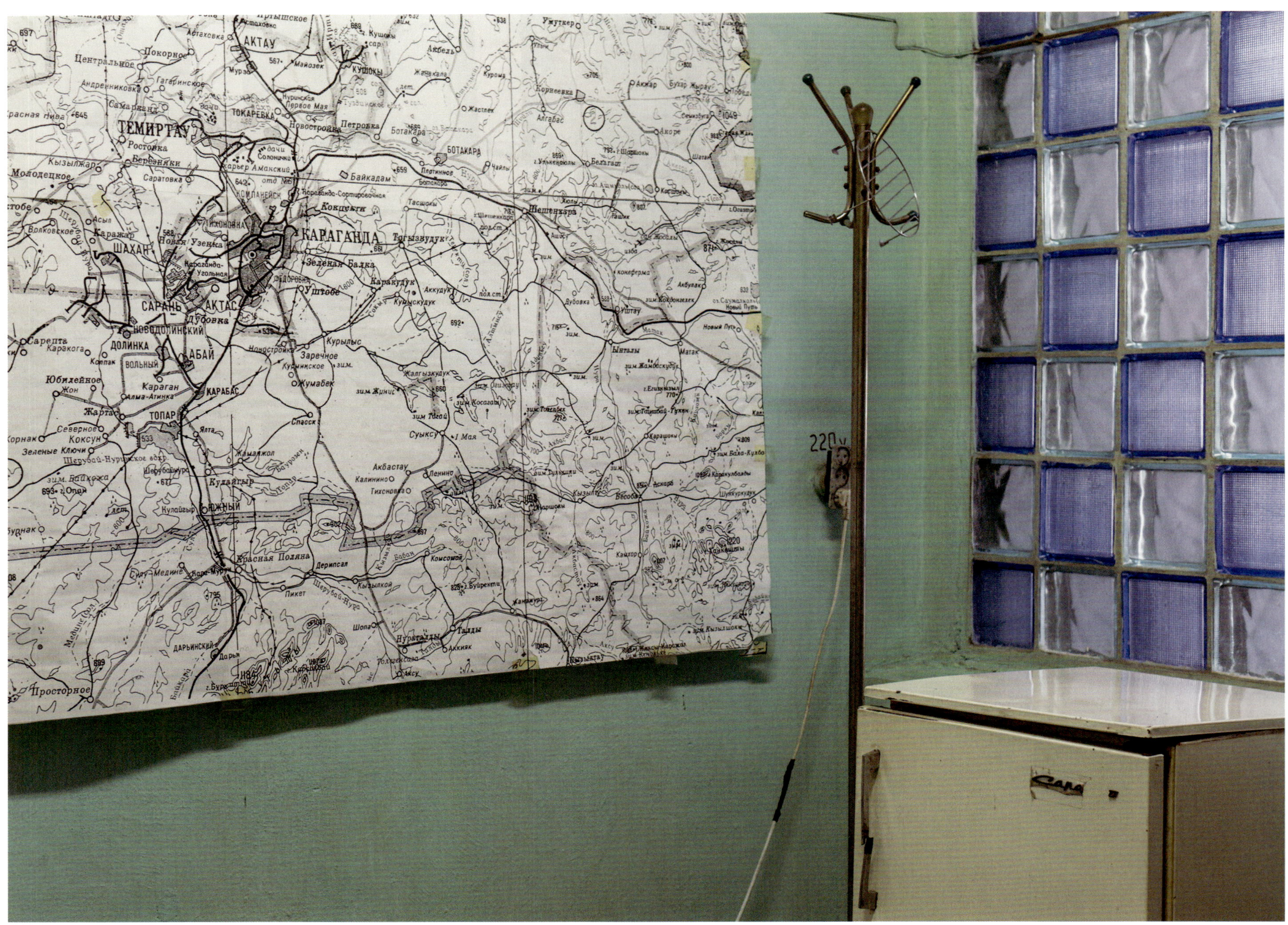
ТЕМИРТАУ
КАРАГАНДА
АКТАУ
ТОКАРЕВКА
КУШОКЫ
ШАХАН
САРАНЬ
АКТАС
 АБАЙ
КАРАБАС
ТОПАР
ДОЛИНКА
НОВОДОЛИНСКИЙ
ЮБИЛЕЙНОЕ
ЮЖНЫЙ
ПРОСТОРНОЕ
КОМПАНЕЙСК
КОКПЕКТИ
Центральное
Покорное
Андренниковка
Гагаринское
Самарканд
Ростовка
Березняки
Кызылжар
Молодецкое
Саратовка
Красная нива
Волковское
Асыл
Каражар
Новая Узенка
Тихоновка
Караганда-Угольная
Федоровка
Уштобе
Зеленая Балка
Дубовка
Сарепта
Каракога
Коппак
Вольный
Караган
Алма-Атинка
Жон
Жартас
Северное
Коксун
Корнак
Зеленые Ключи
Шерубай-Нуринское вдхр.
Шерубайнура
зим. Байхожа
г. Опан
Ялта
Спасск
Жамаяжол
Кулайгыр
Новостройка
Заречное
Кузминское
Жумабек
Курылыс
Красная Поляна
Дерипсал
Пикет
Шерубай-Нура
Шопа
Силу-Медине
Кара-Мурт
Дарьинский
Дарья
Астаховка
Мурза
Майозек
Нуринская
Первое Мая
Новостройка
Петровка
дачи Солоничка
карьер Аманский
отд №6
Караганда-Сортировочная
Байкадам

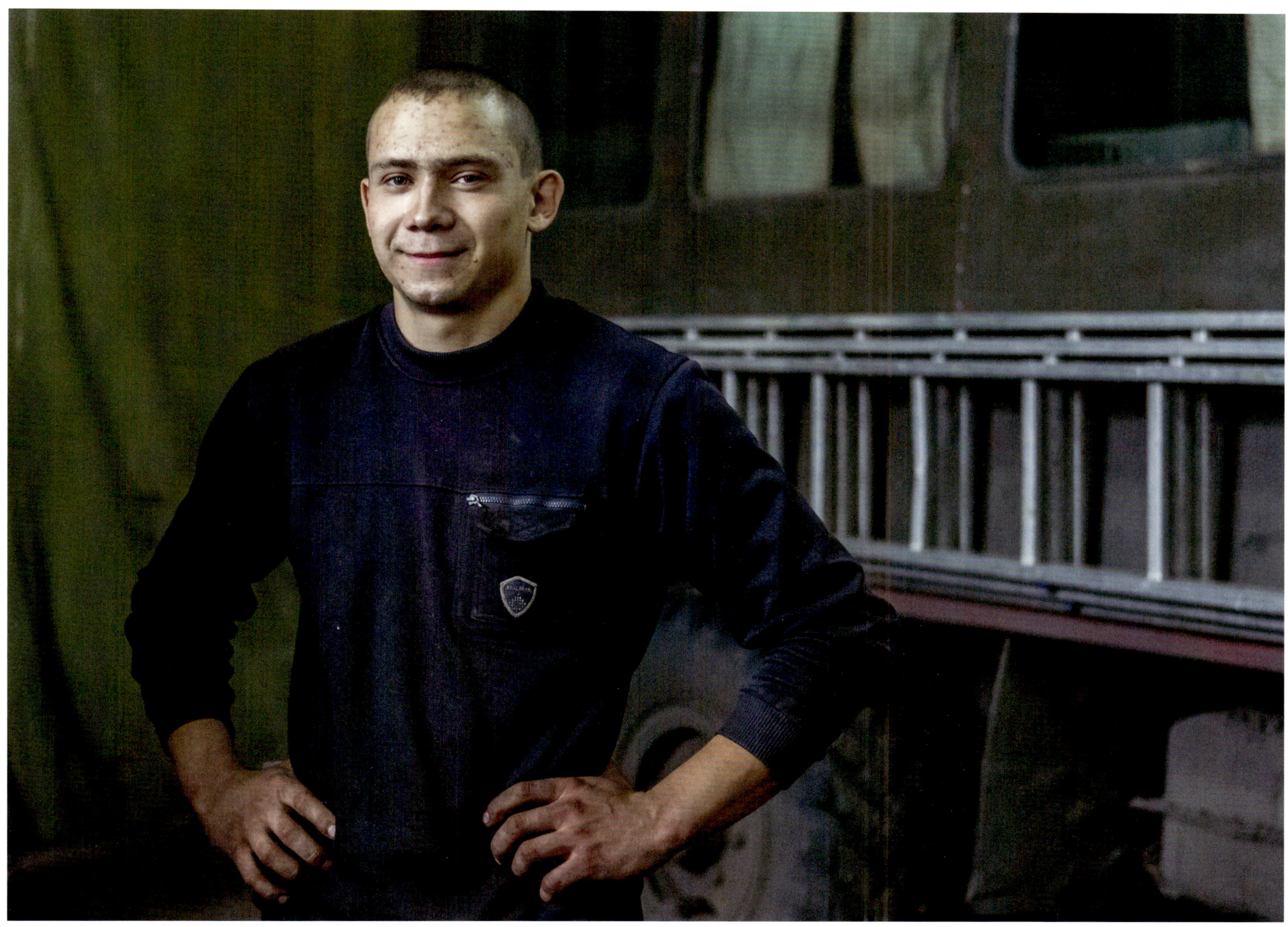

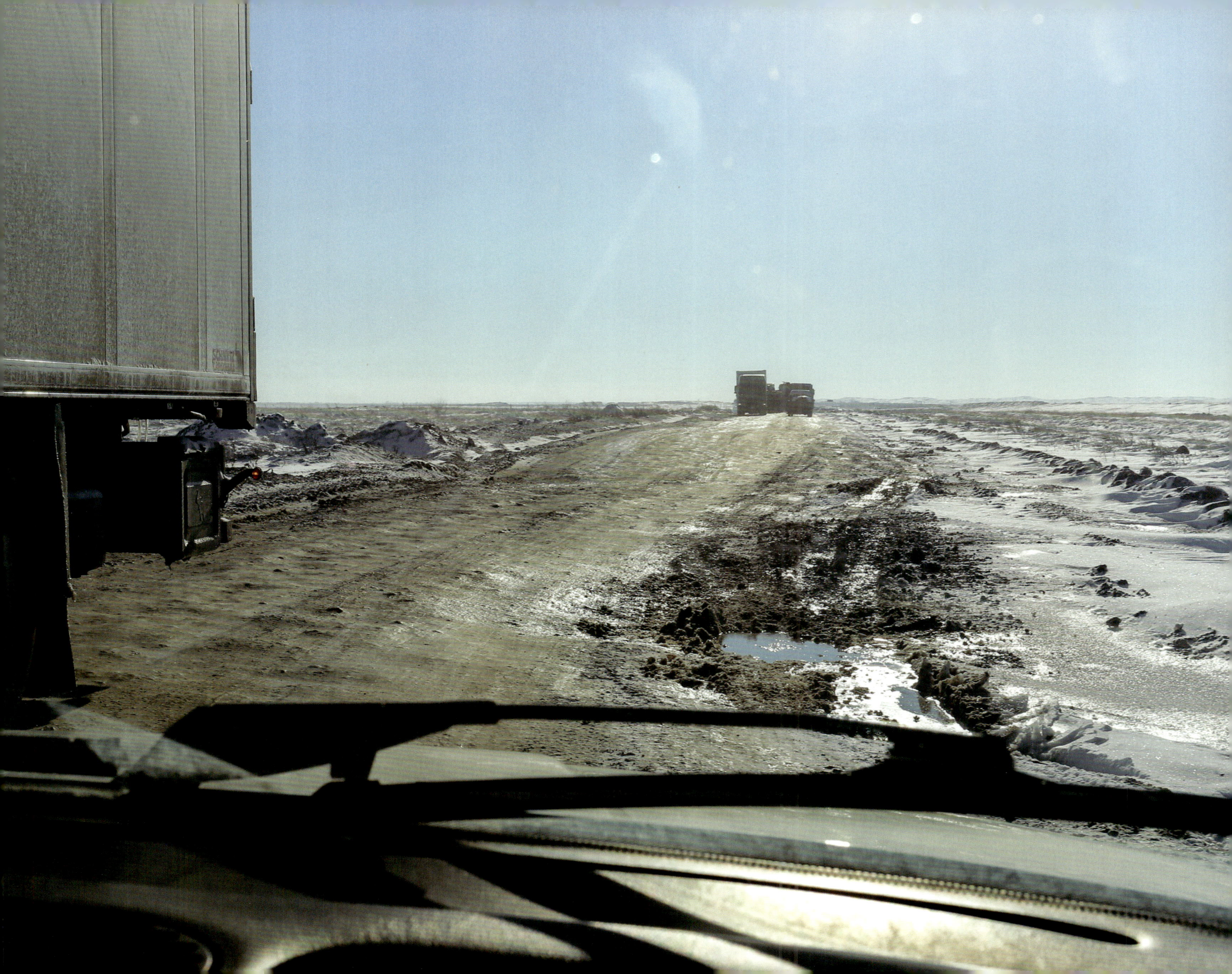

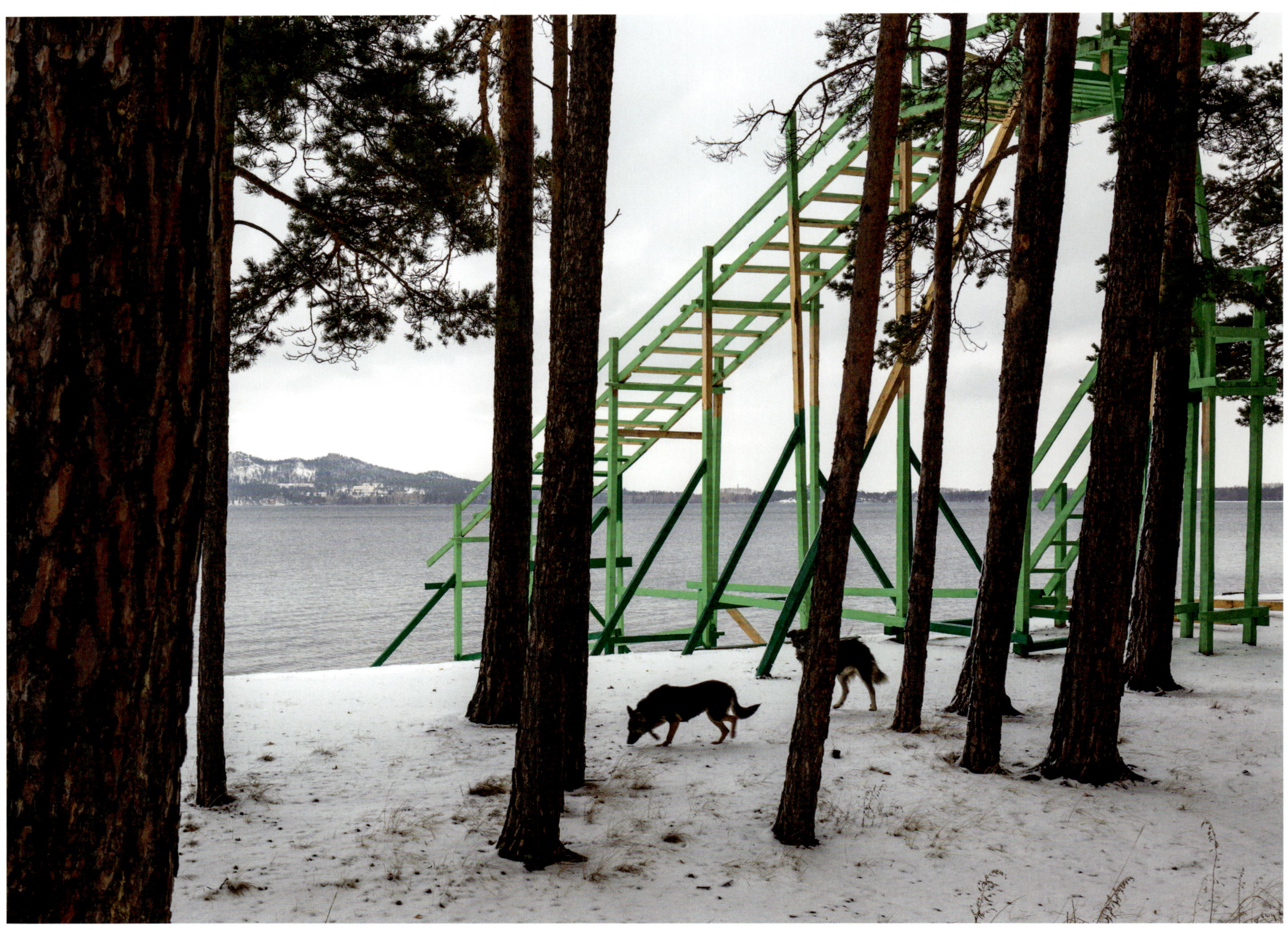

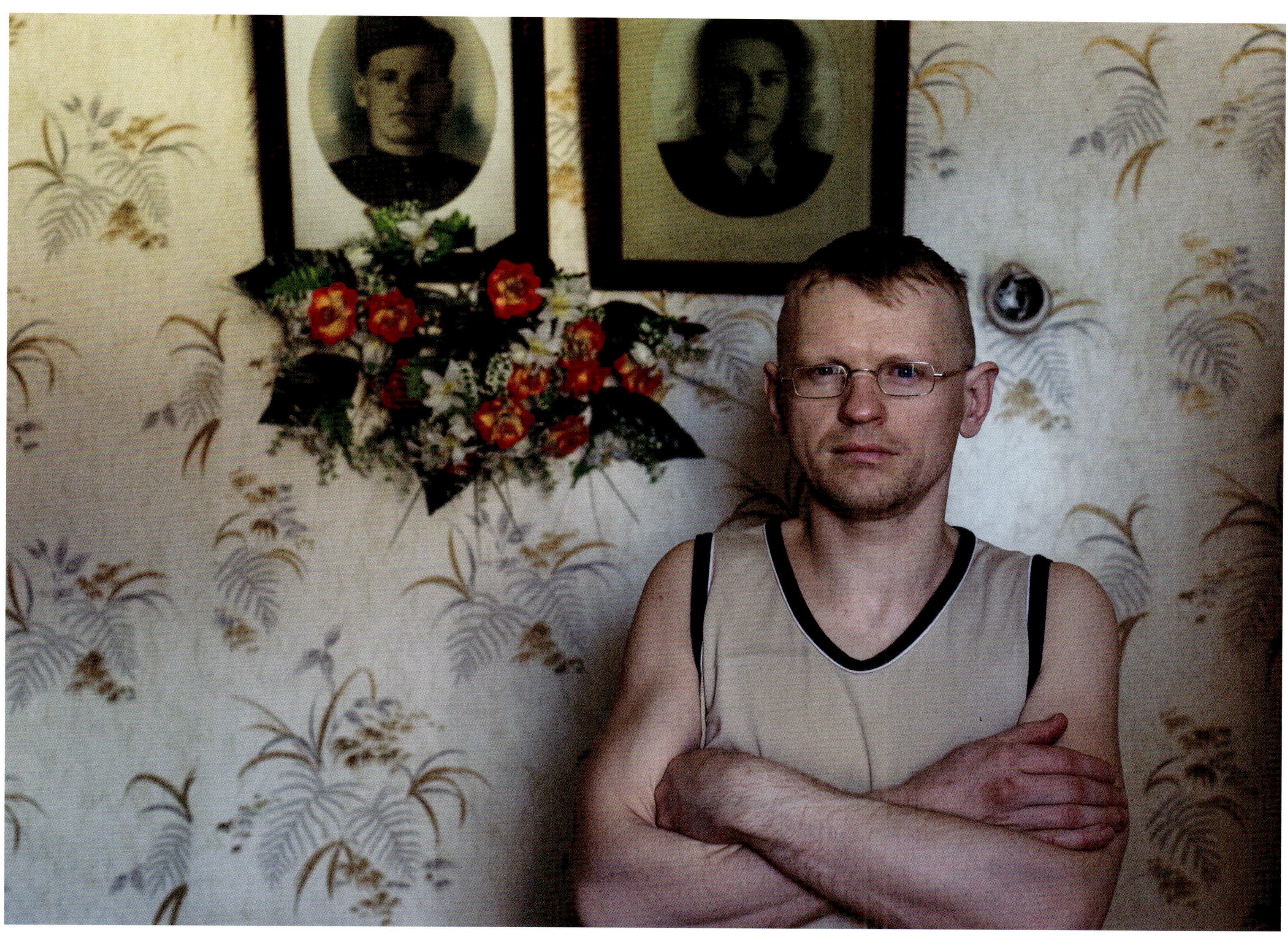

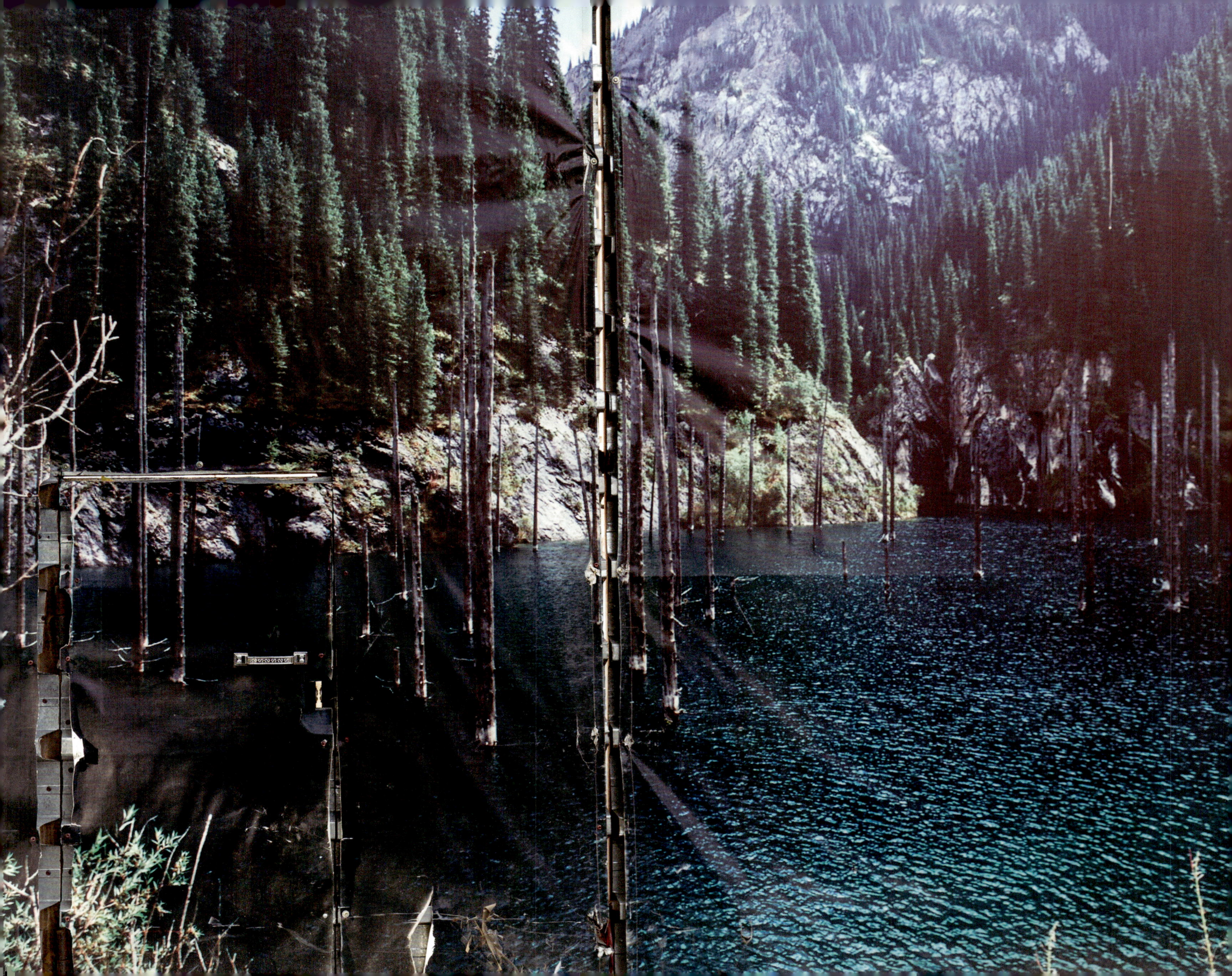

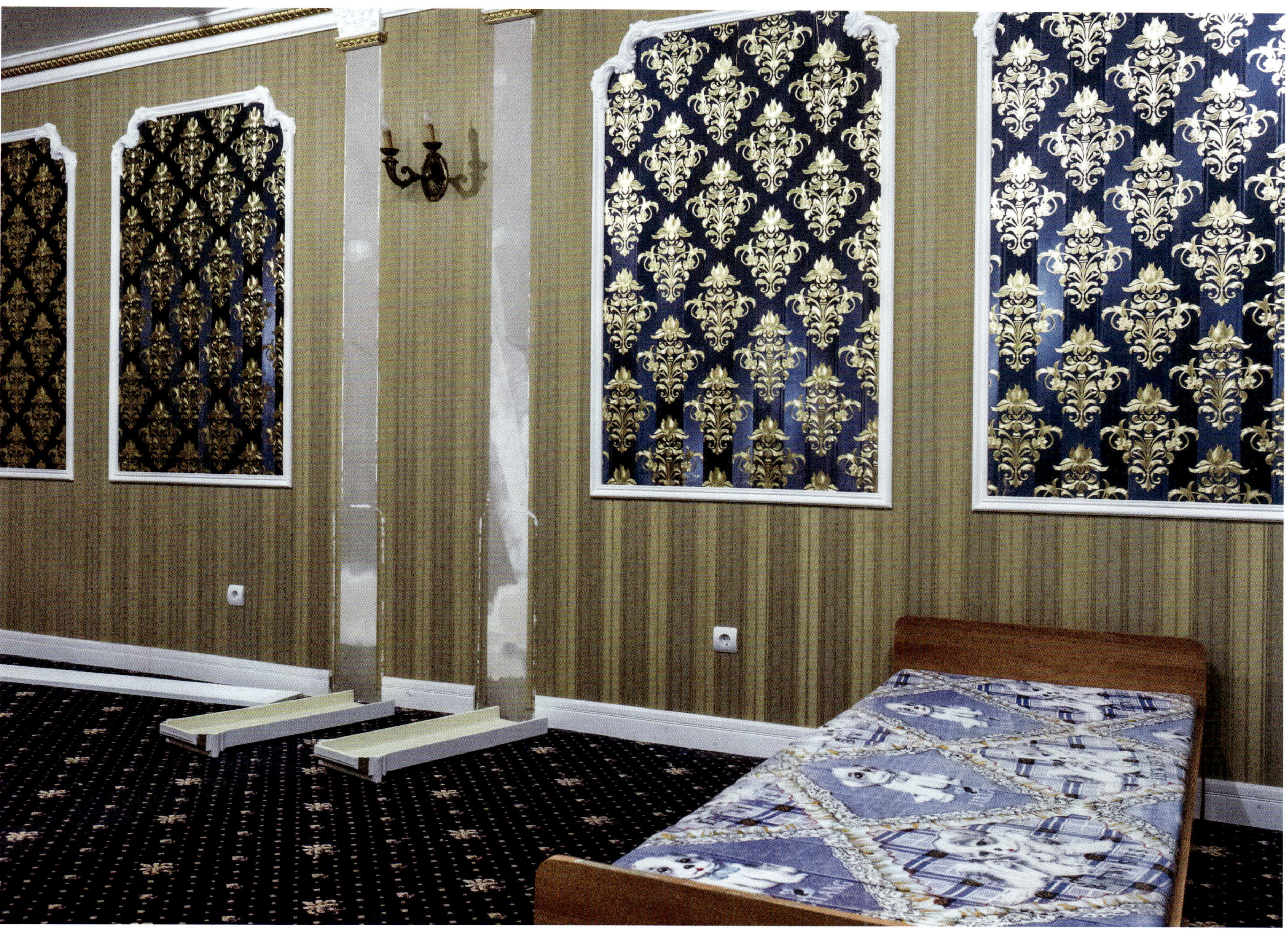

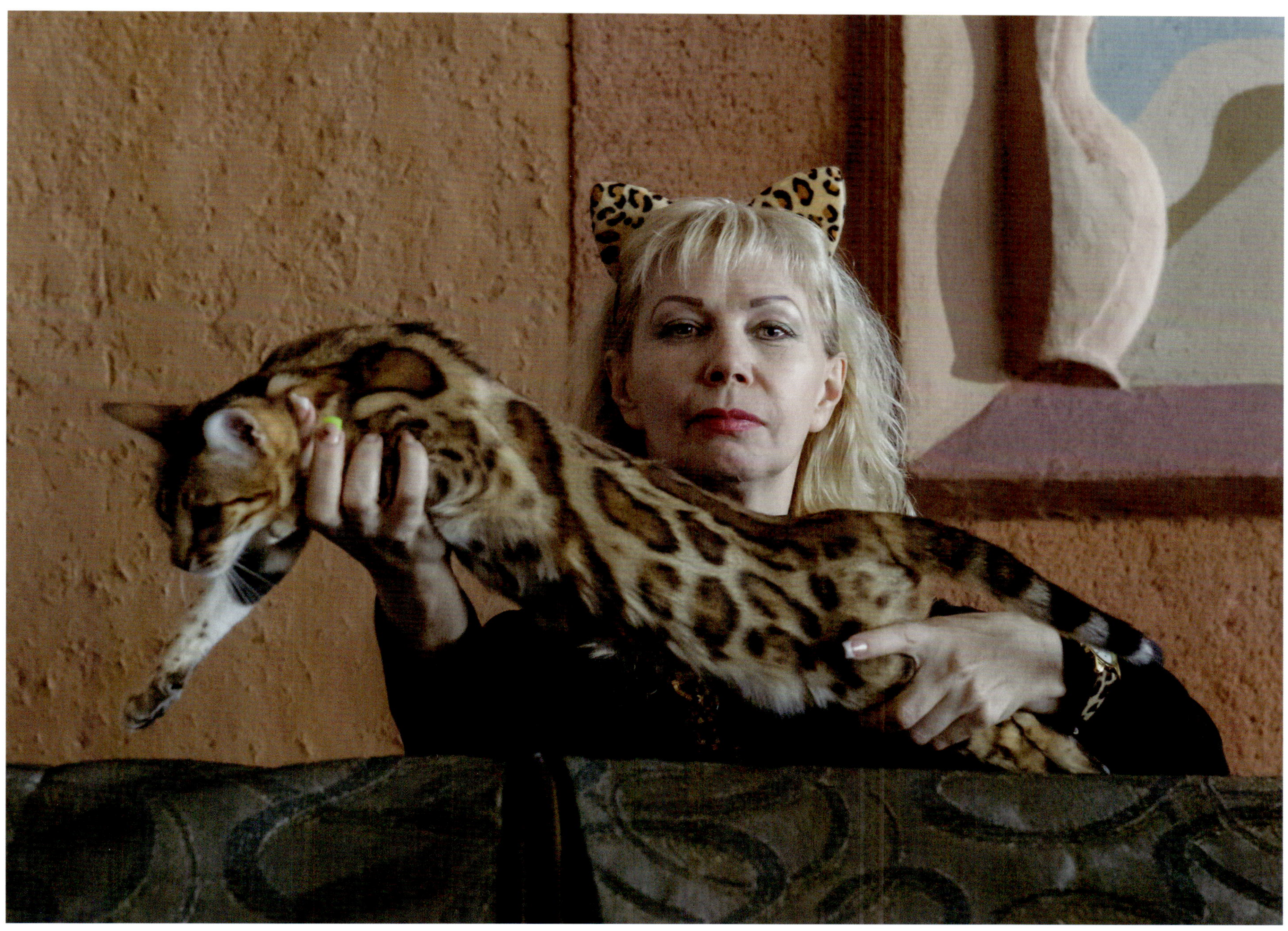

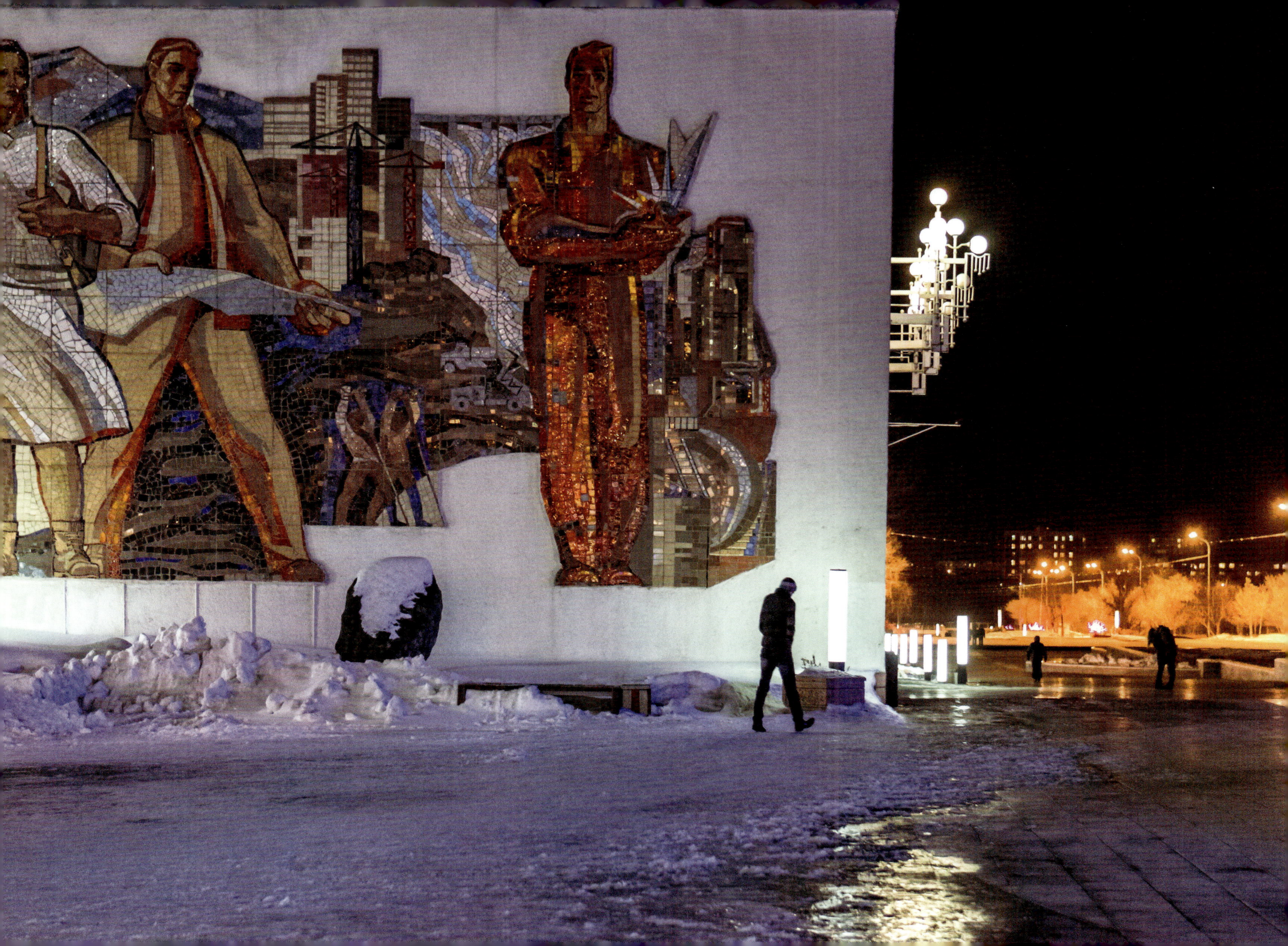

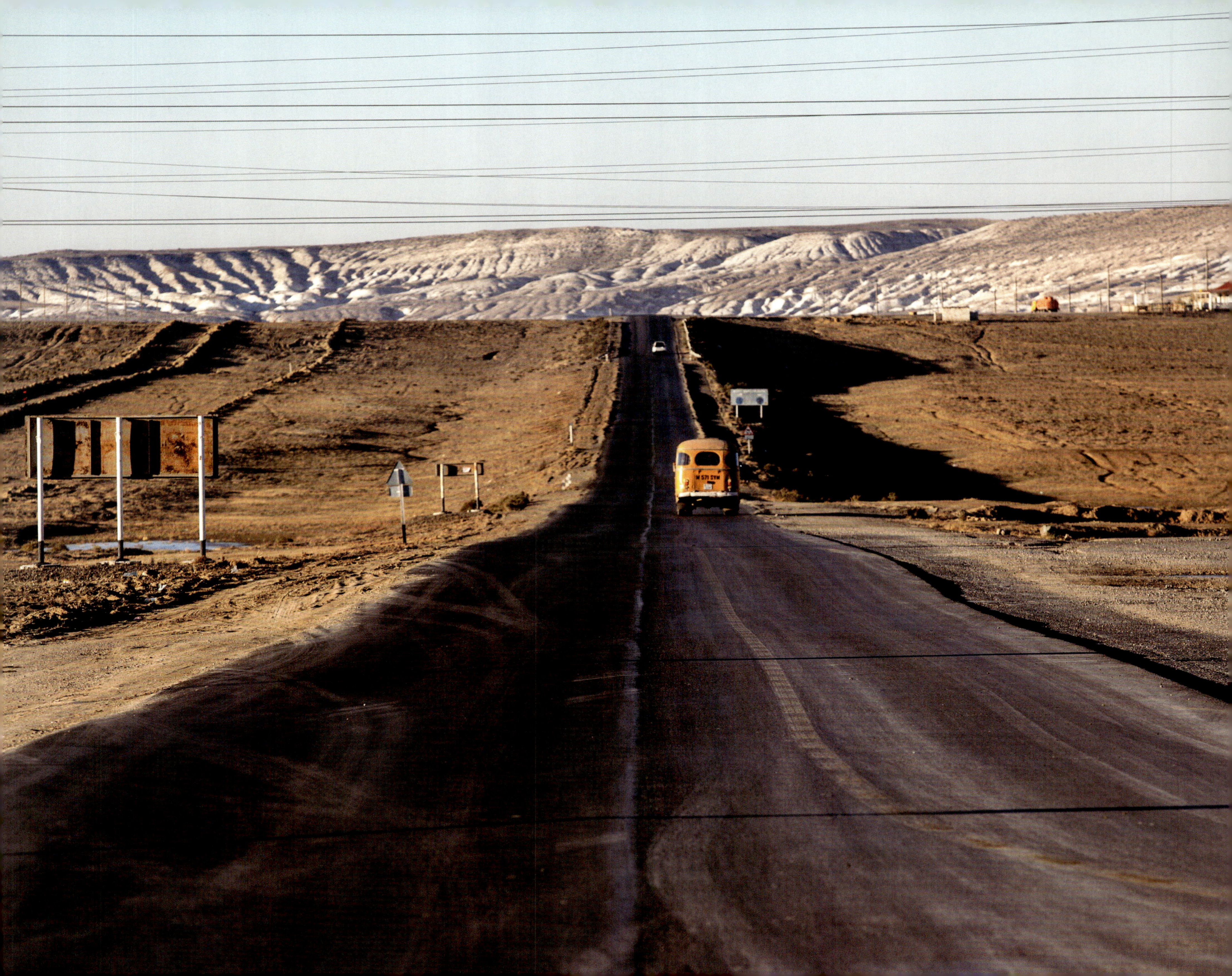

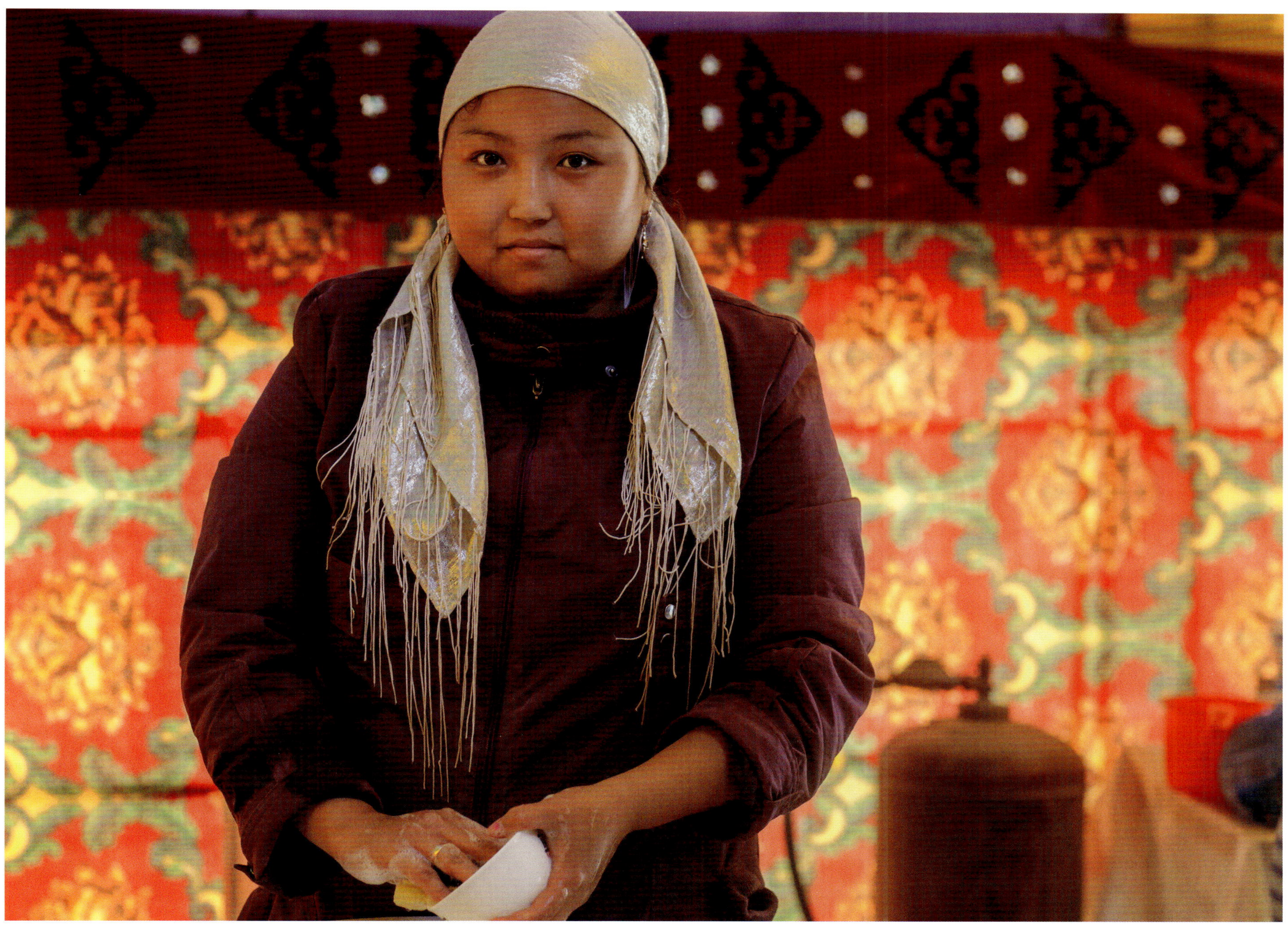

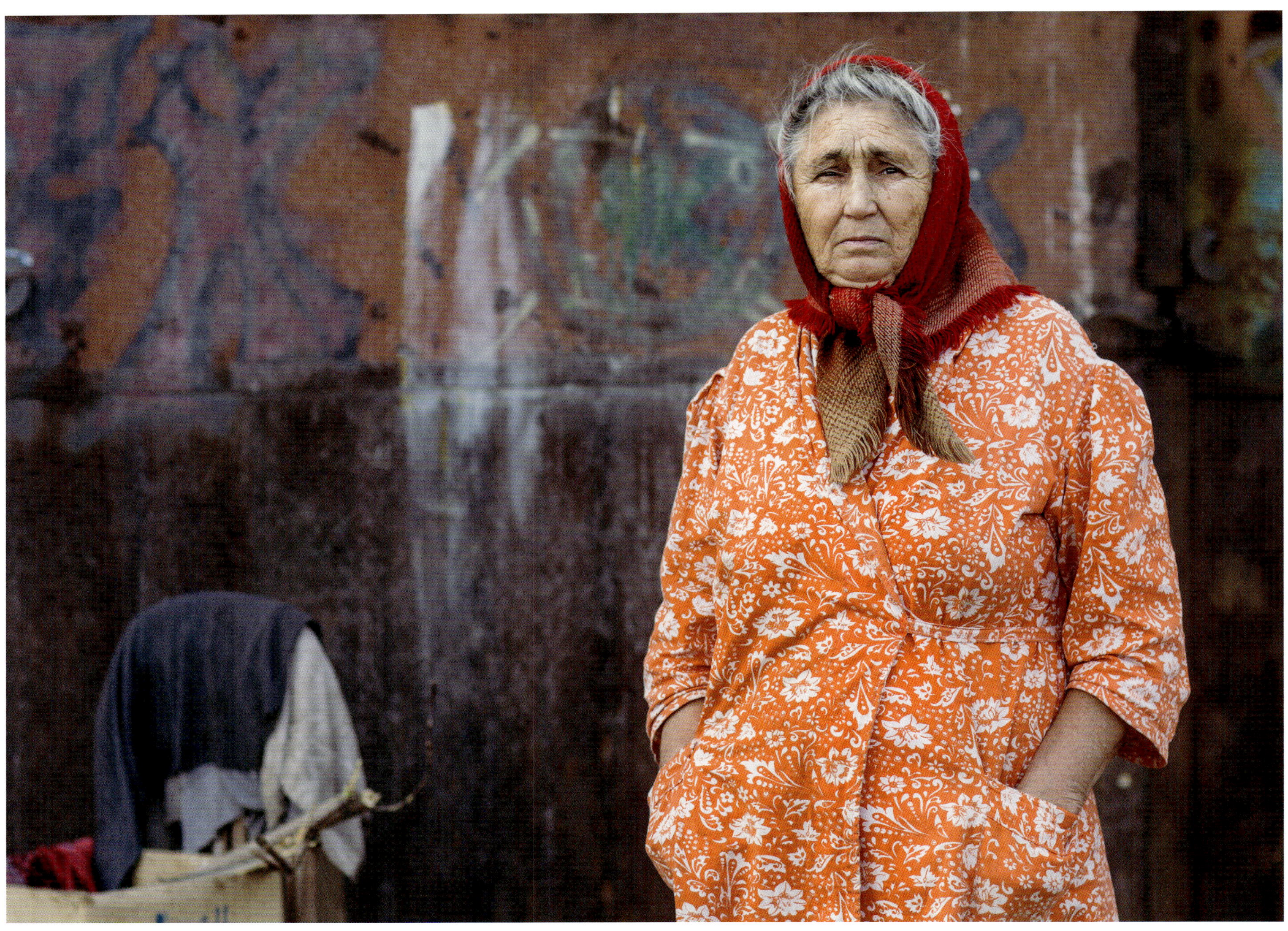

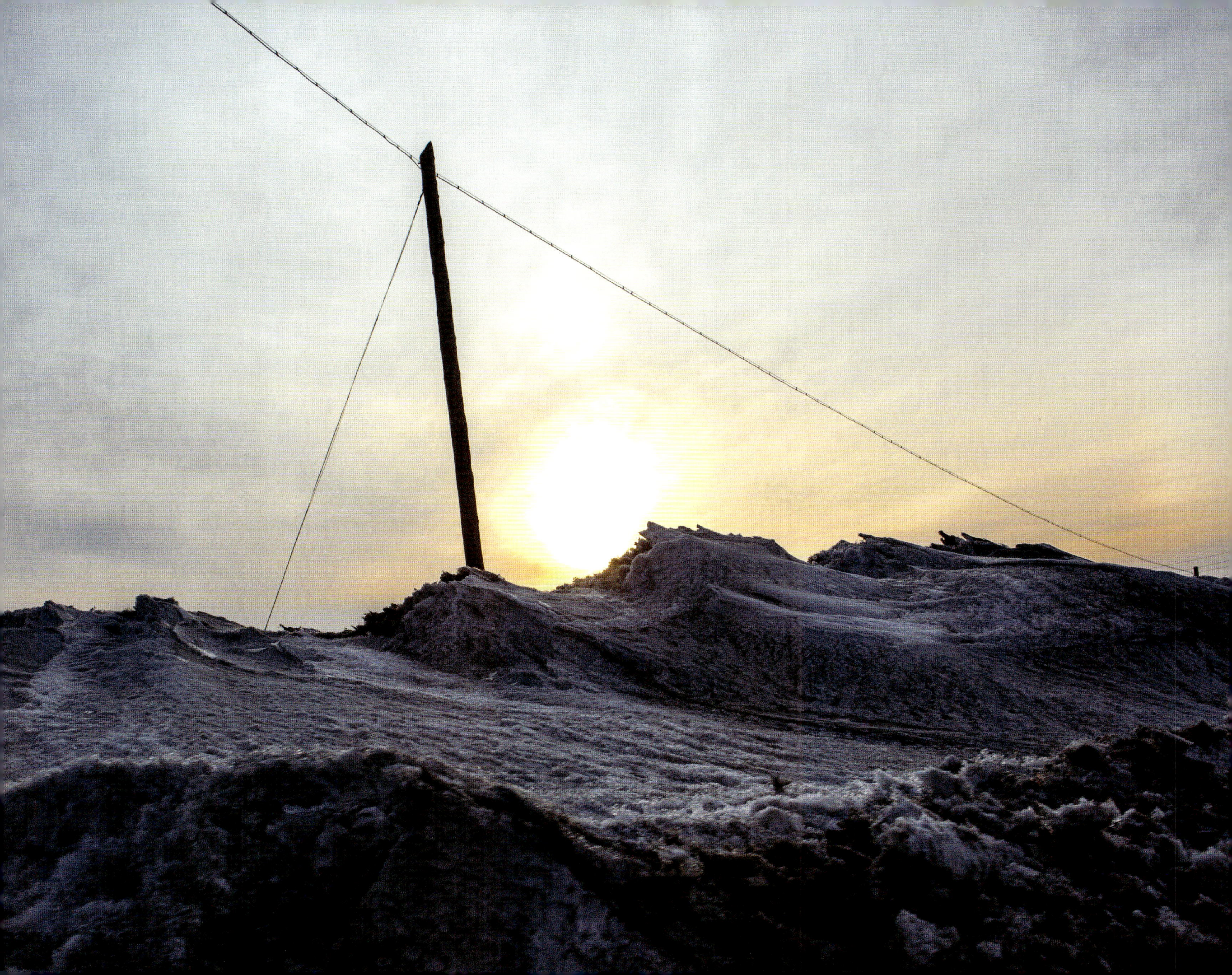

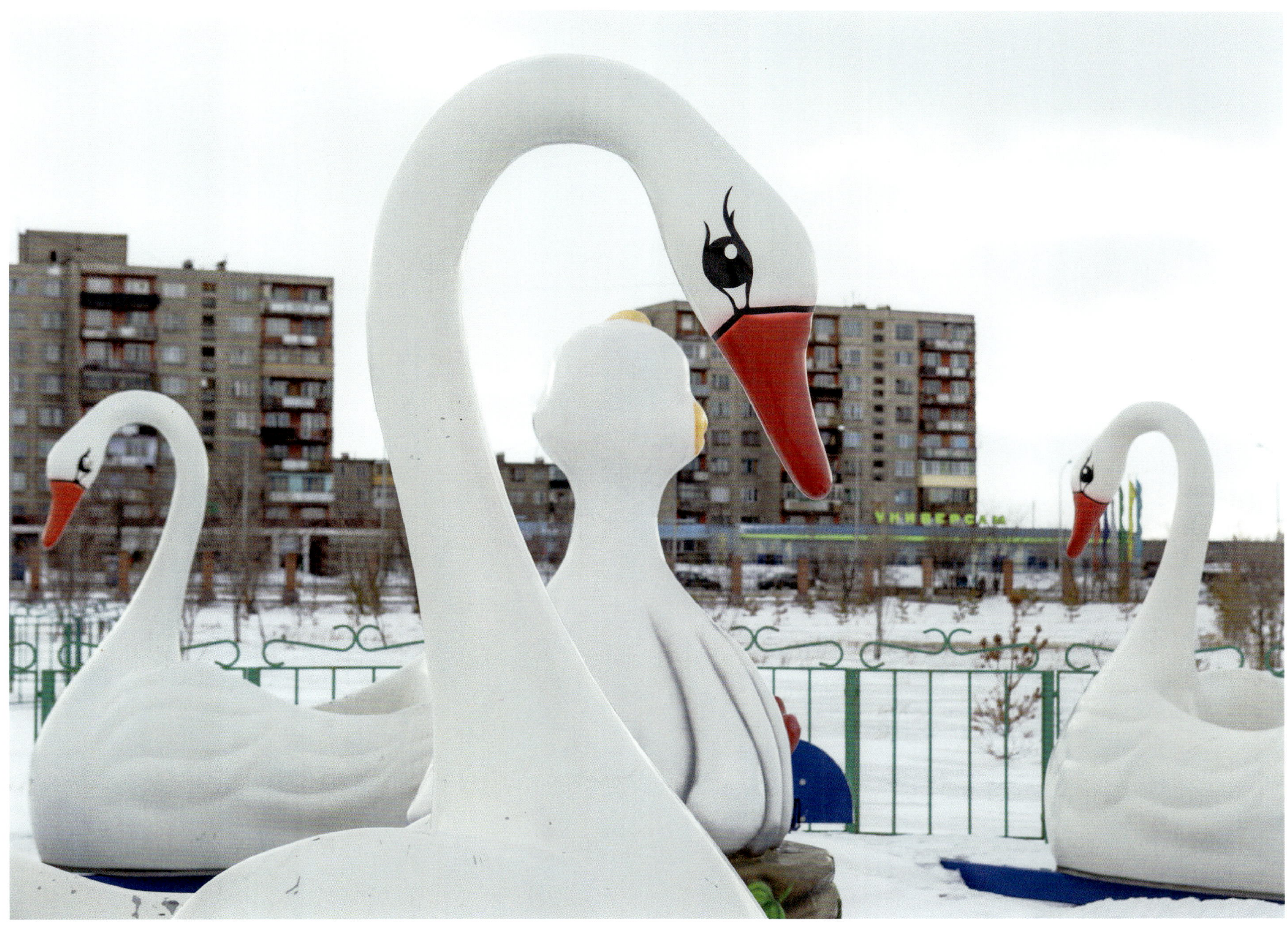
УНИВЕРСАМ

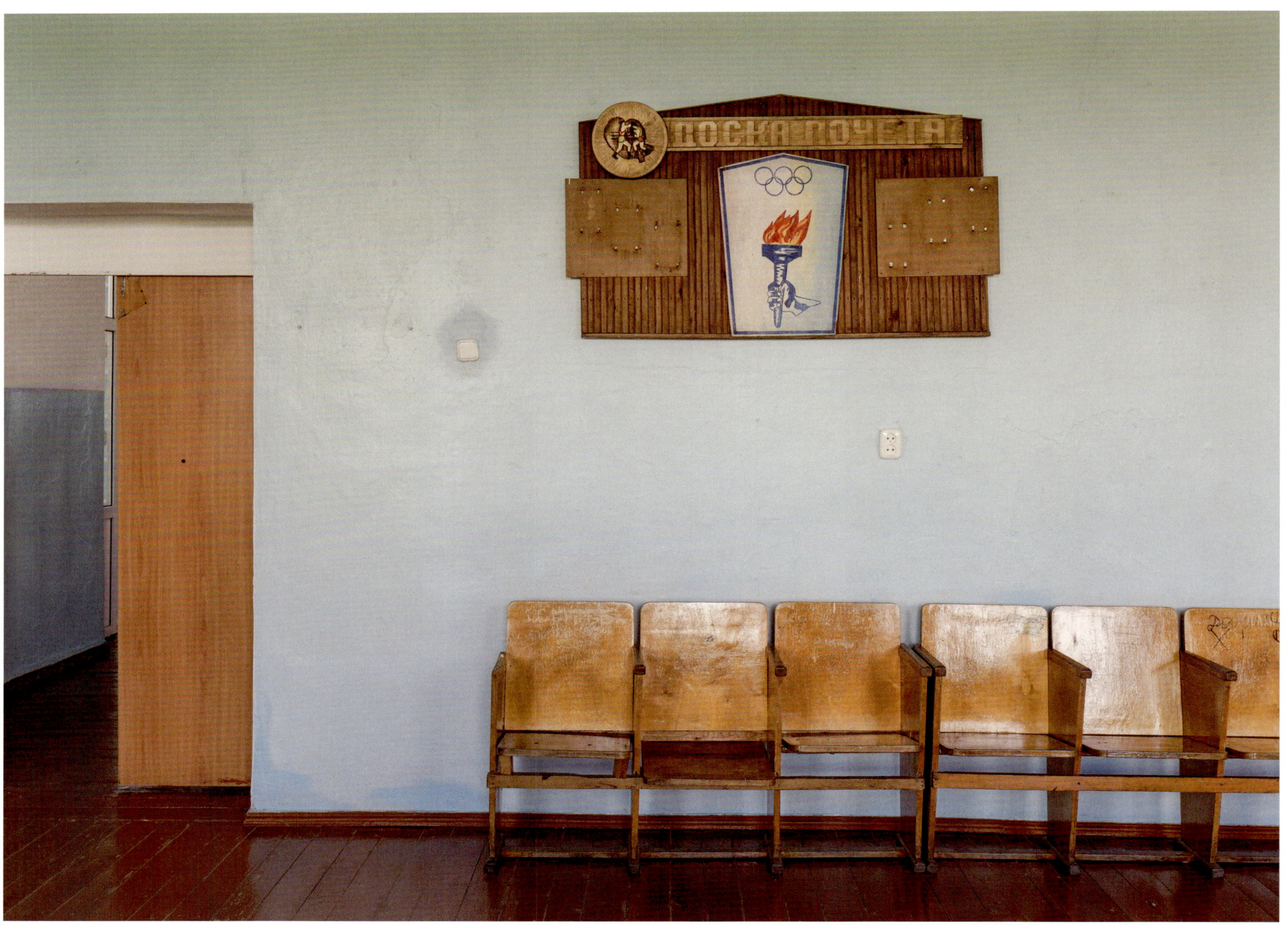
ДОСКА ПОЧЕТА

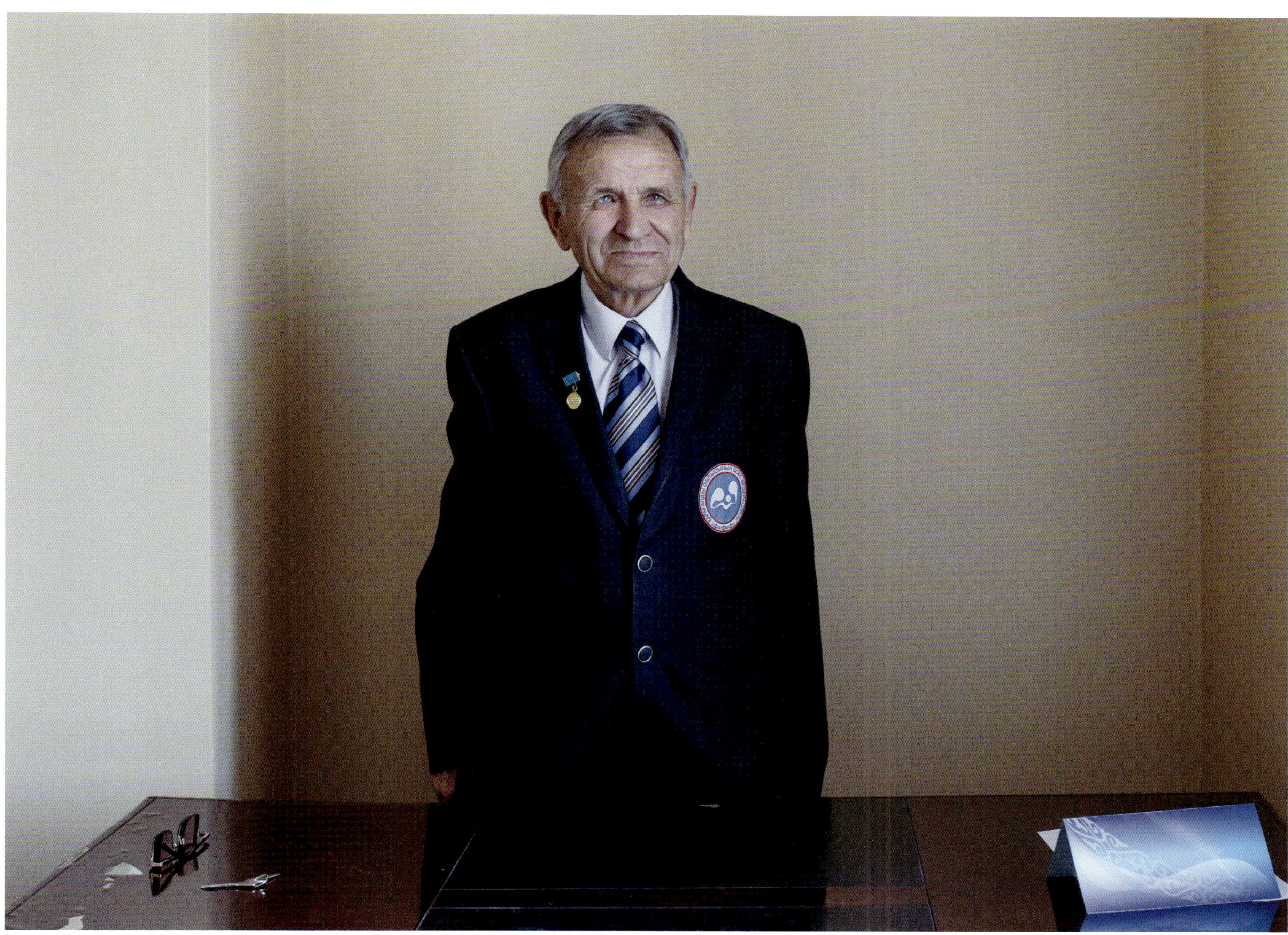

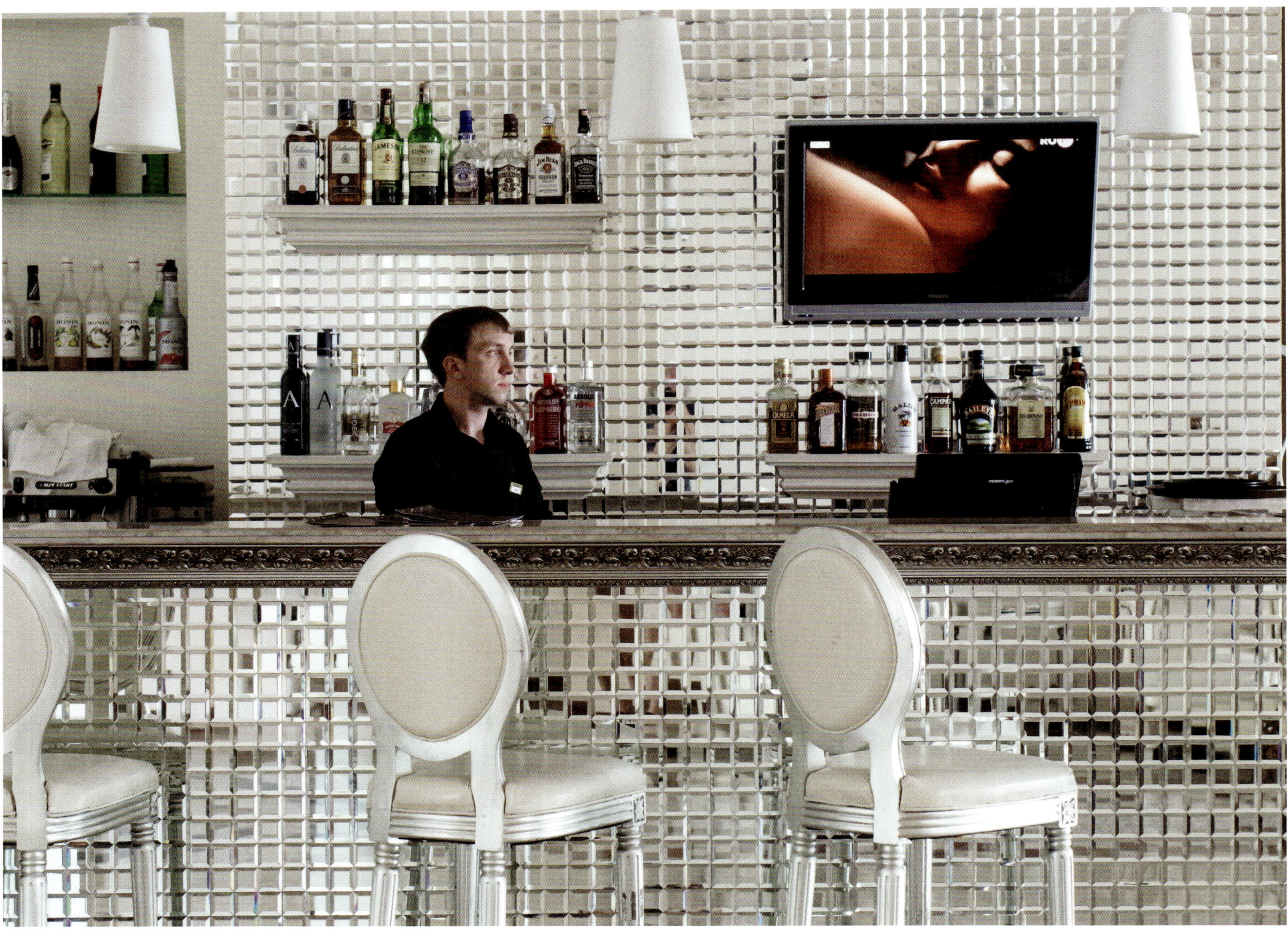

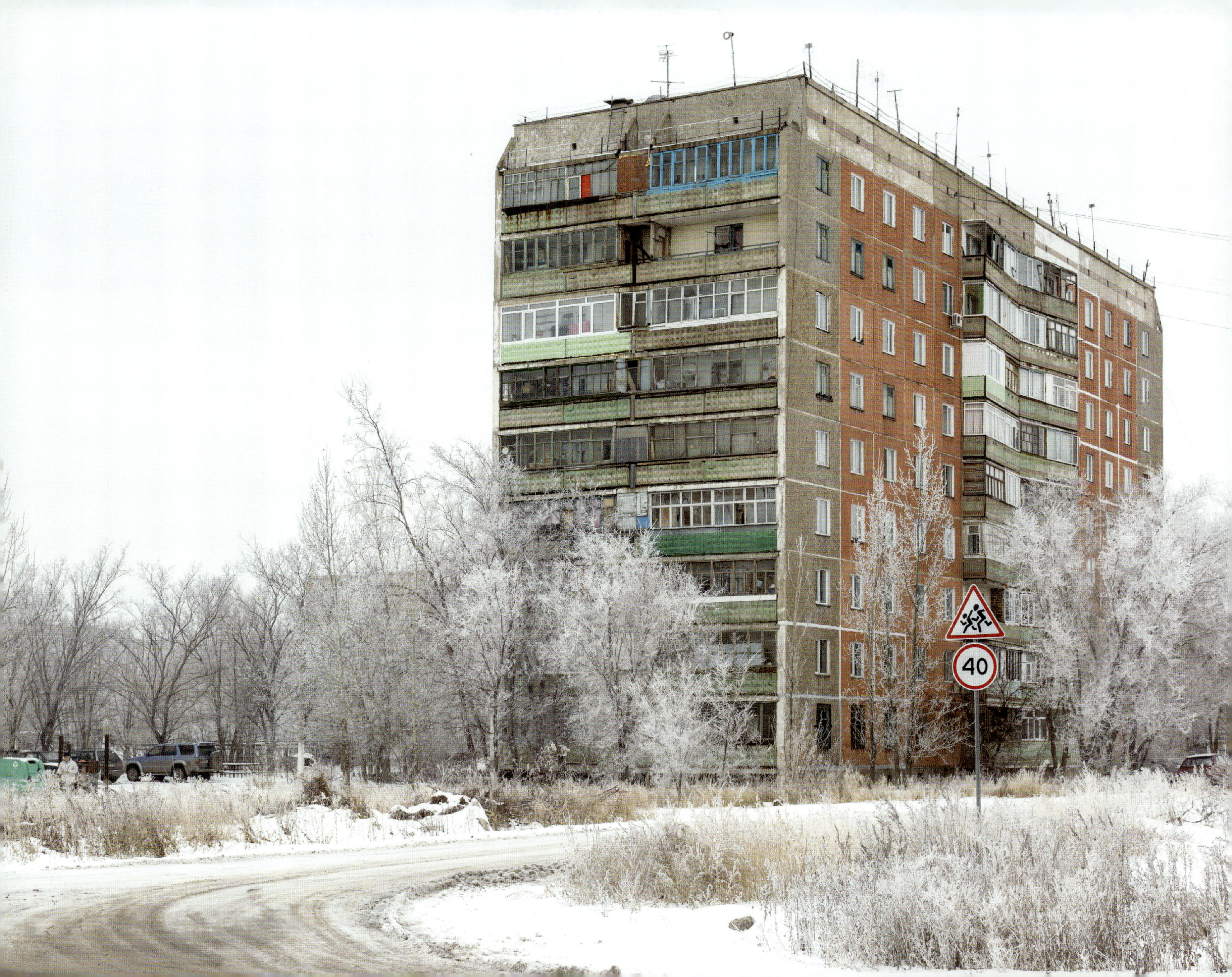

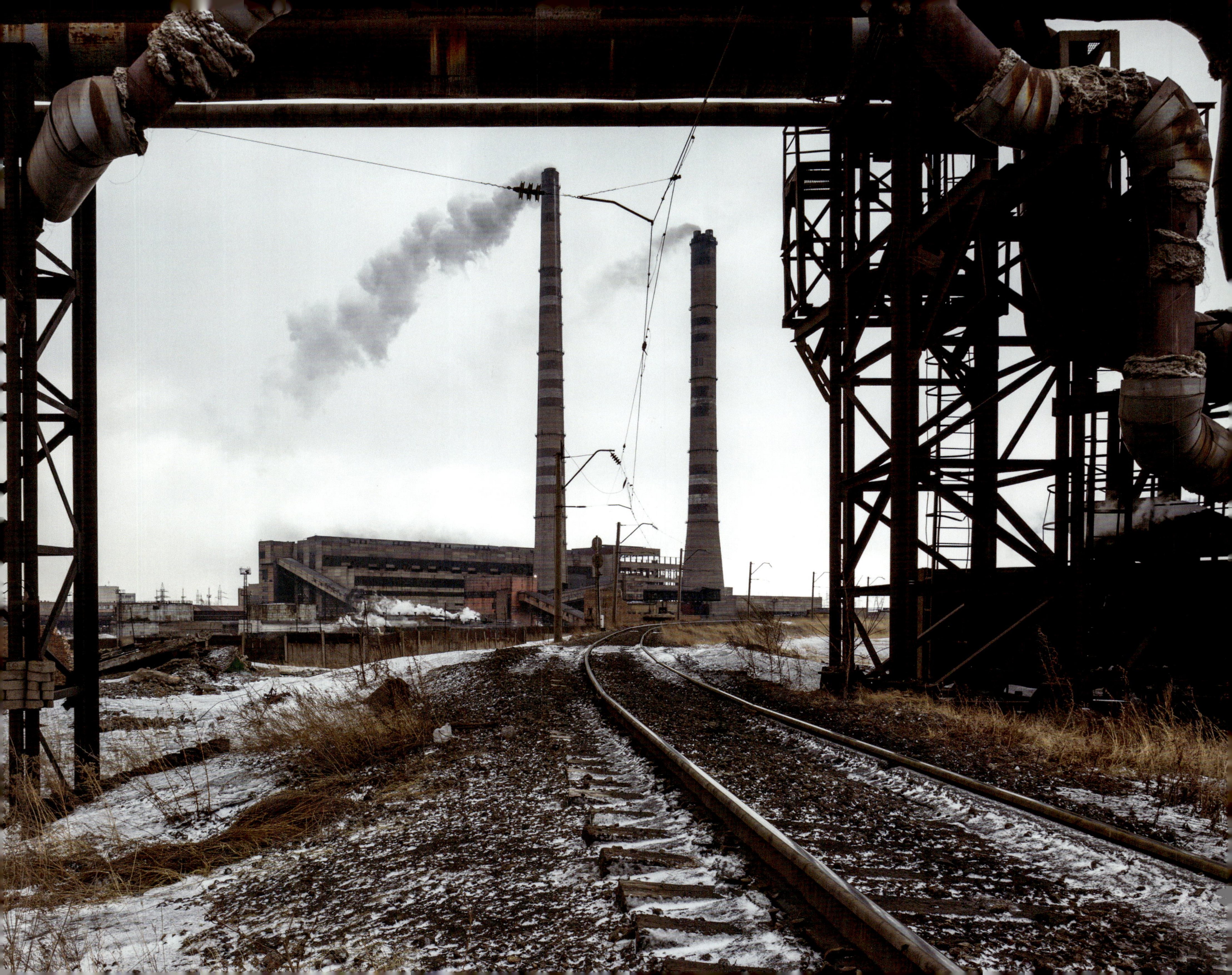

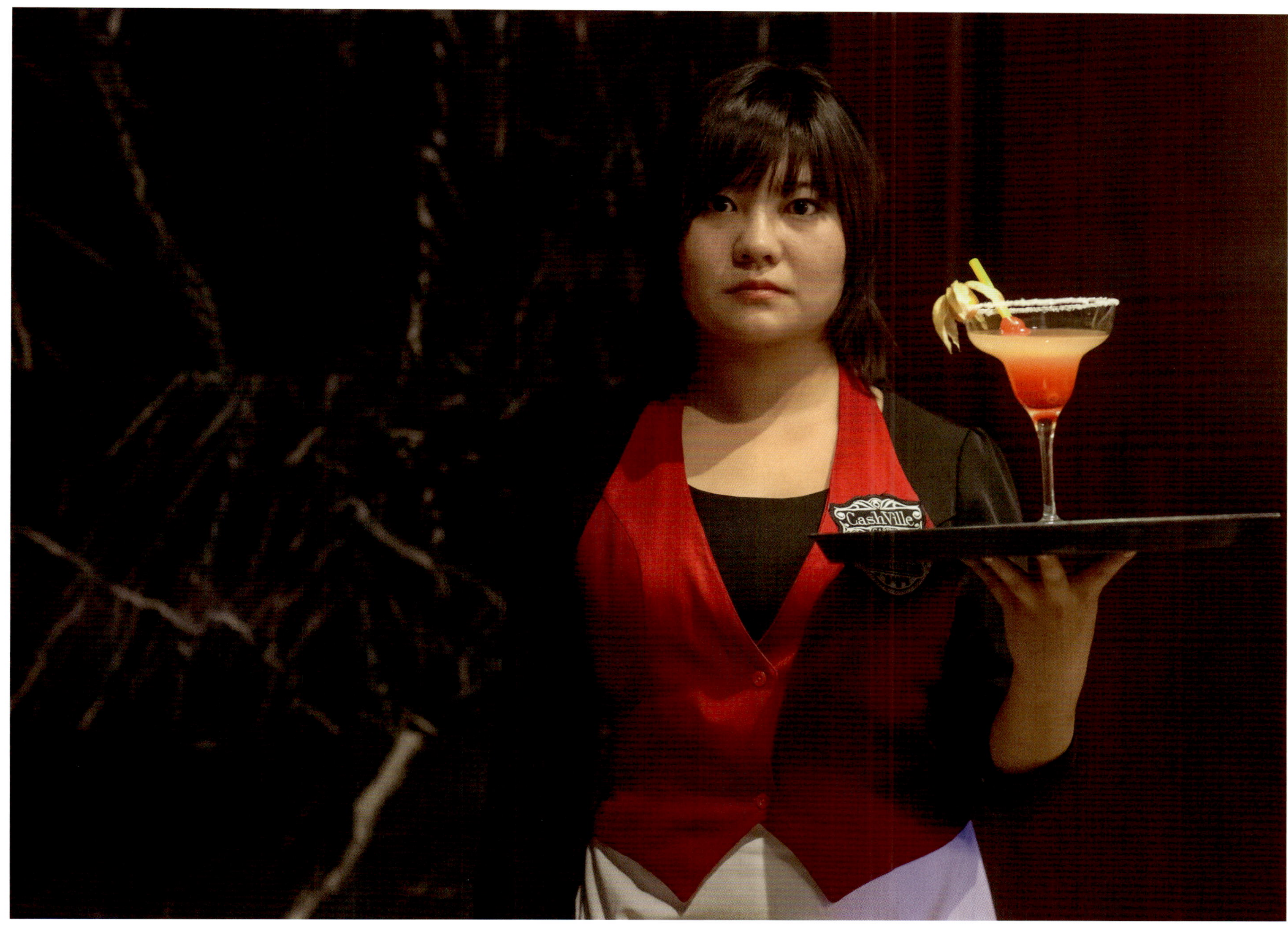
CashVille

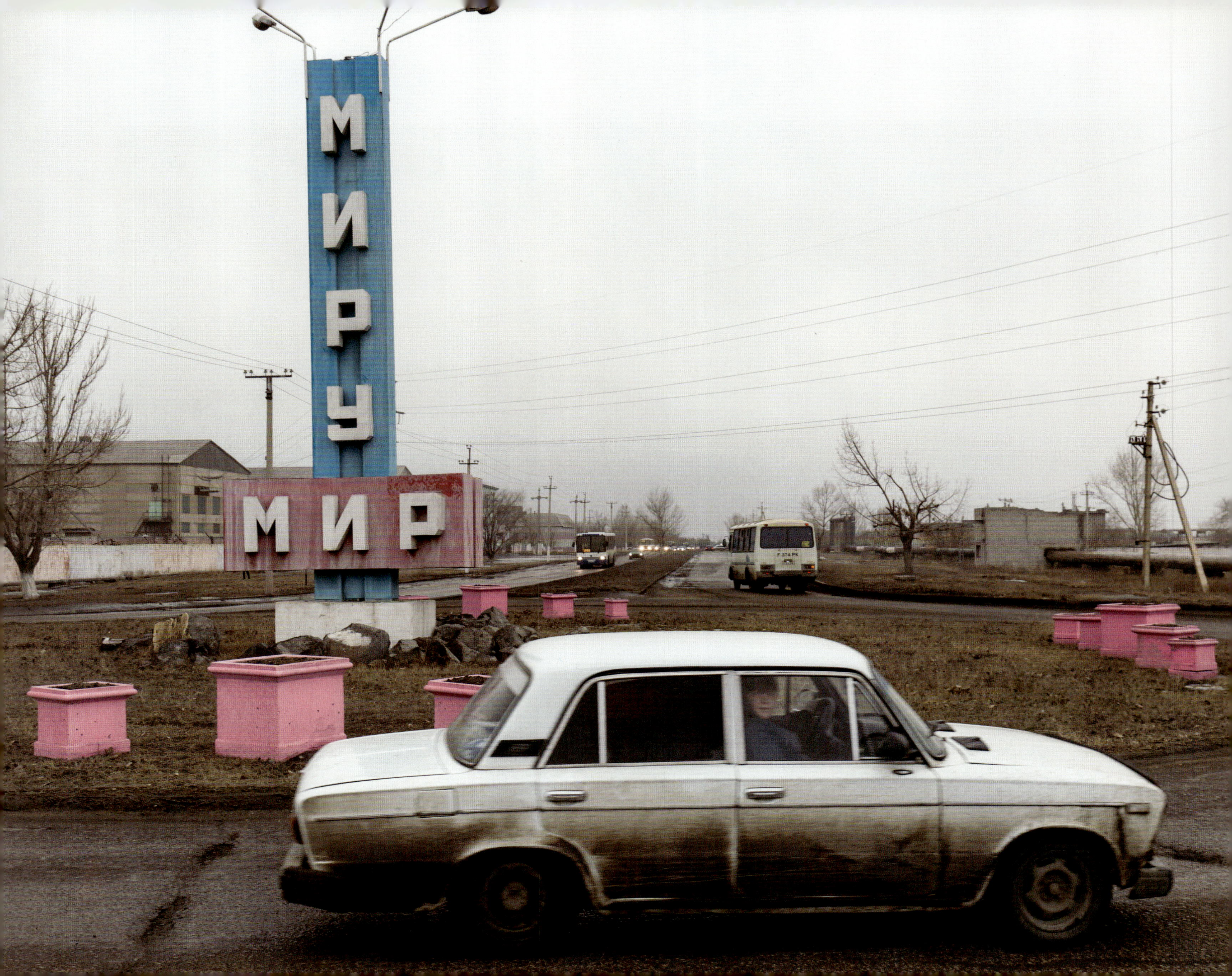
МИРУ
МИР

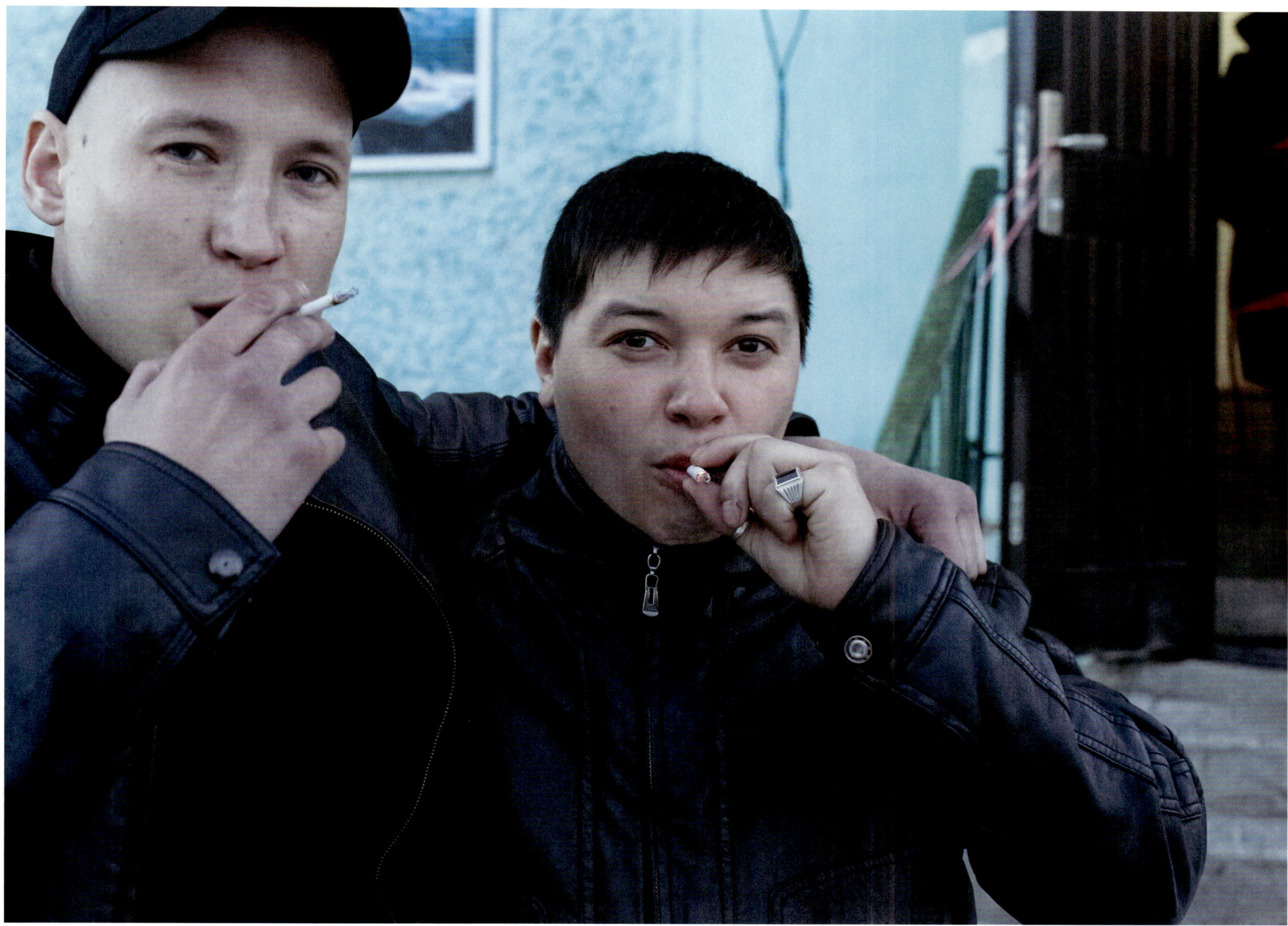

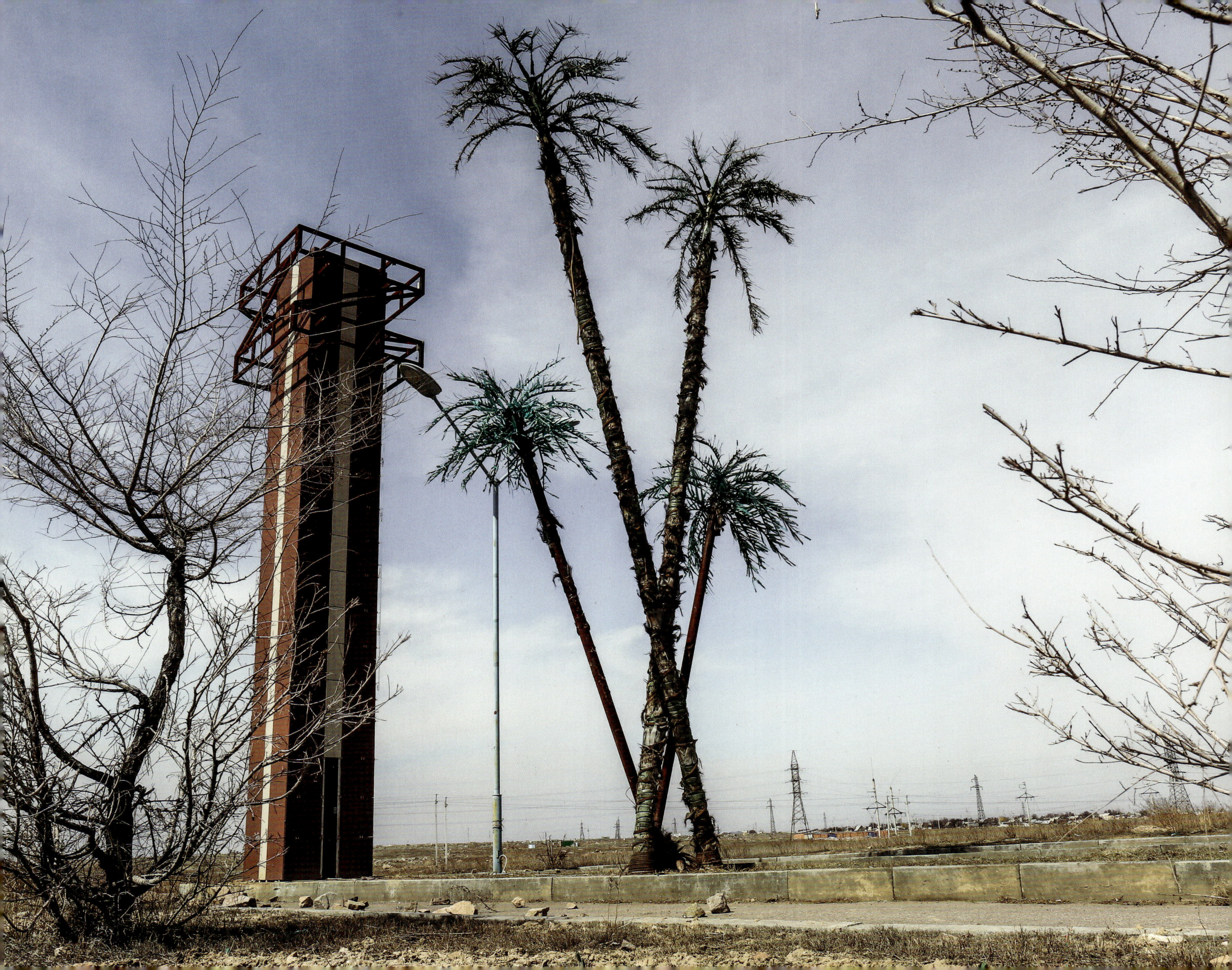

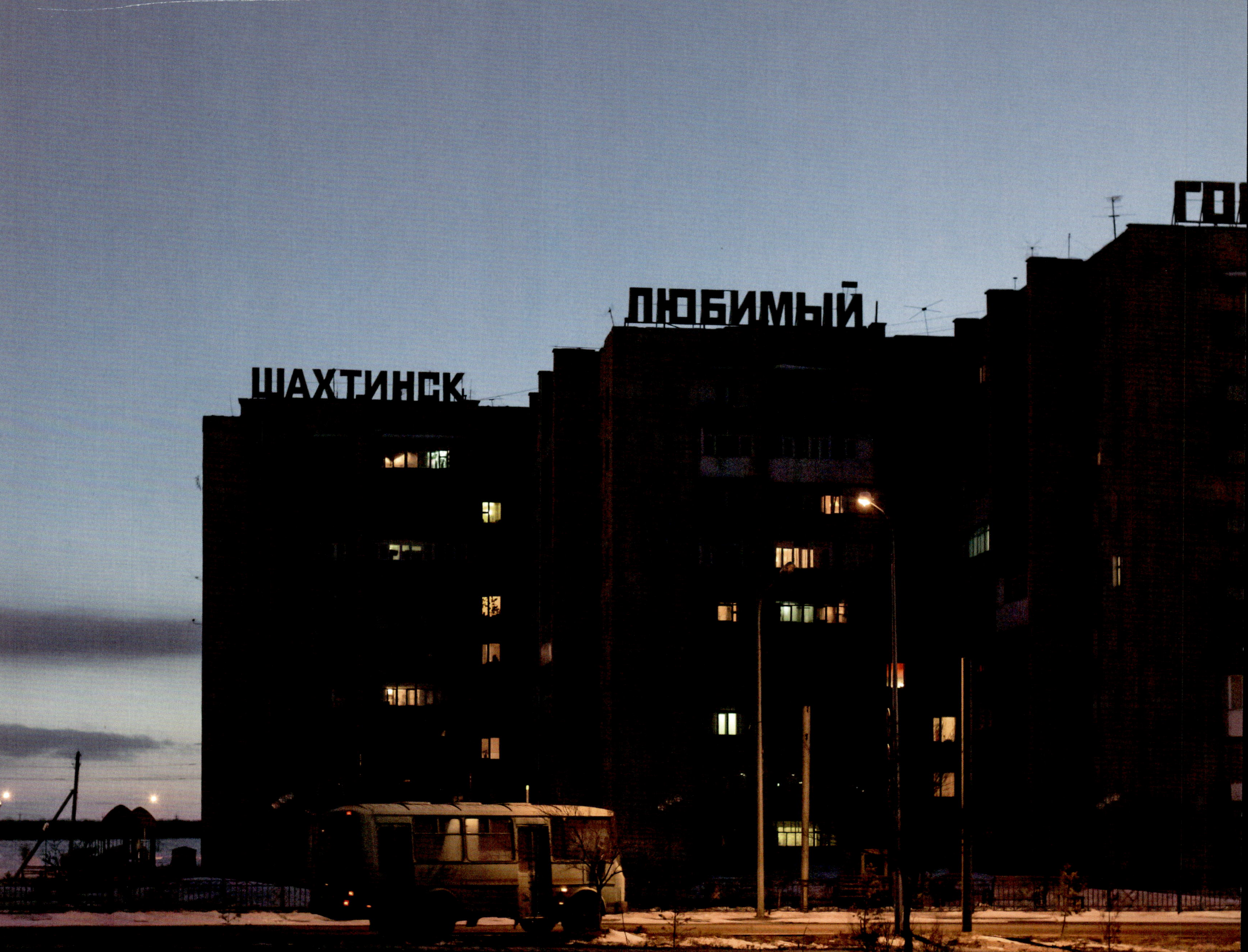
ЛЮБИМЫЙ
ШАХТИНСК

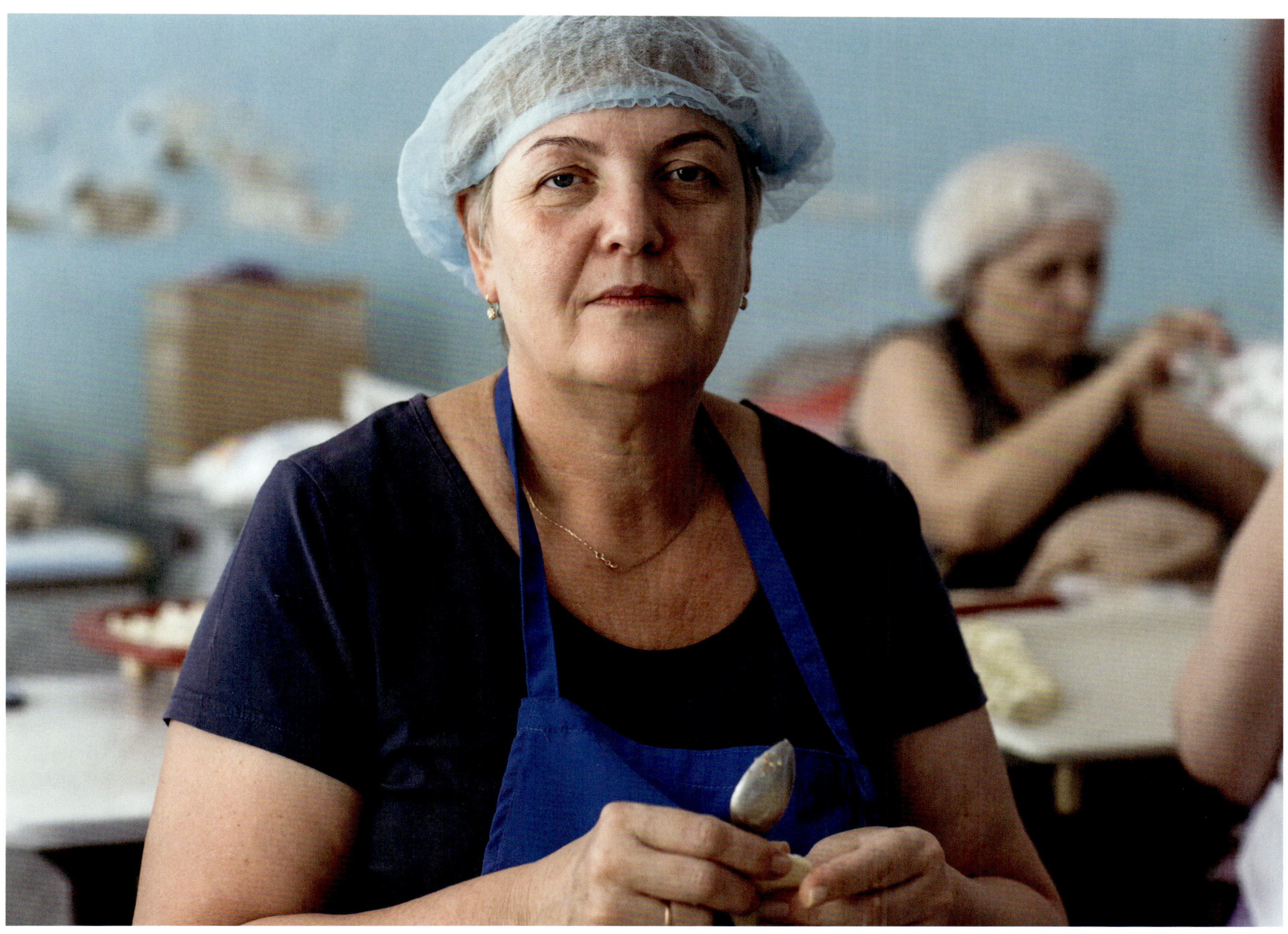

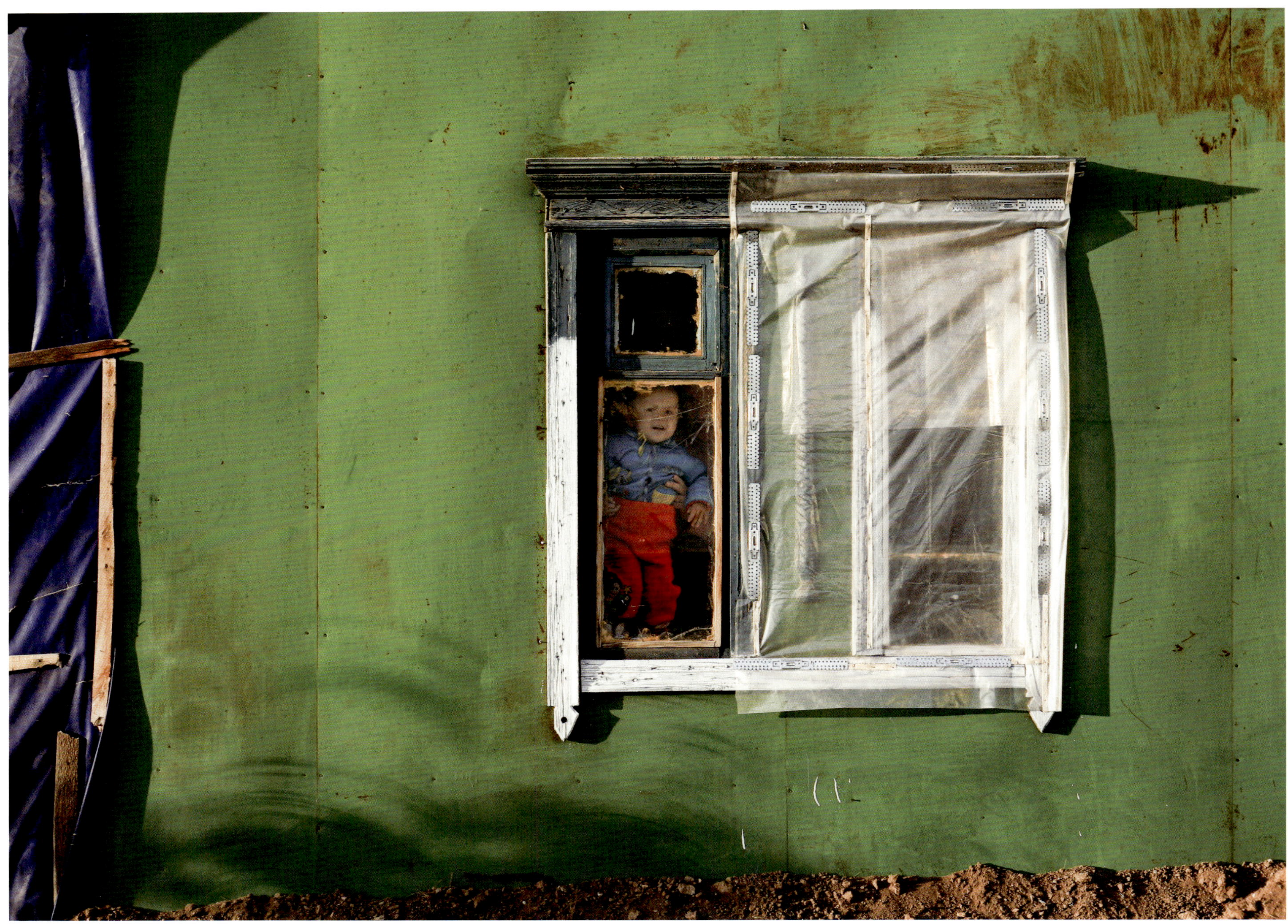

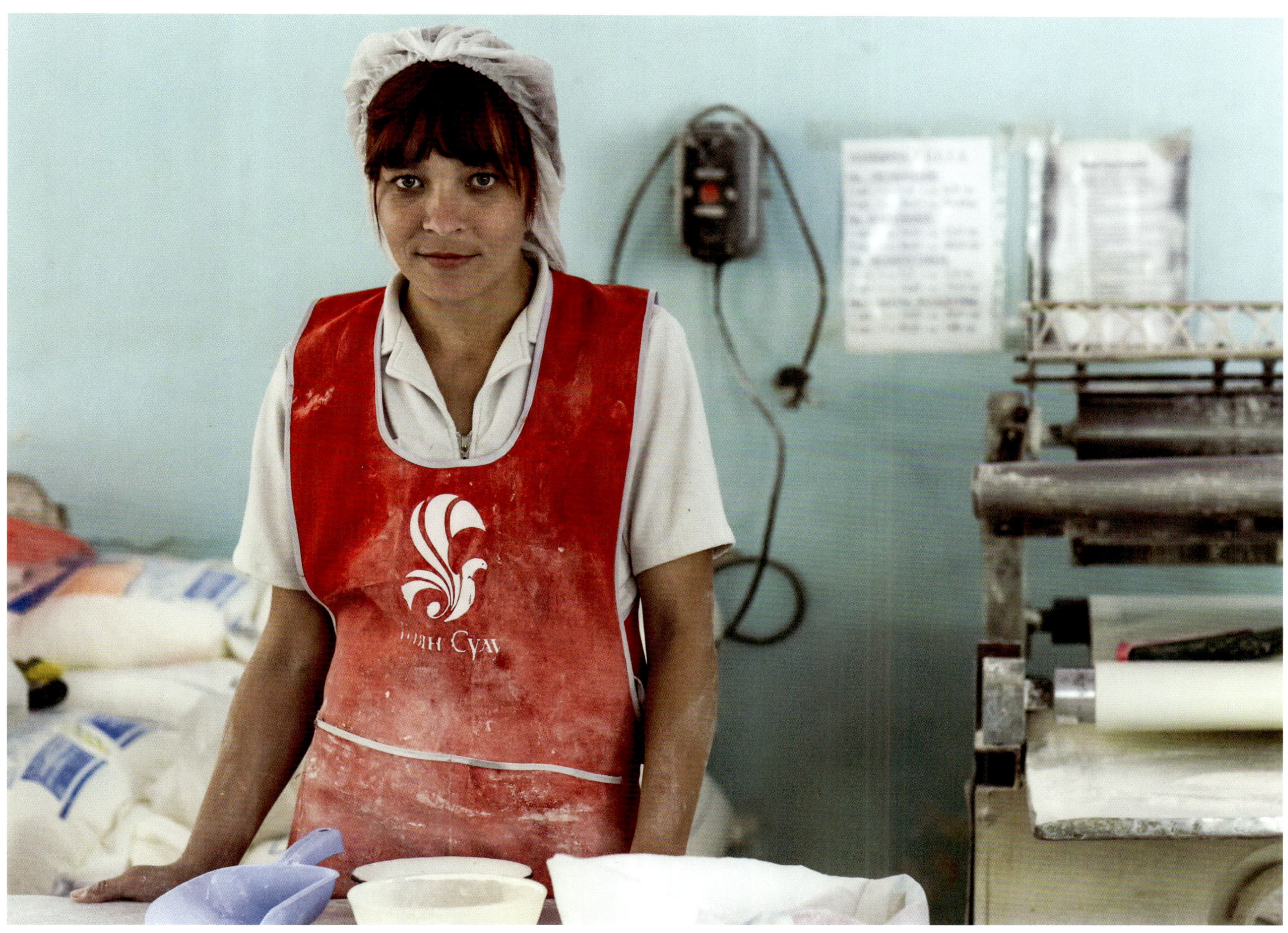

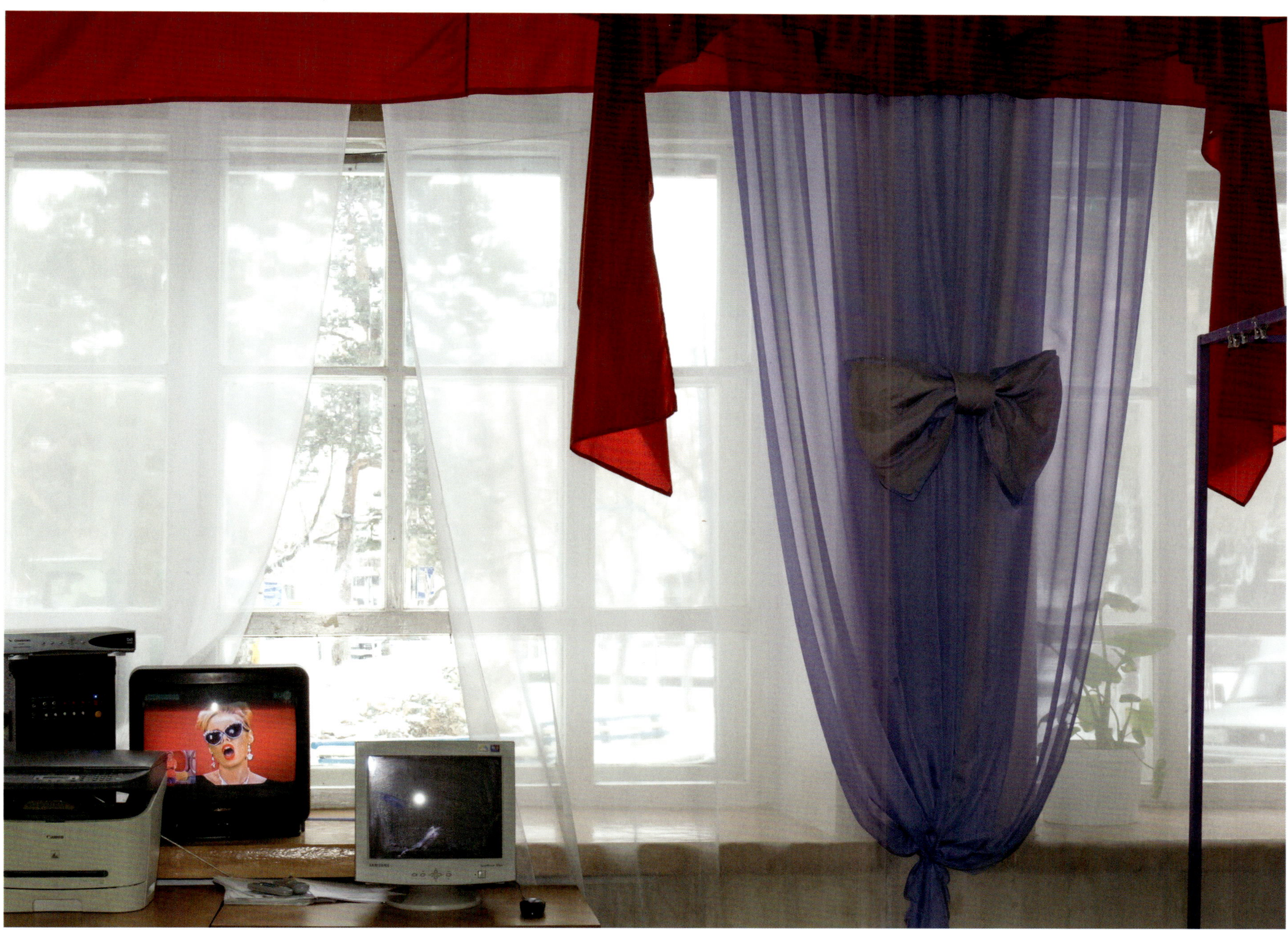

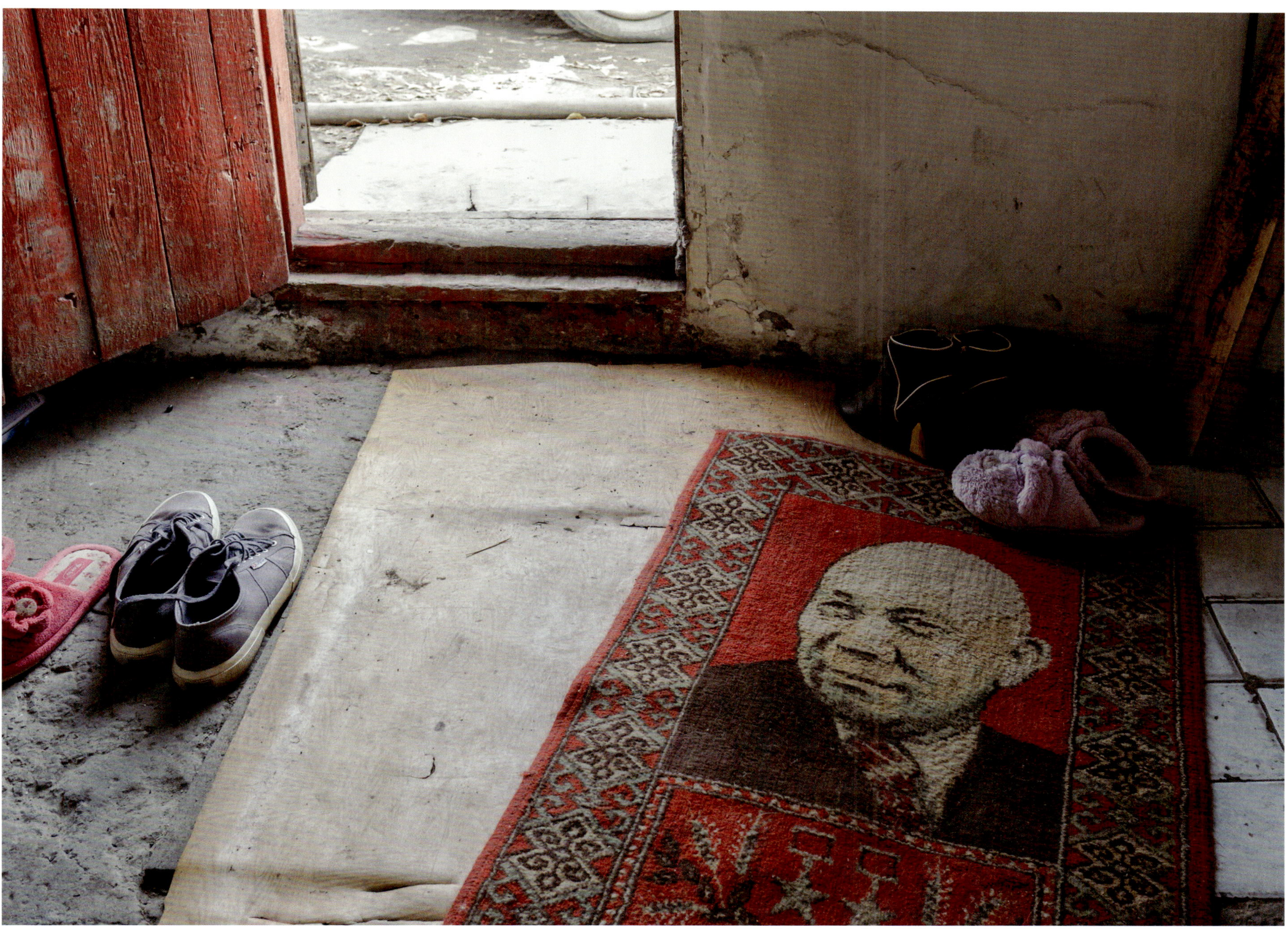

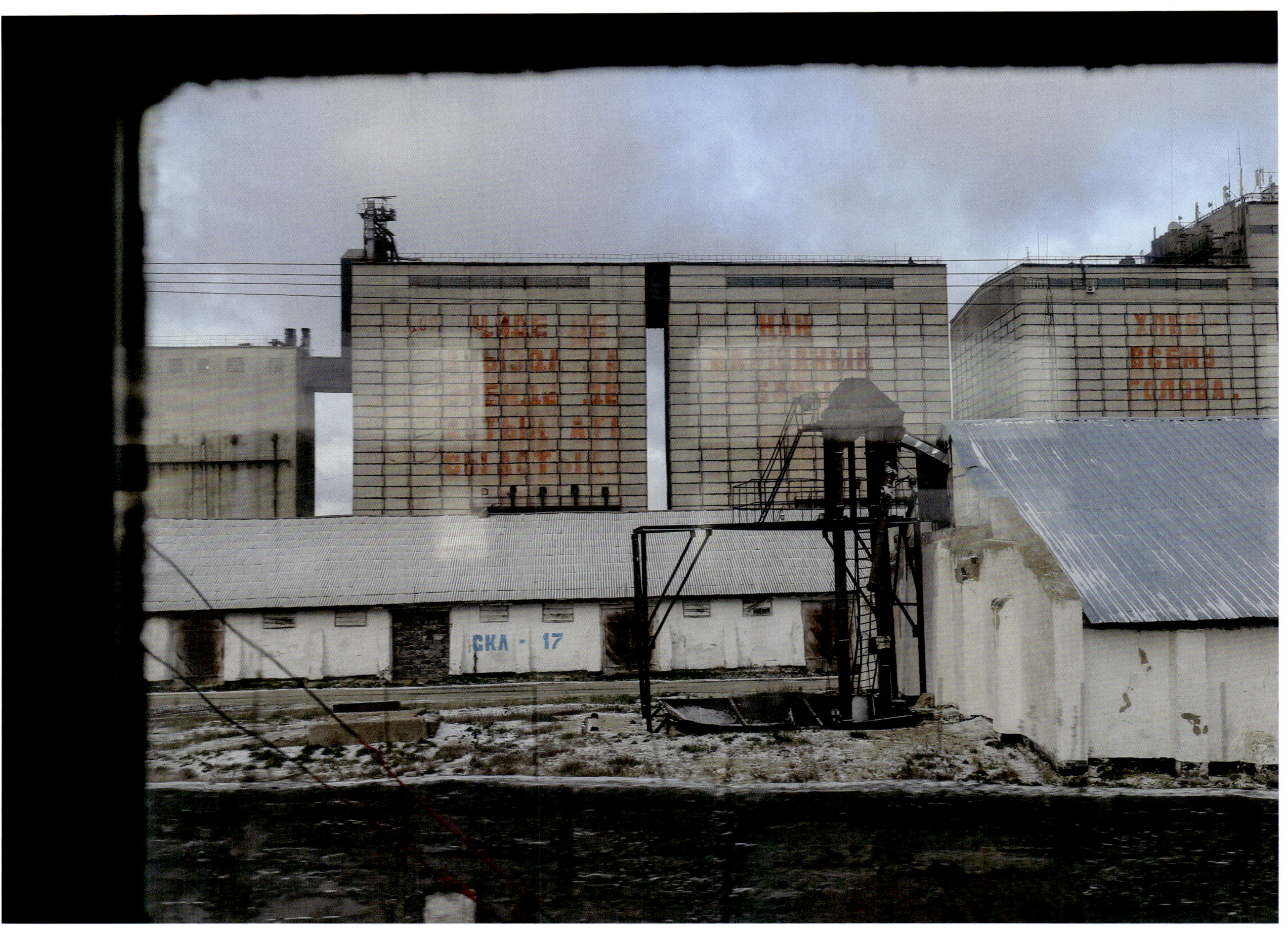
СКА - 17

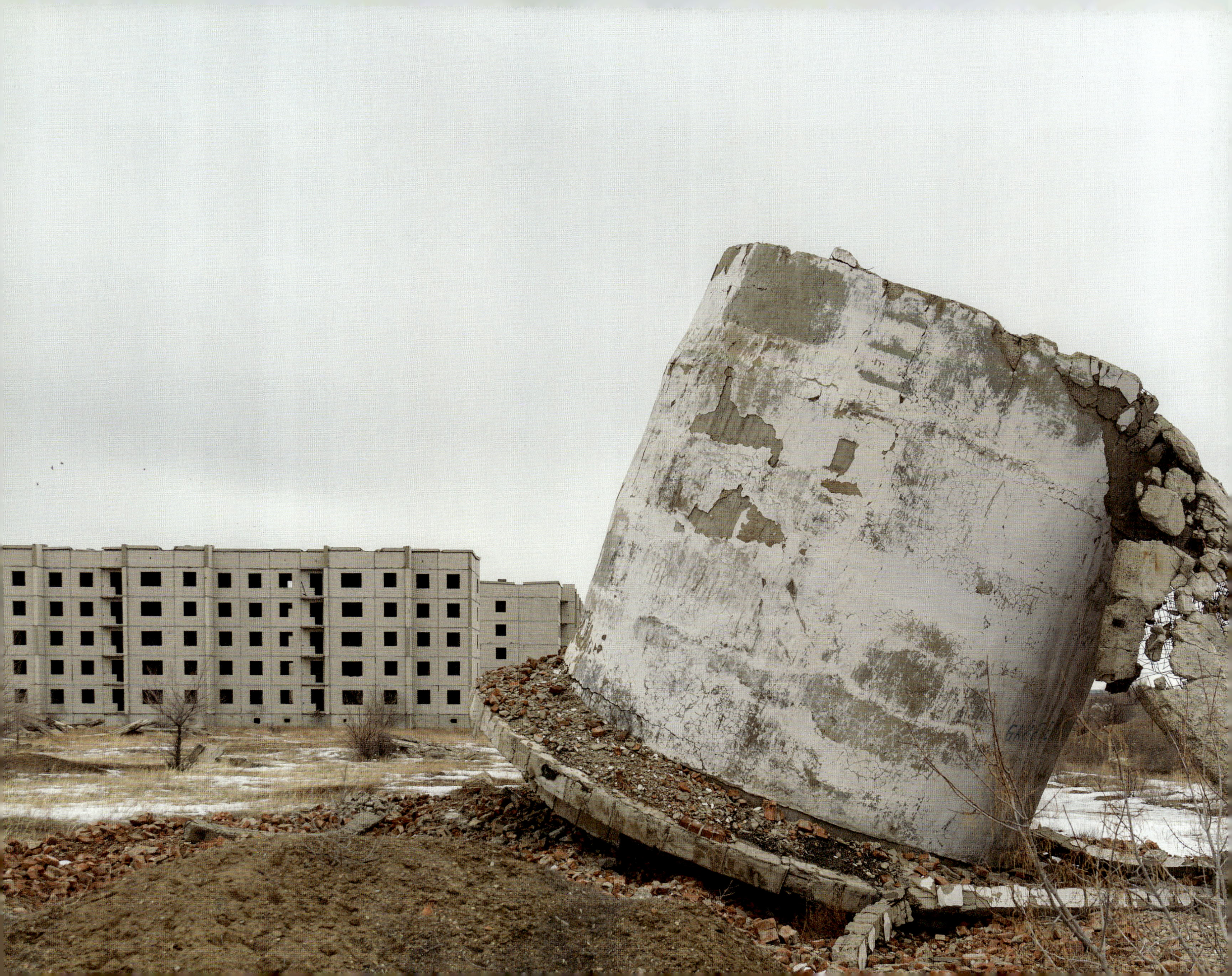

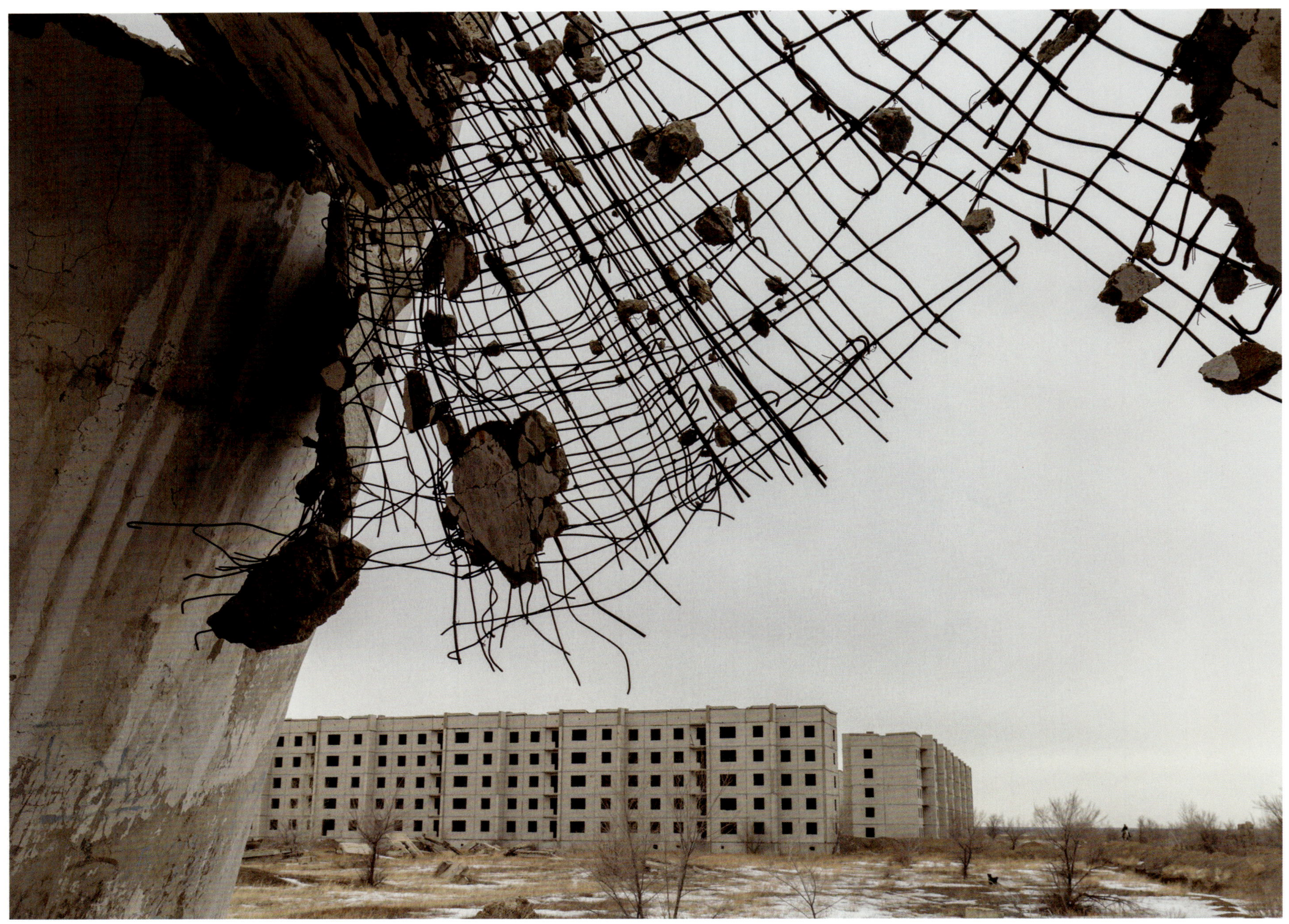

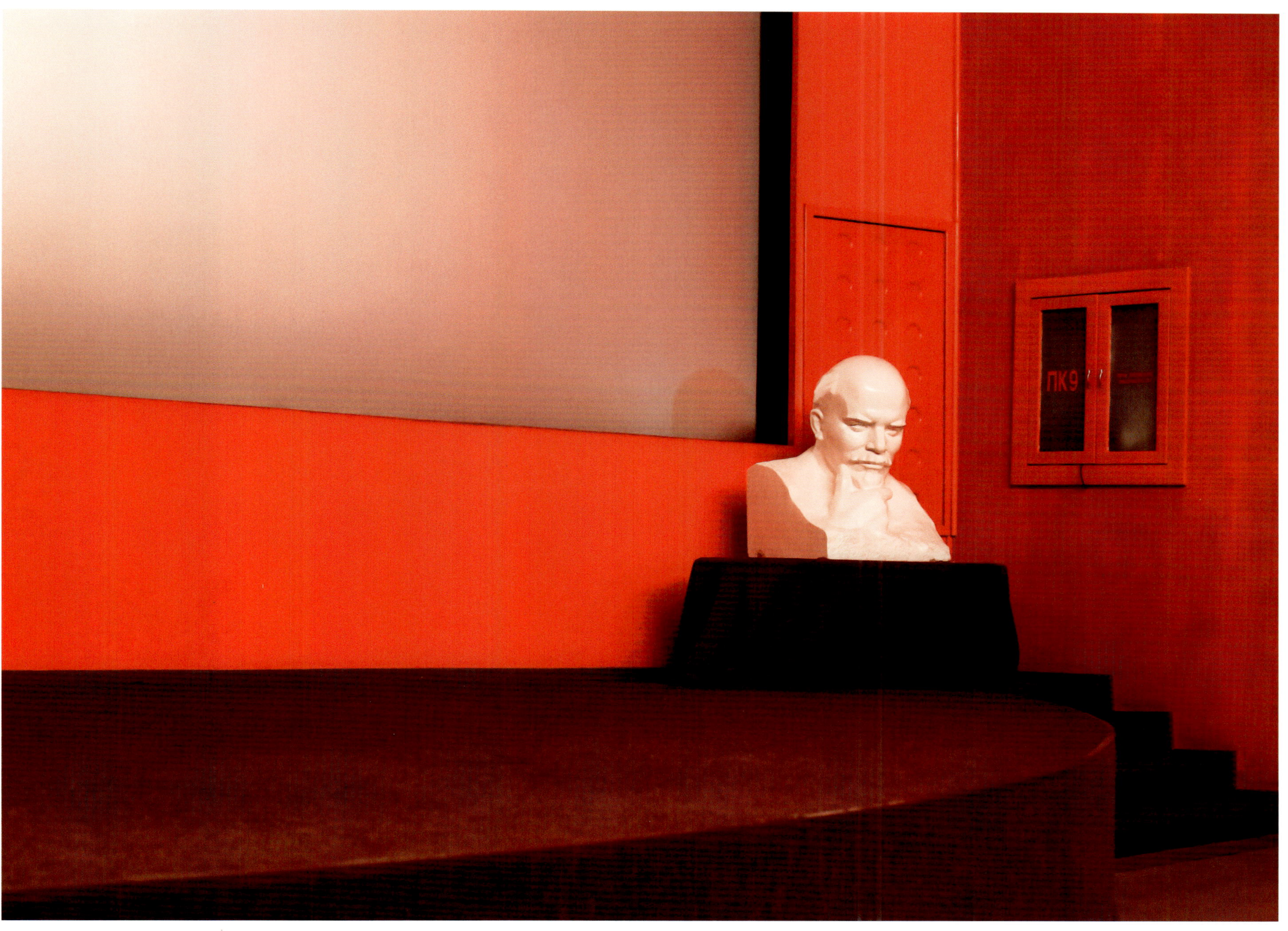
ПК9

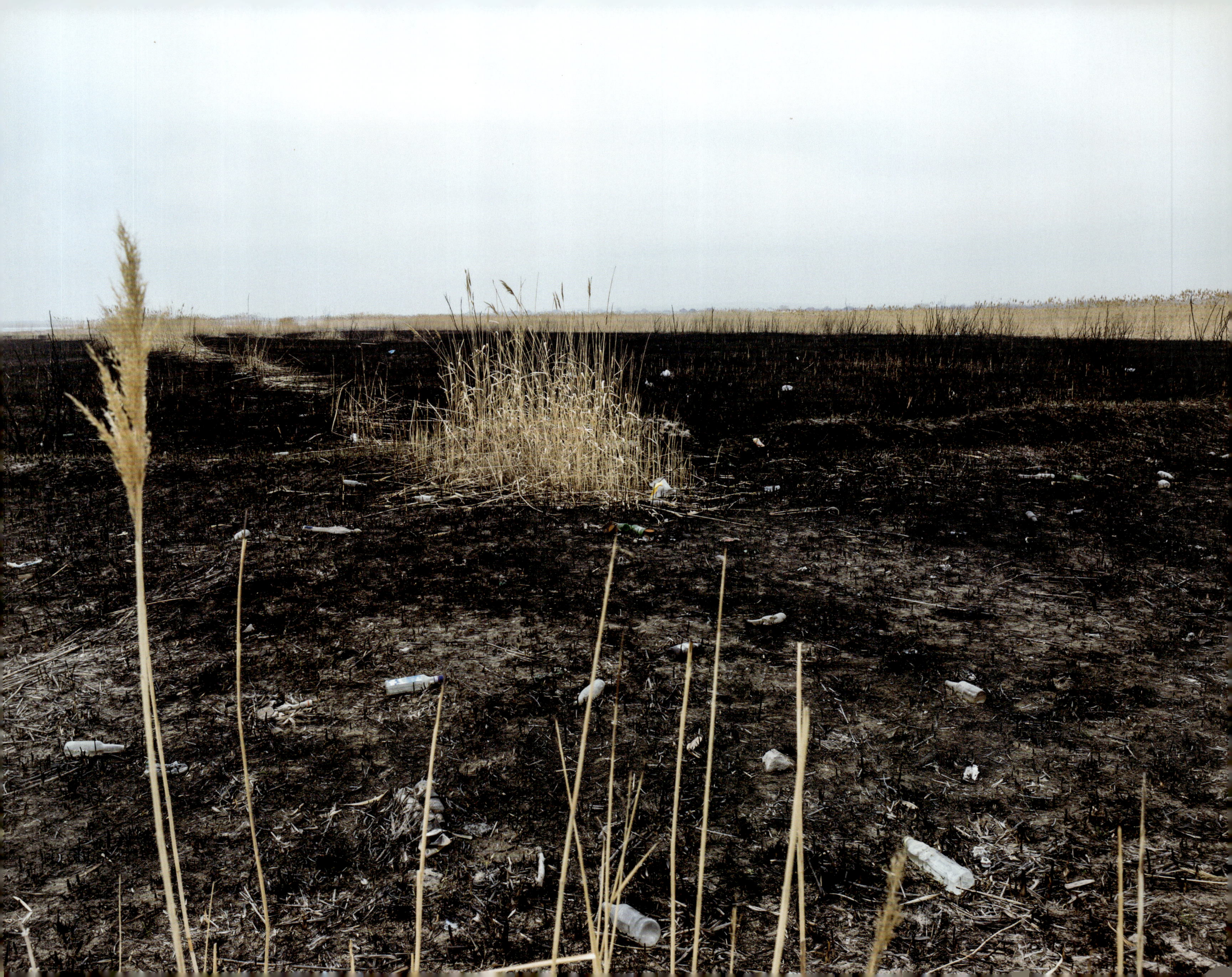

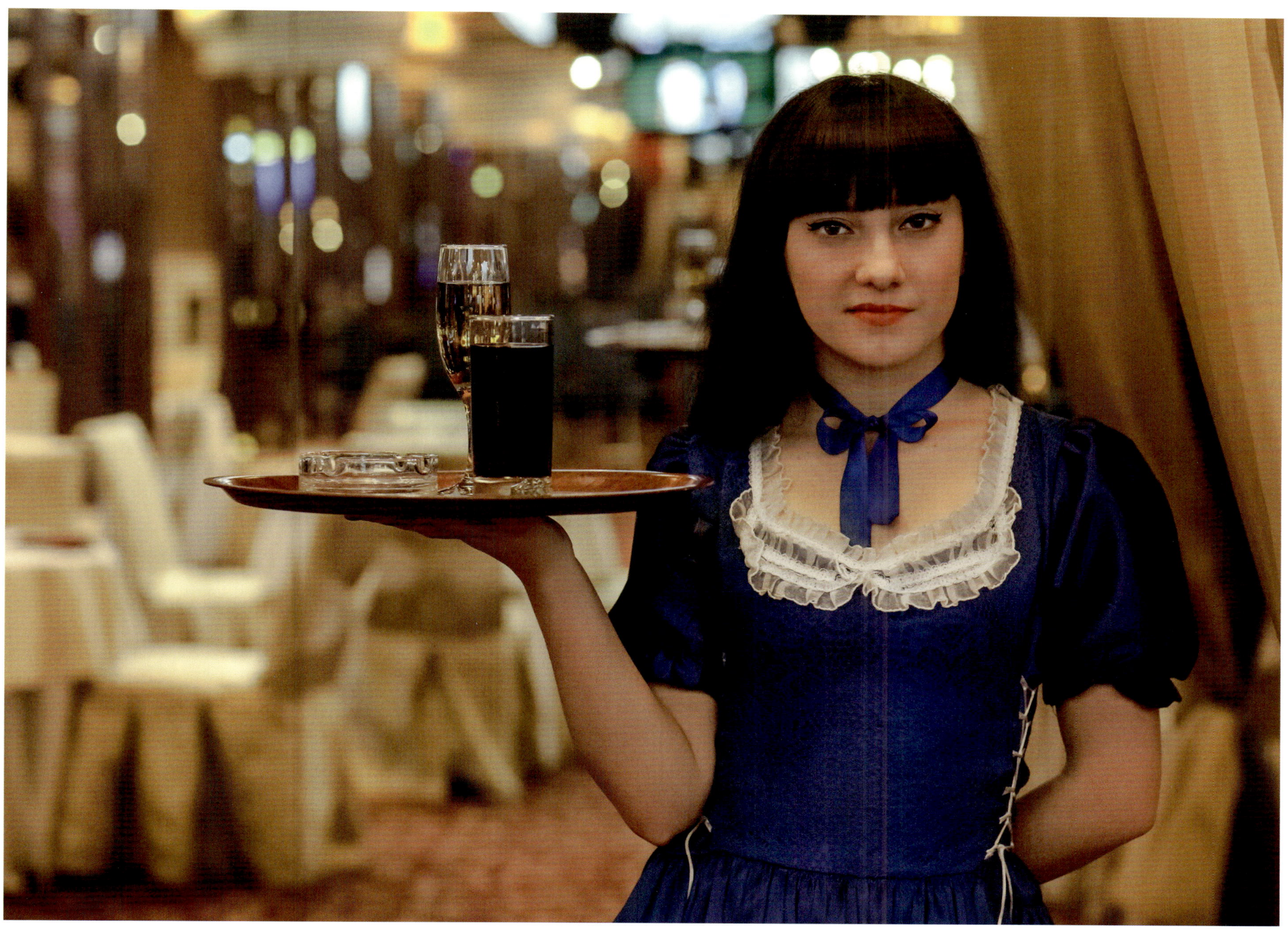

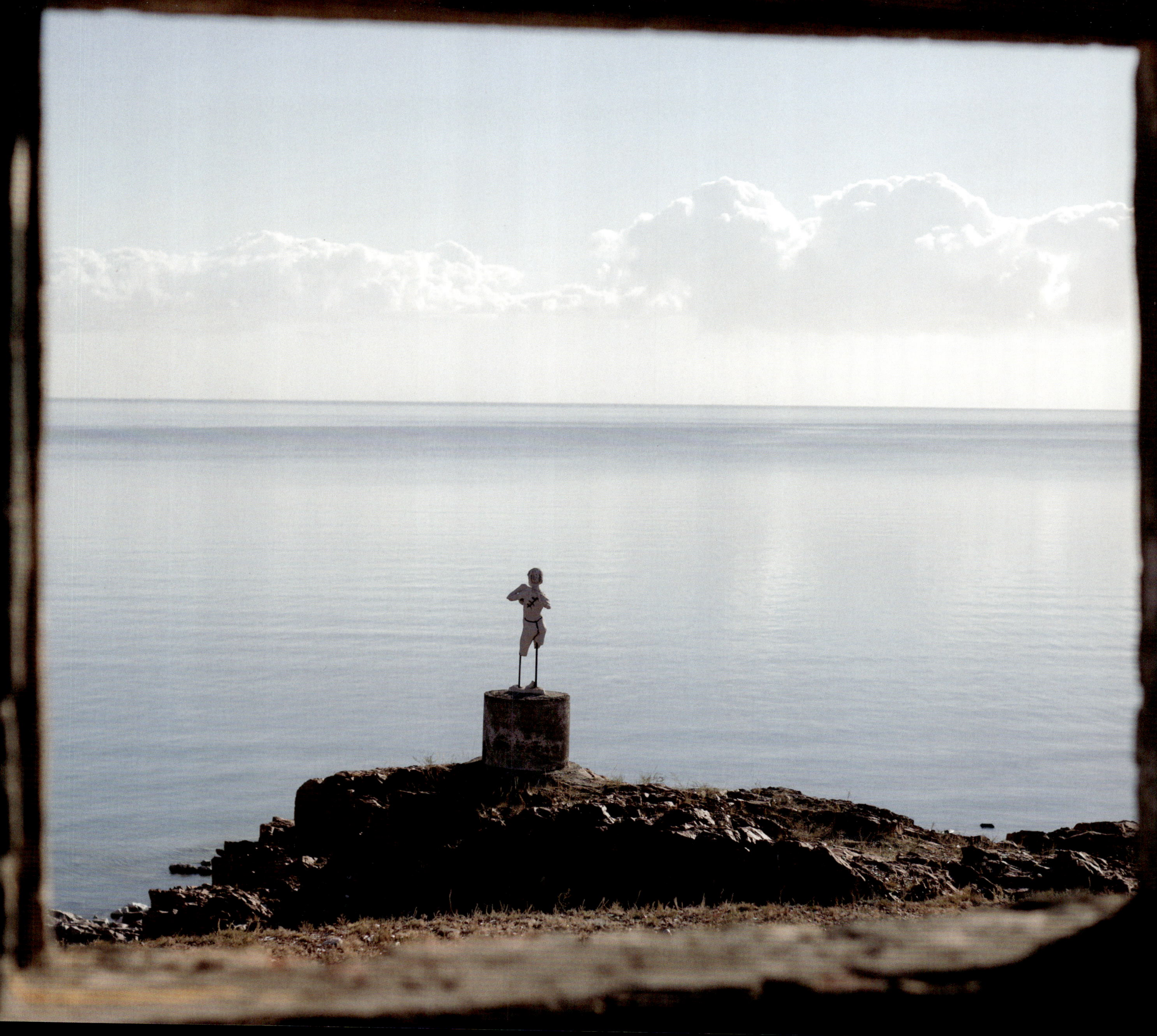

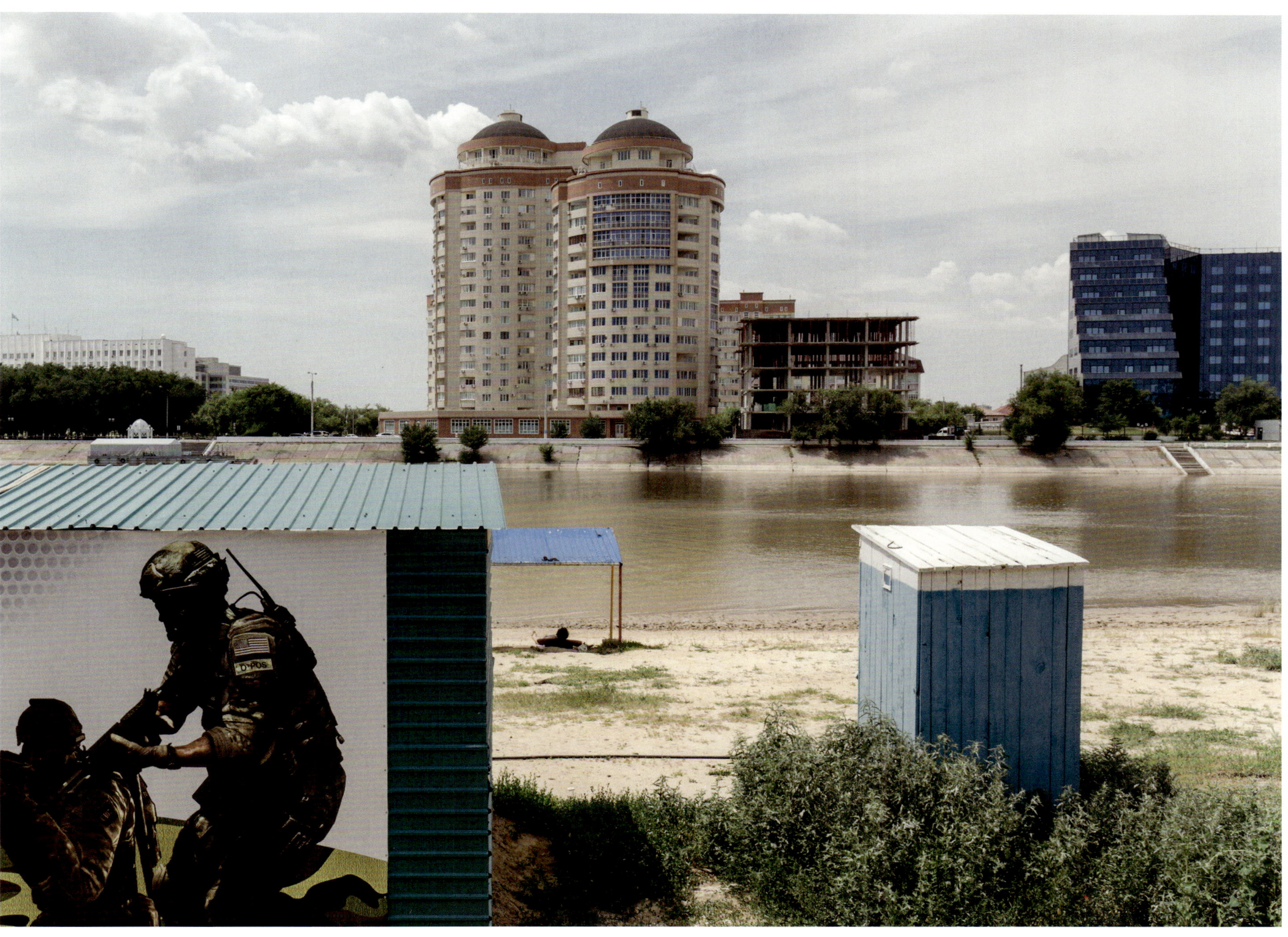

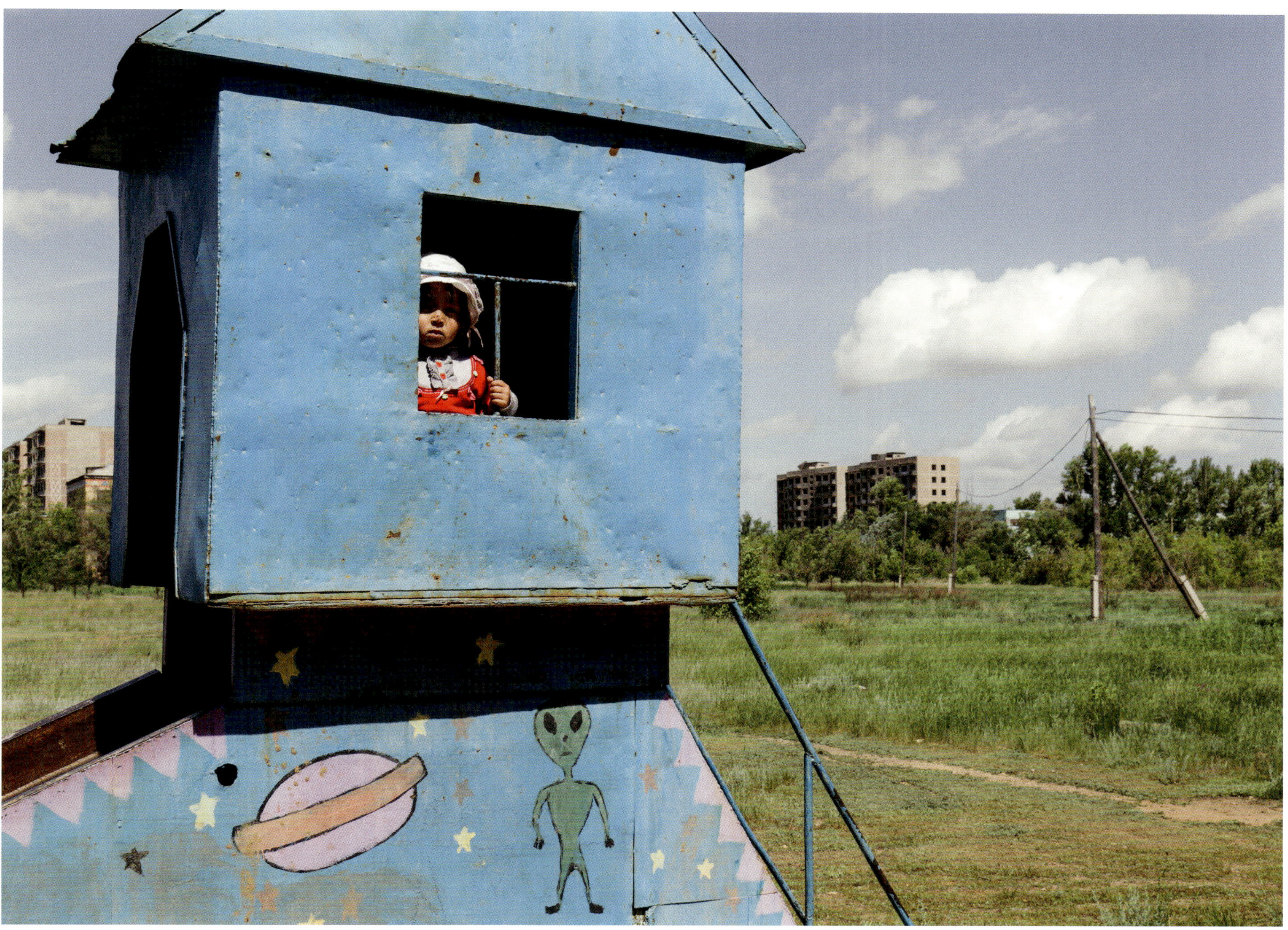

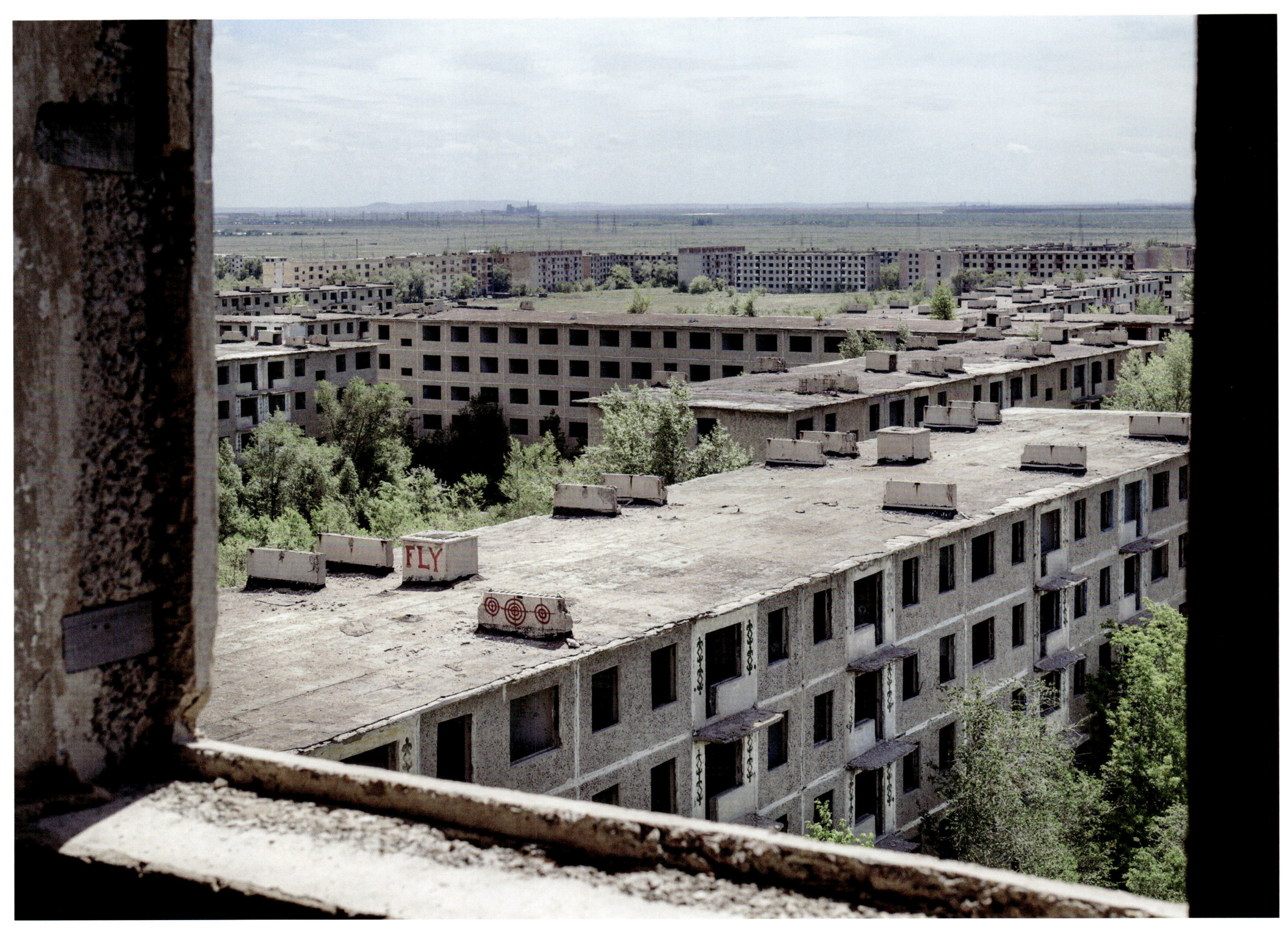
FLY

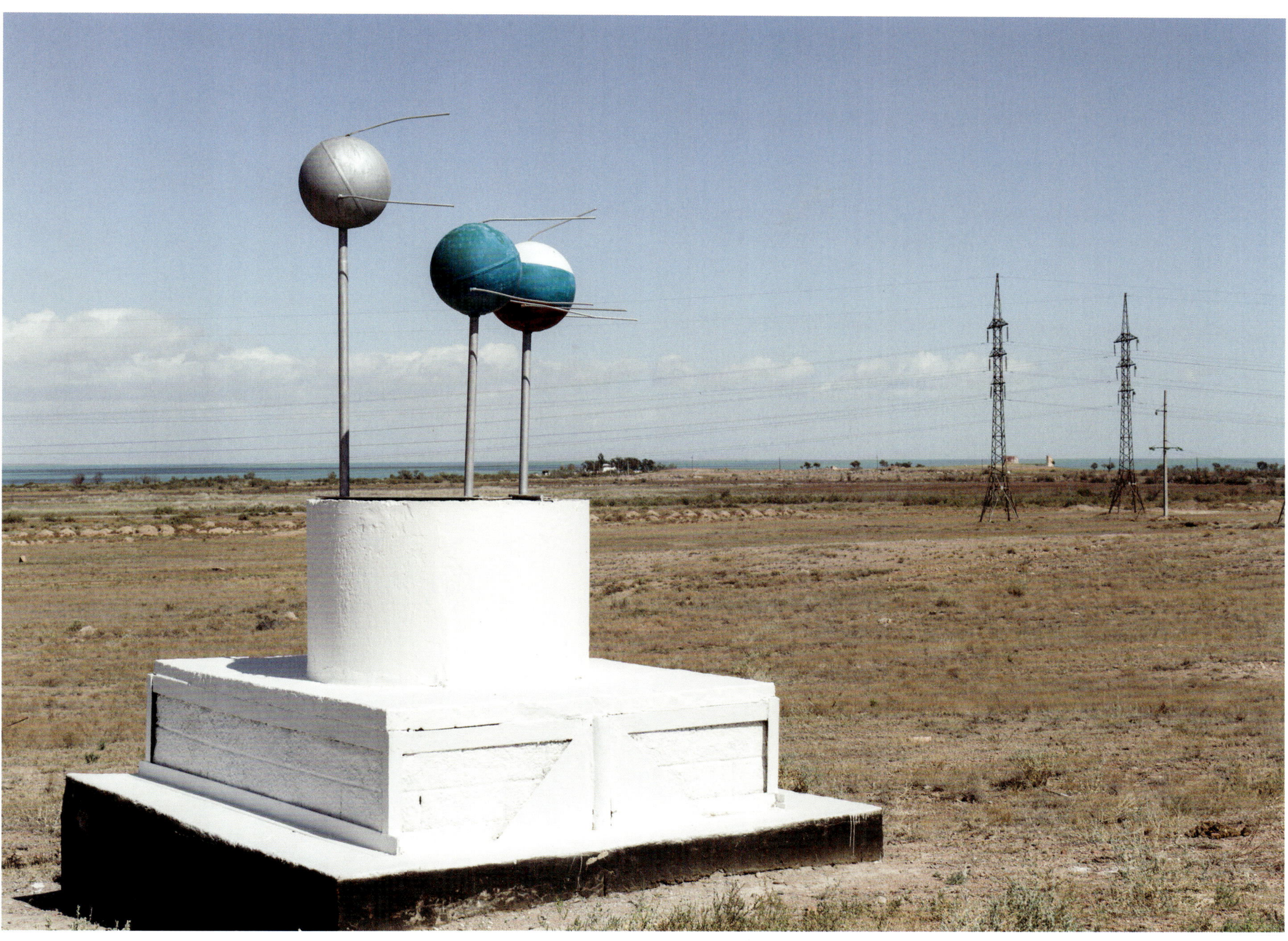

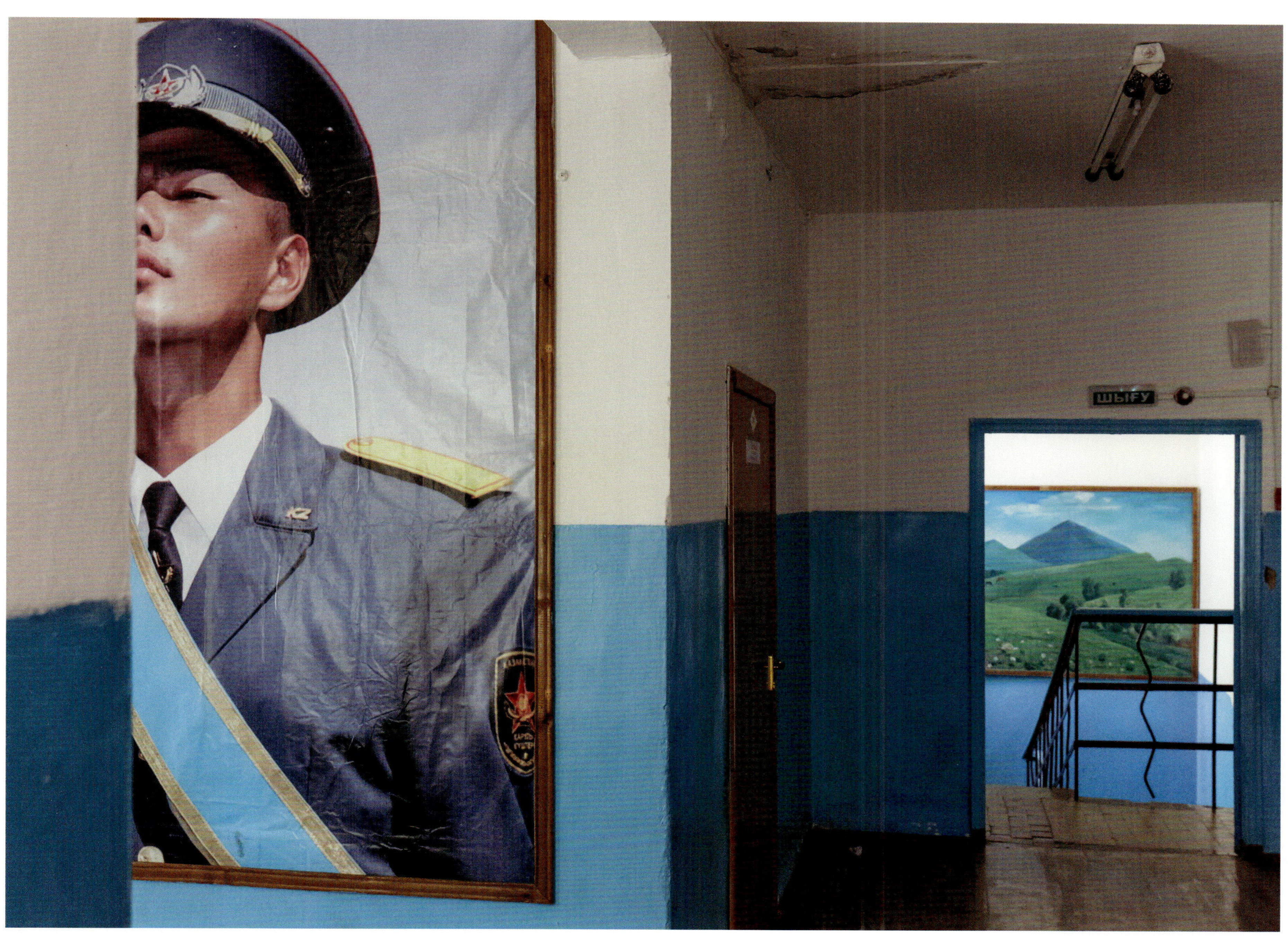
ШЫҒУ

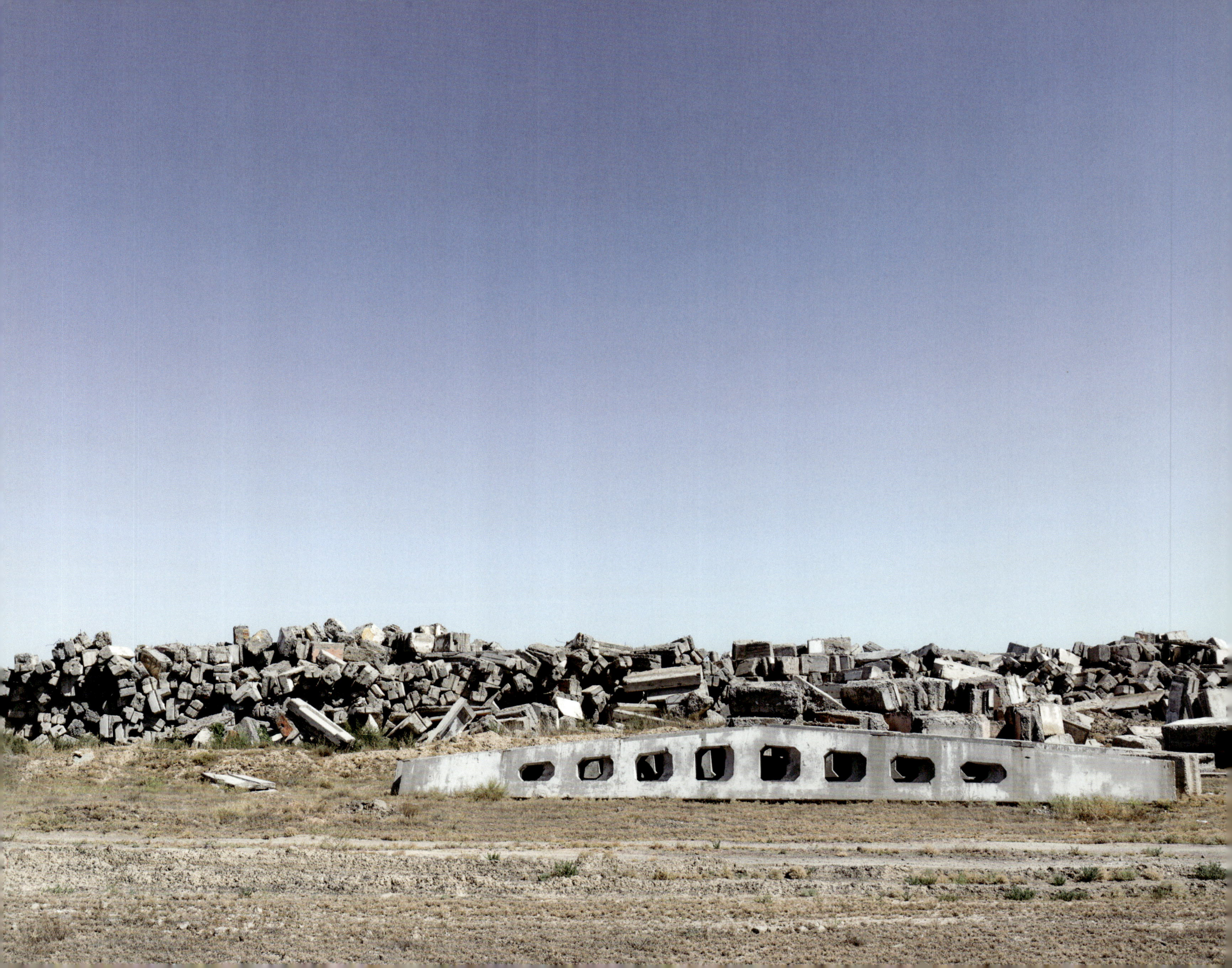

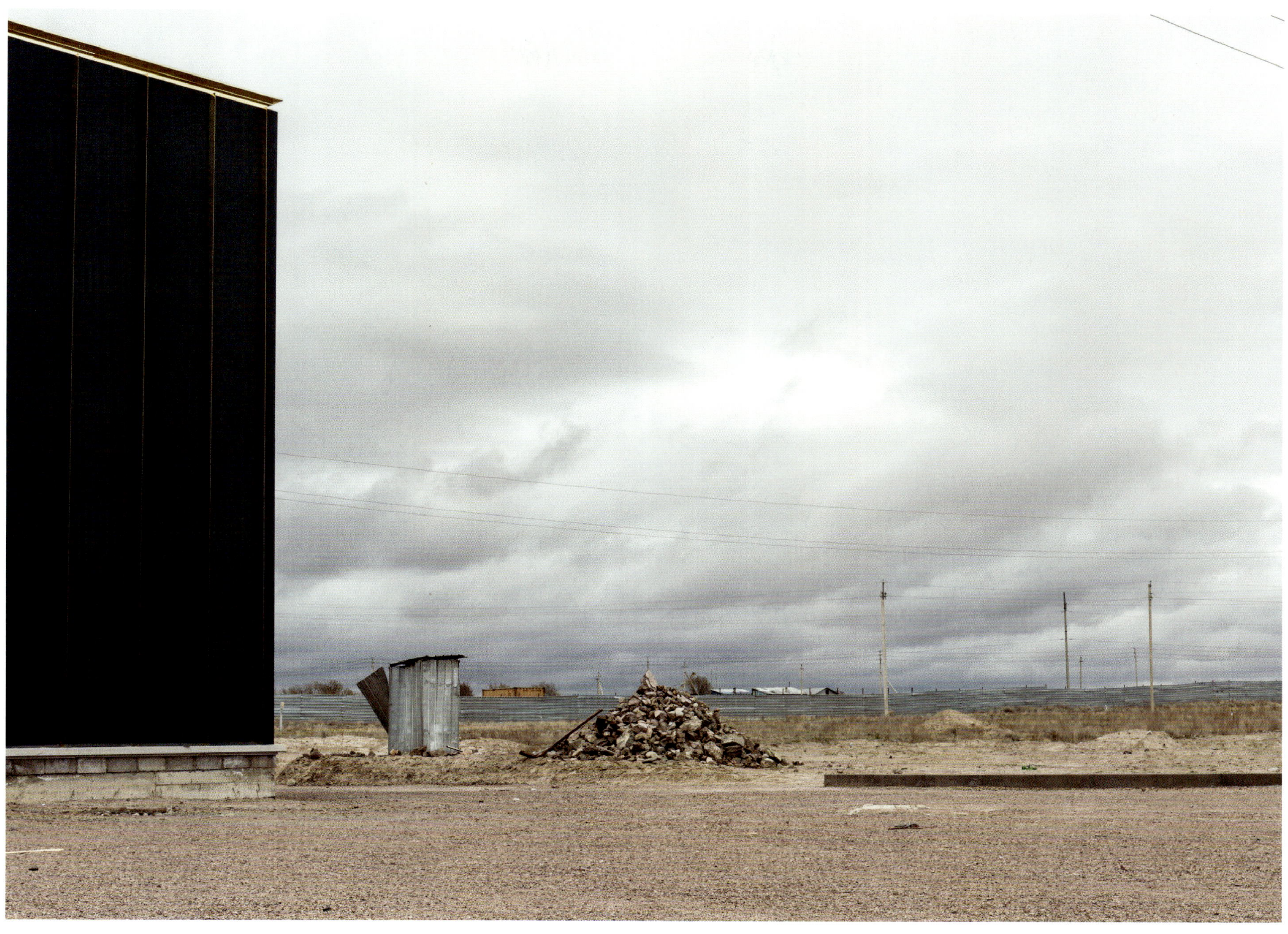

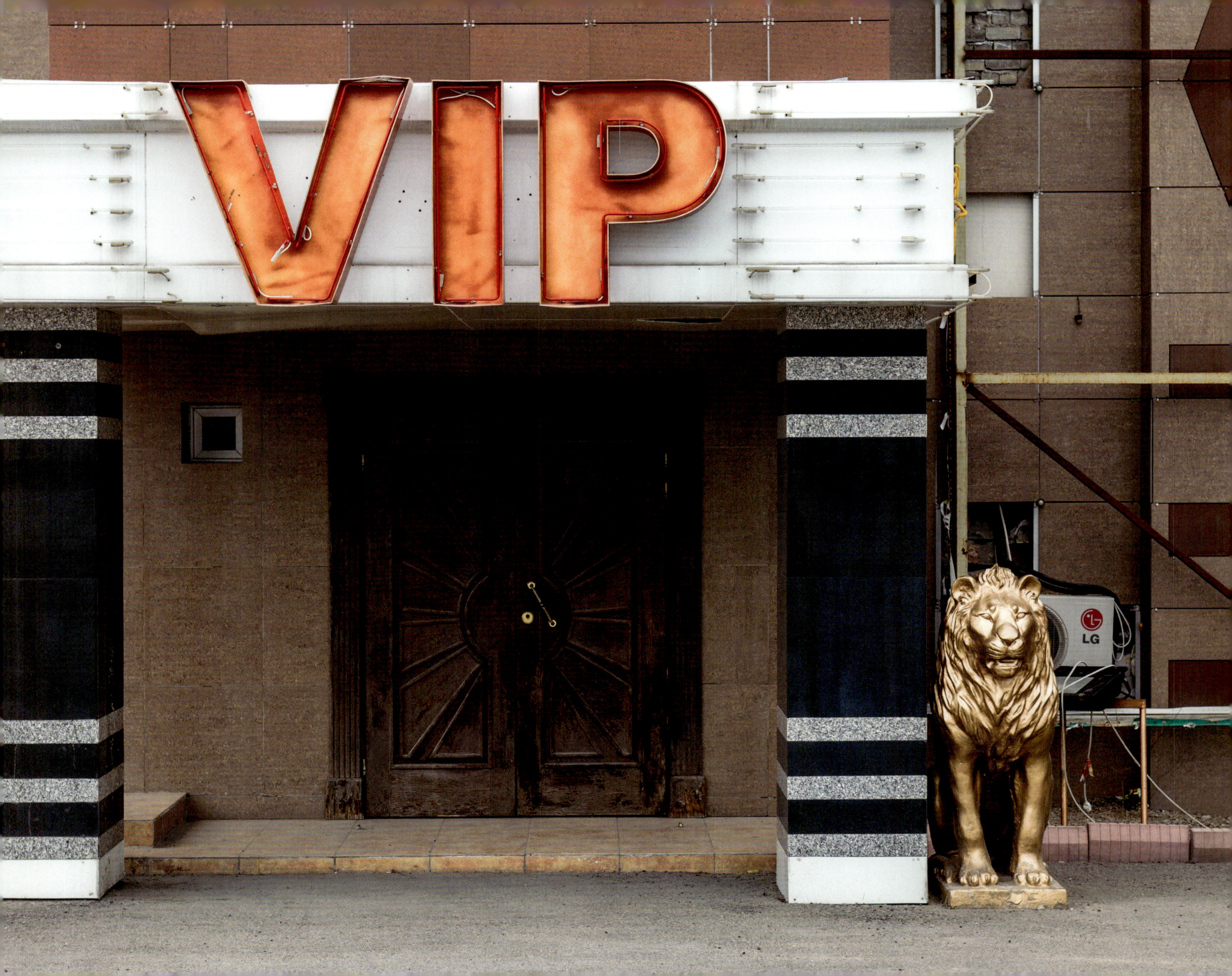

VIP
LG

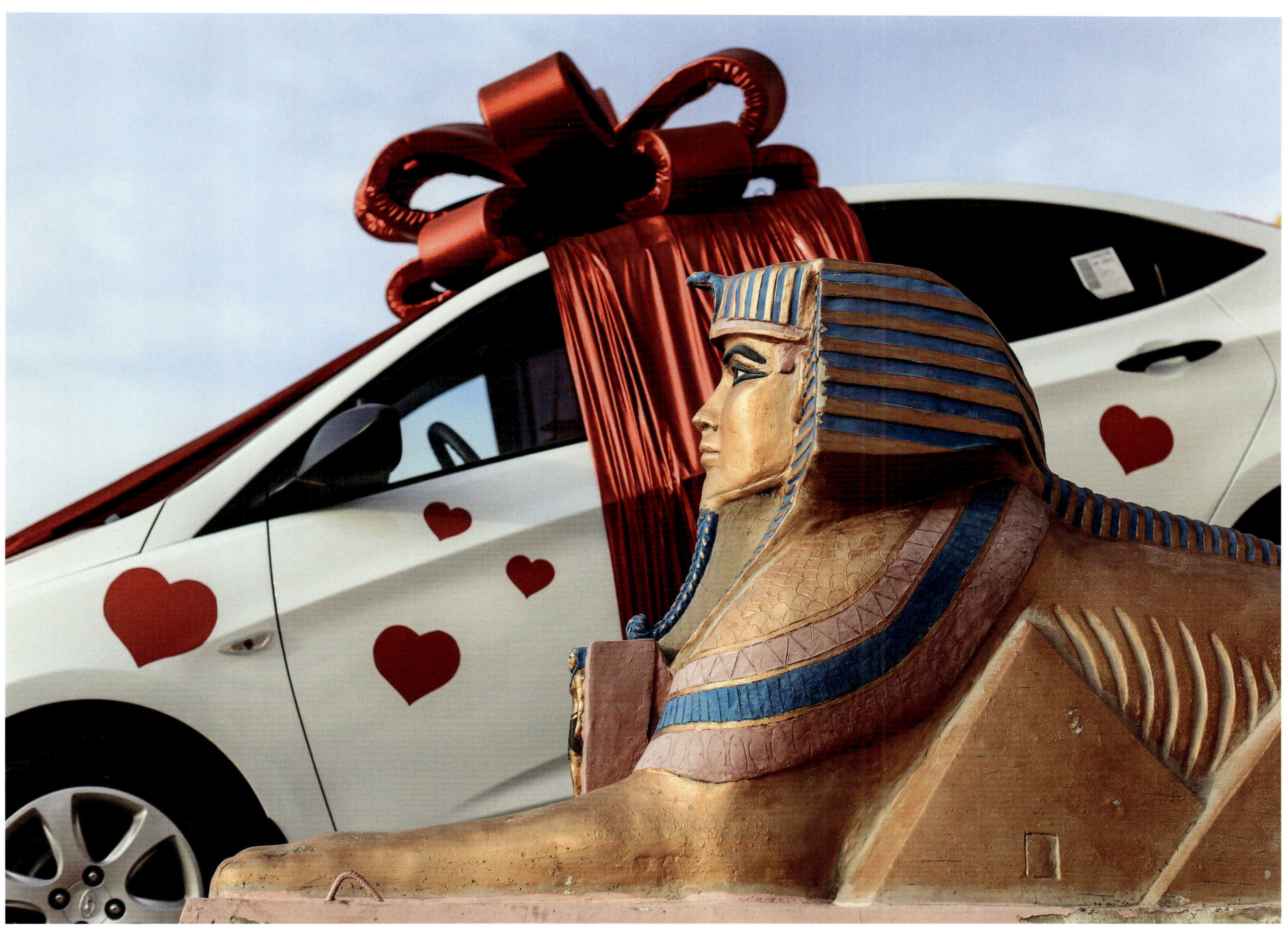

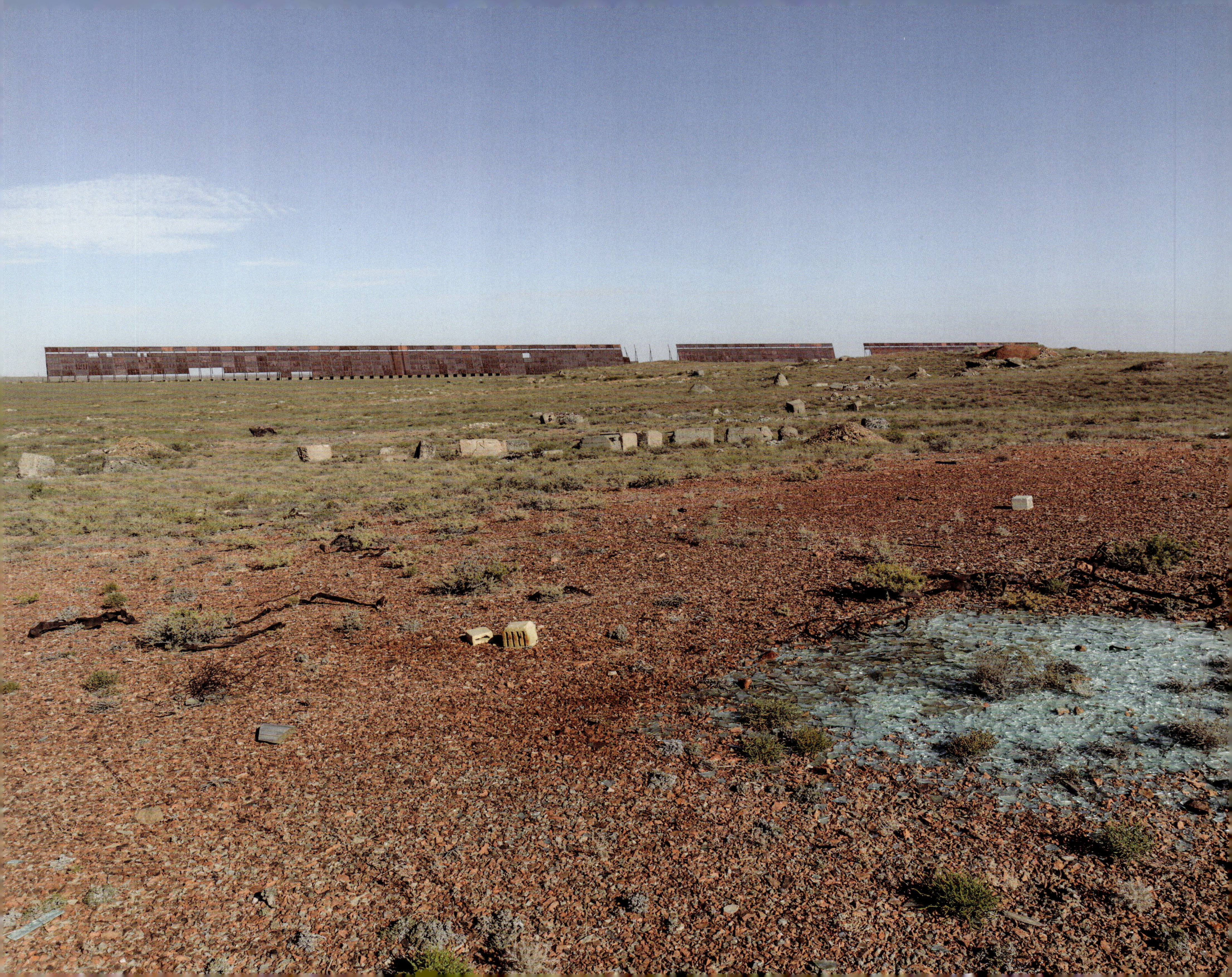

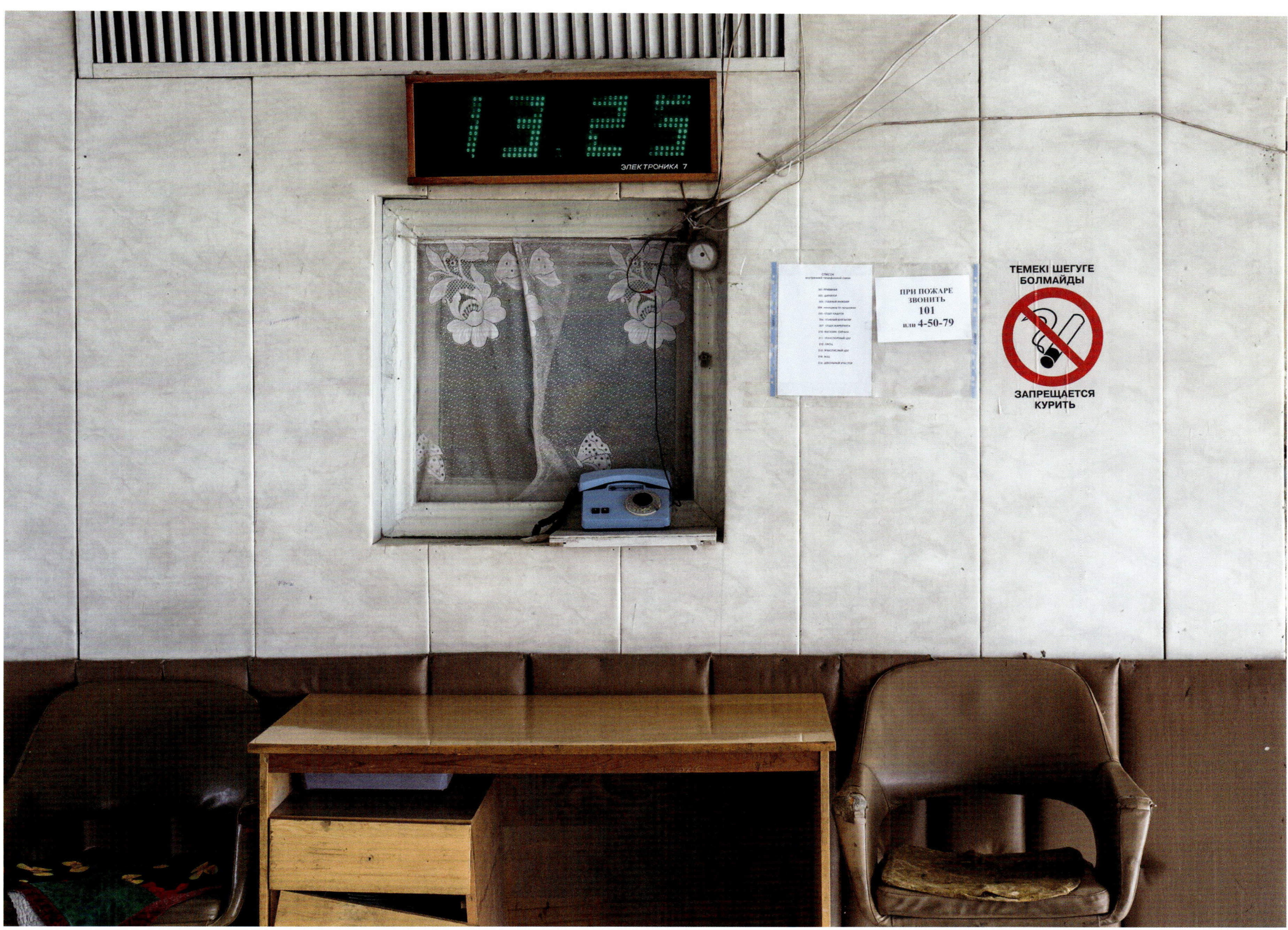

ЭЛЕКТРОНИКА 7
ПРИ ПОЖАРЕ
ЗВОНИТЬ
101
или 4-50-79
ТЕМЕКІ ШЕГУГЕ
БОЛМАЙДЫ
ЗАПРЕЩАЕТСЯ
КУРИТЬ

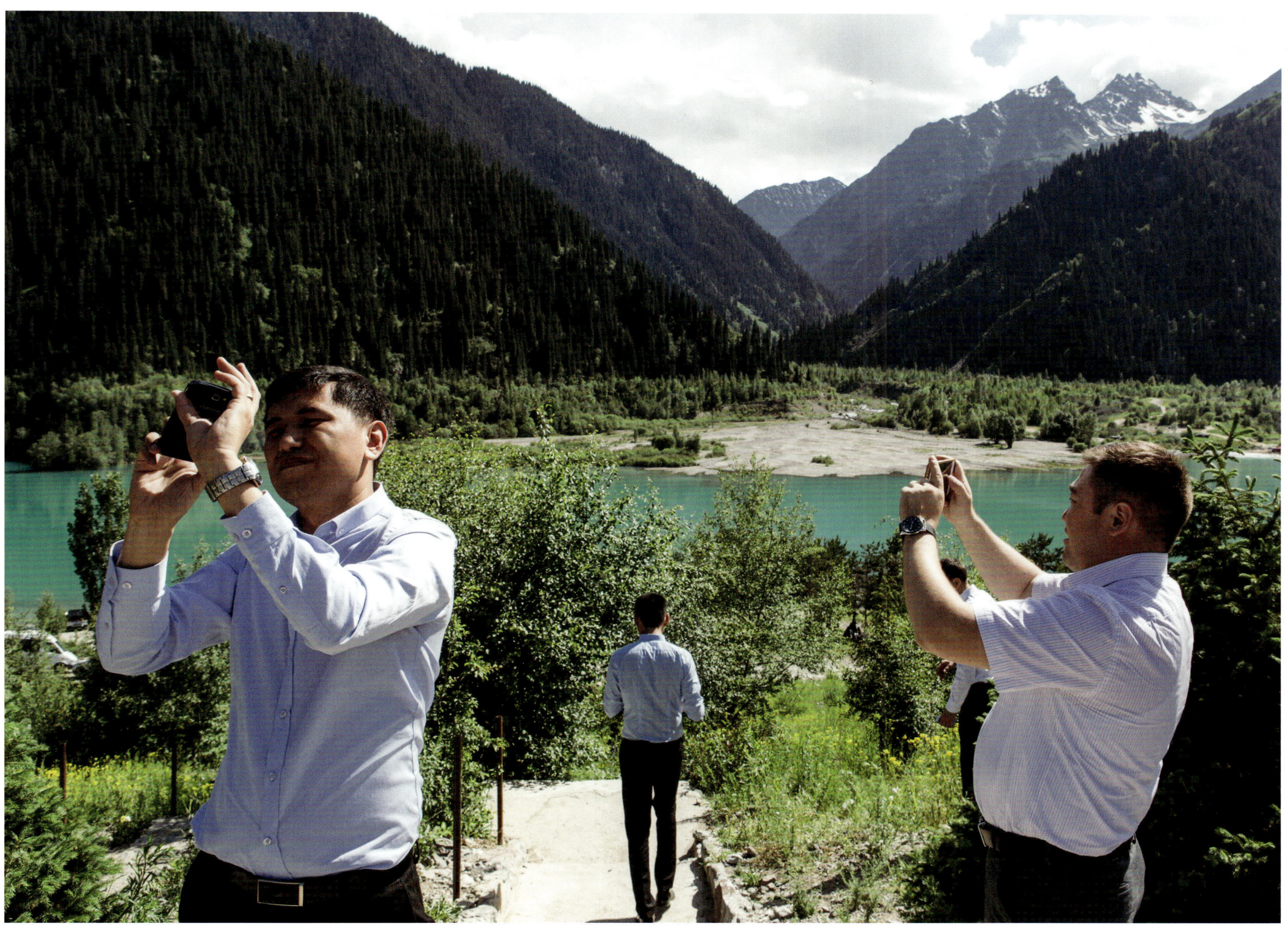

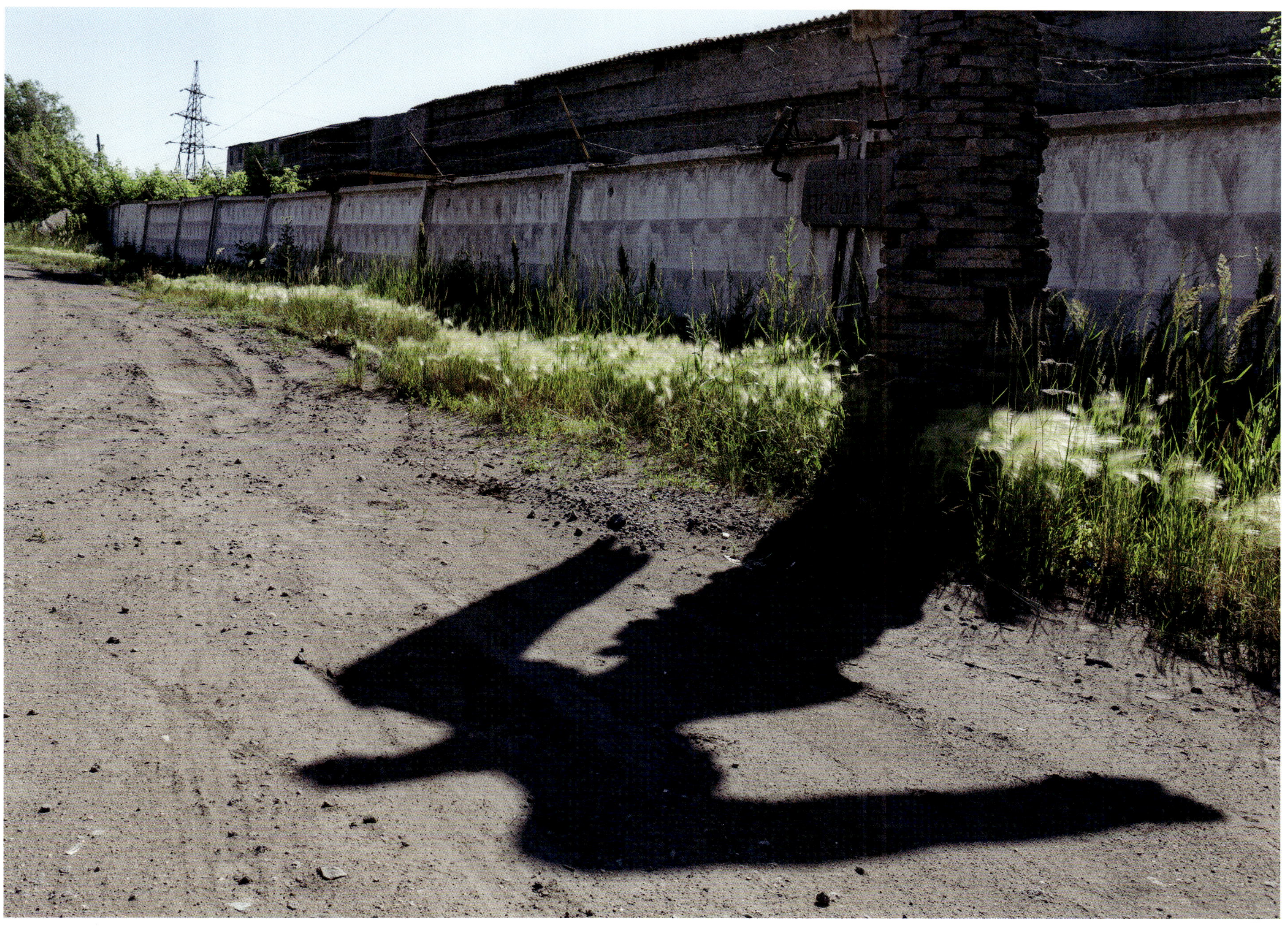

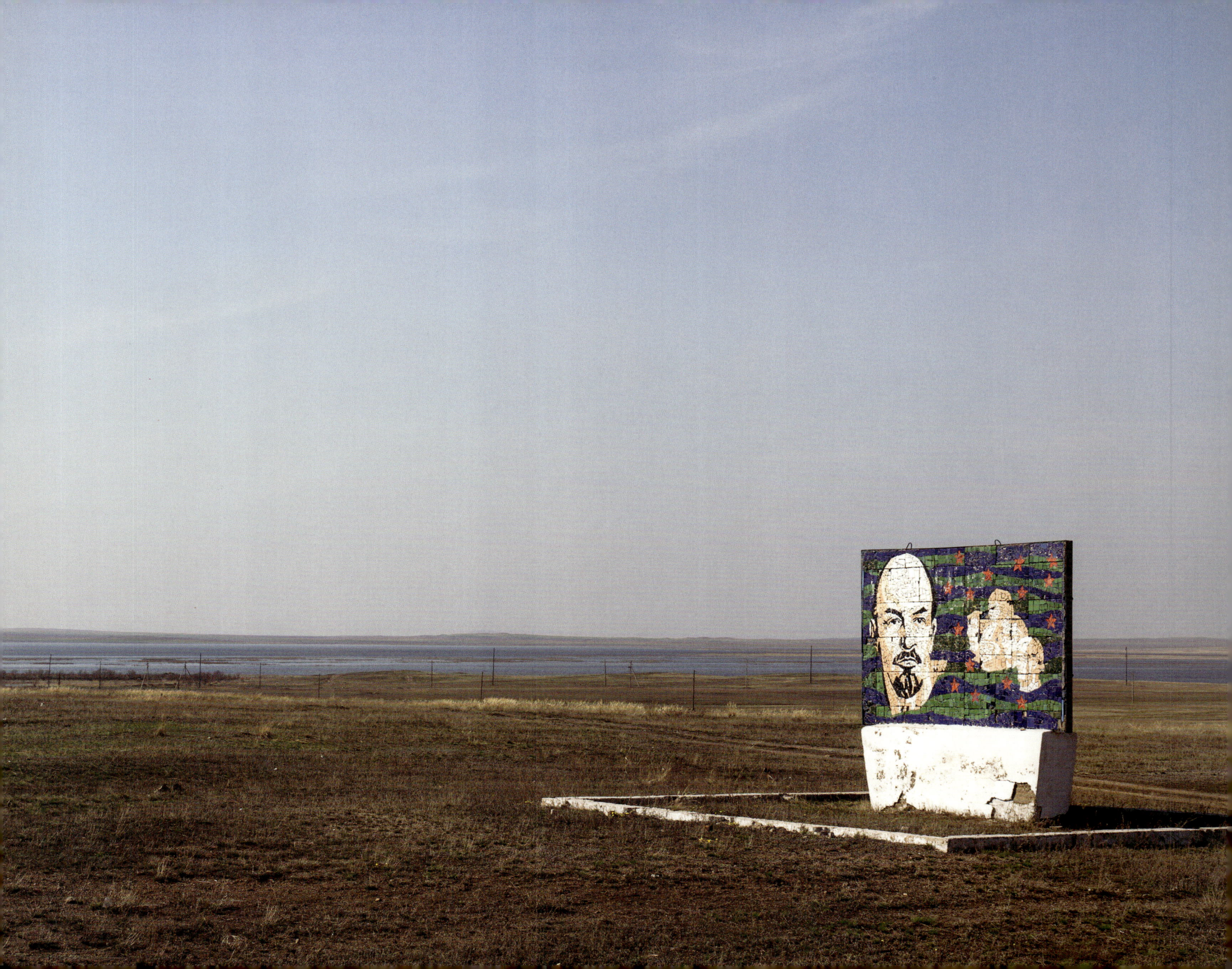

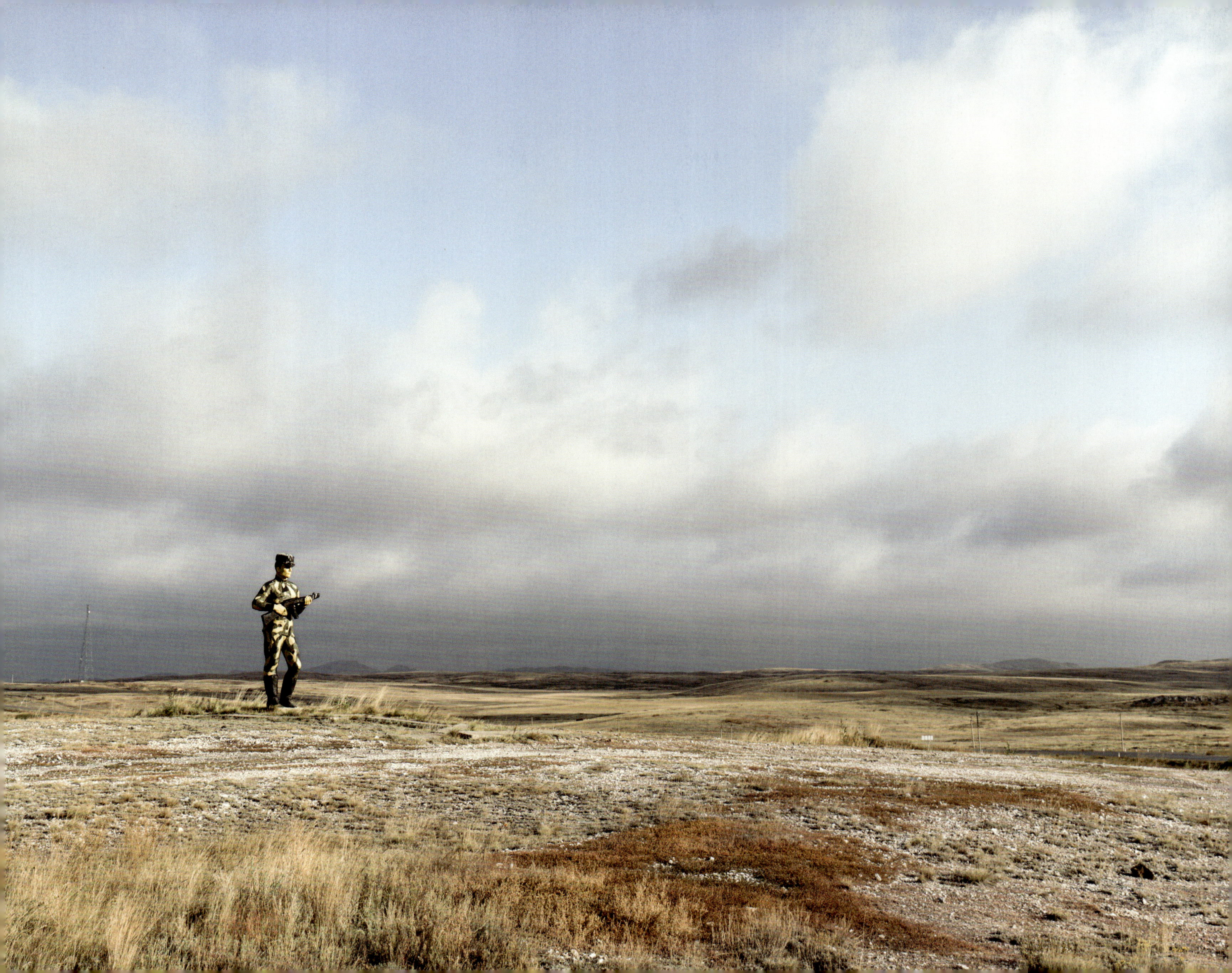

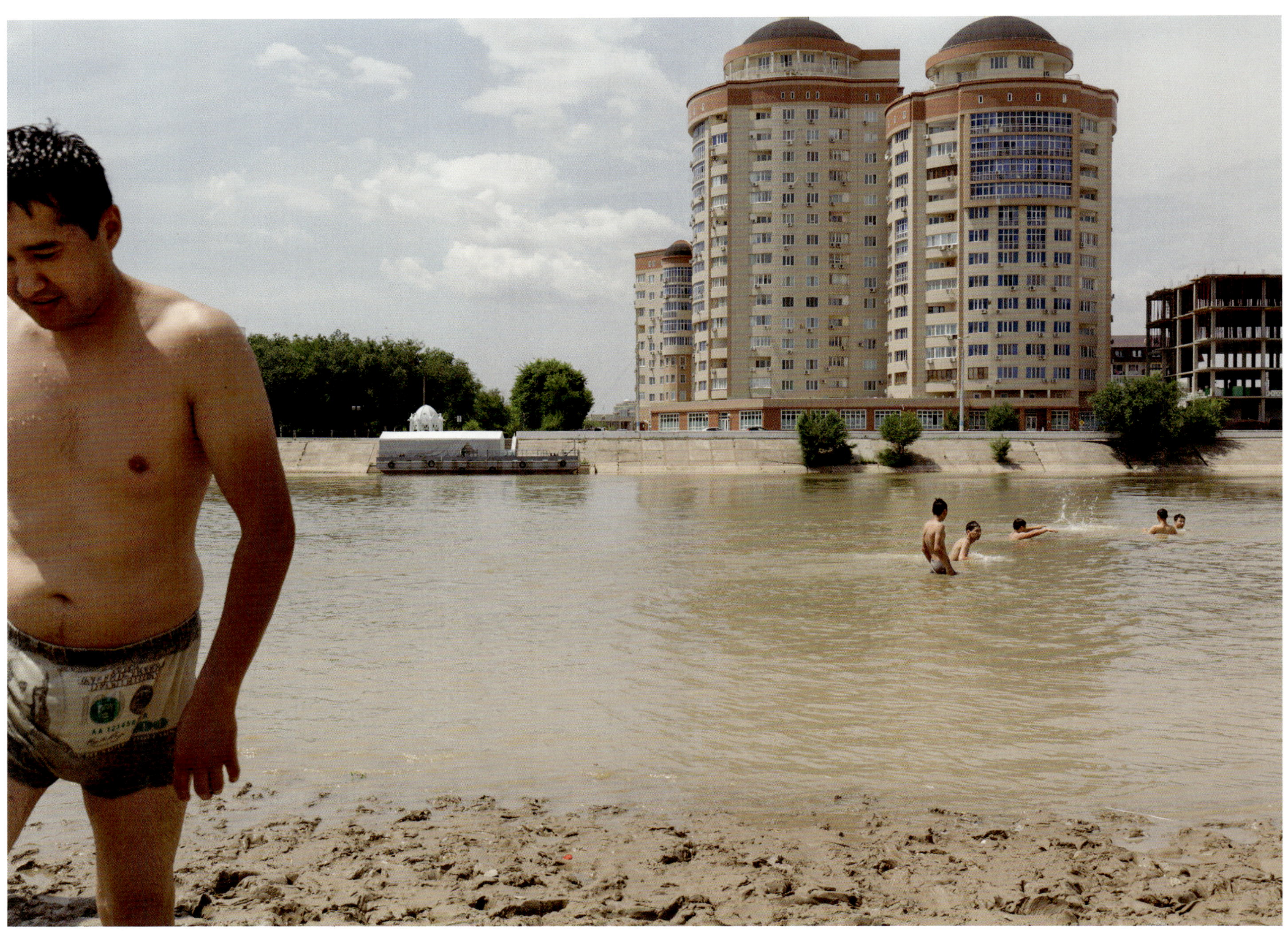

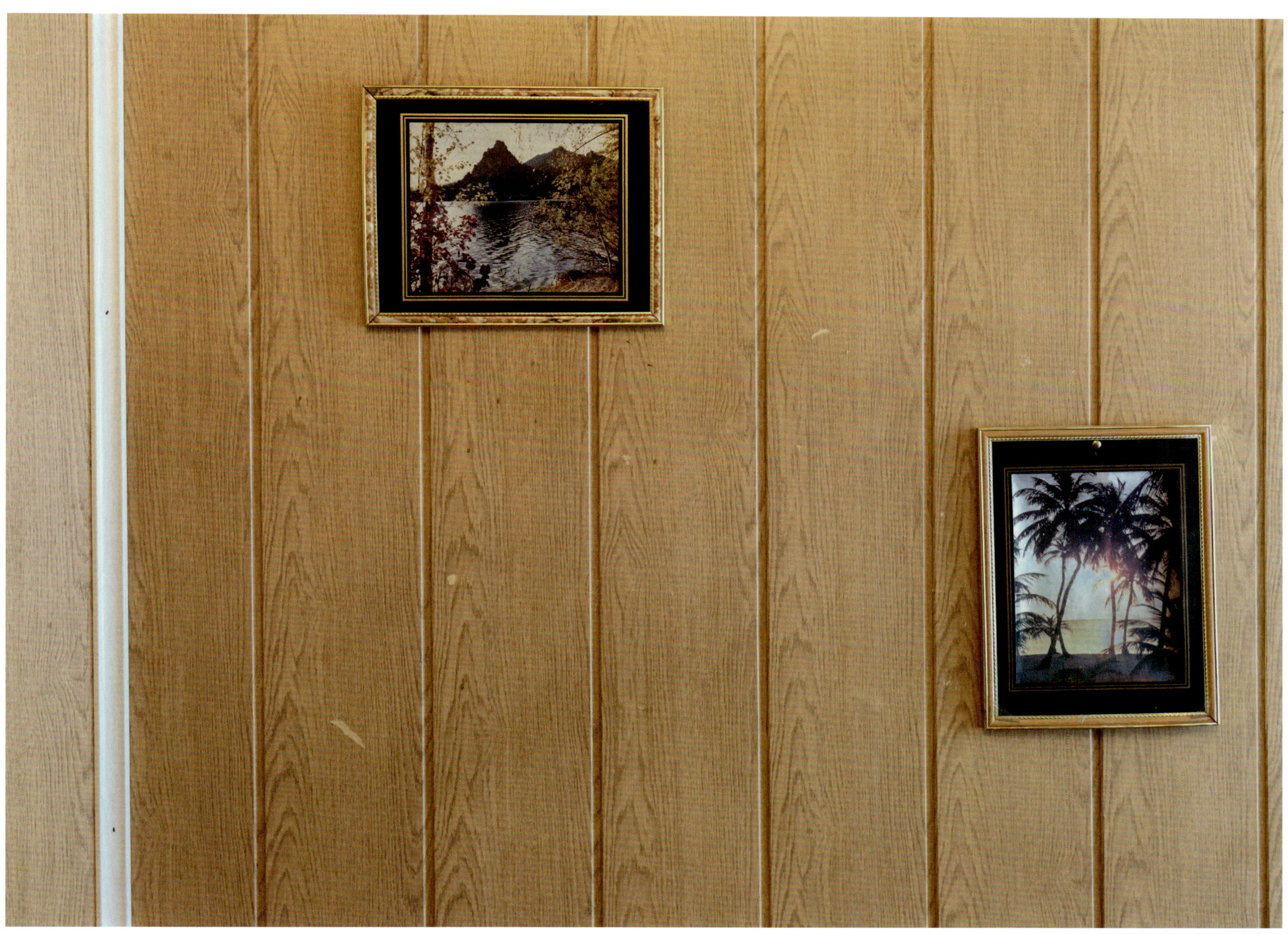

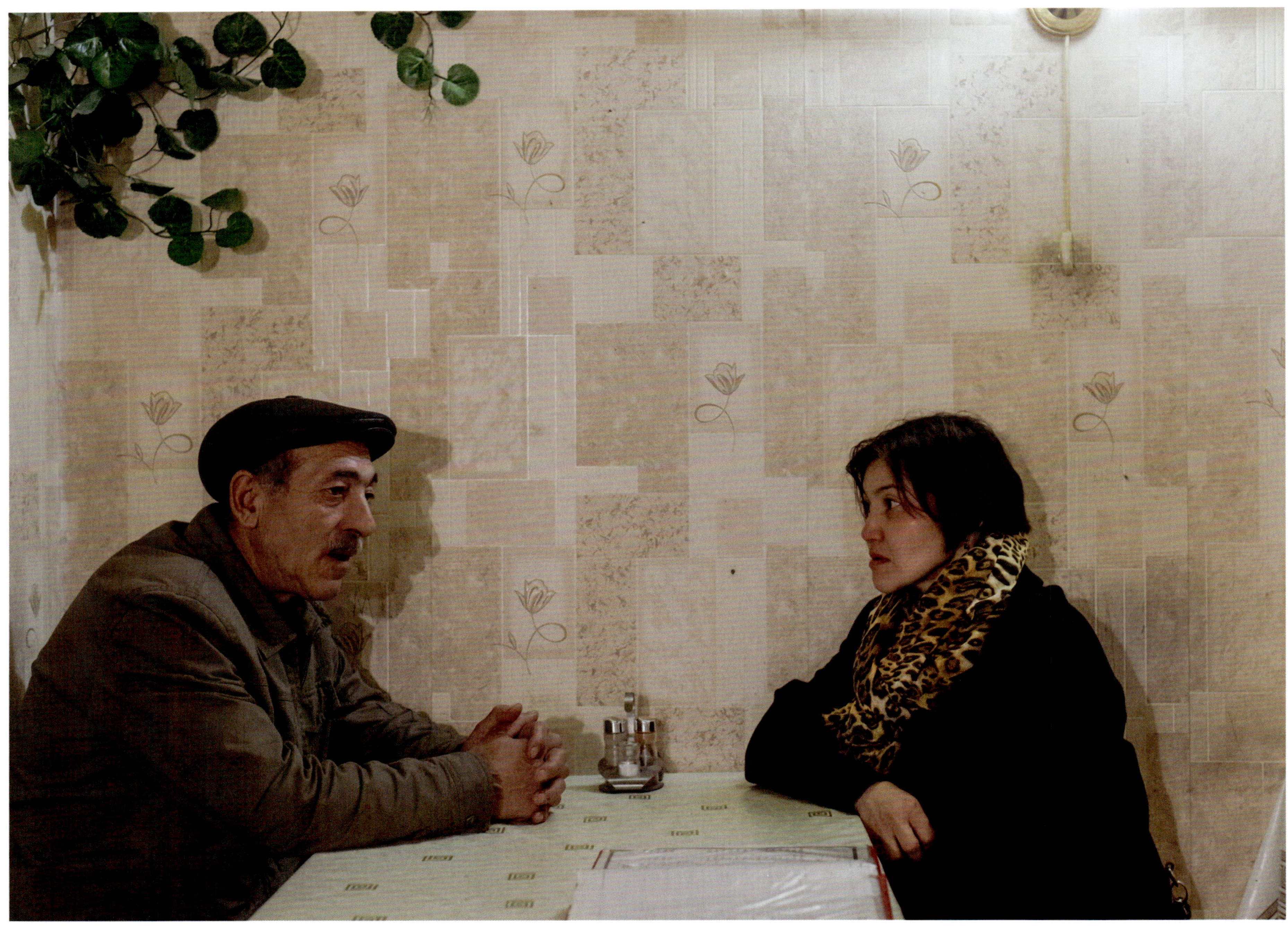

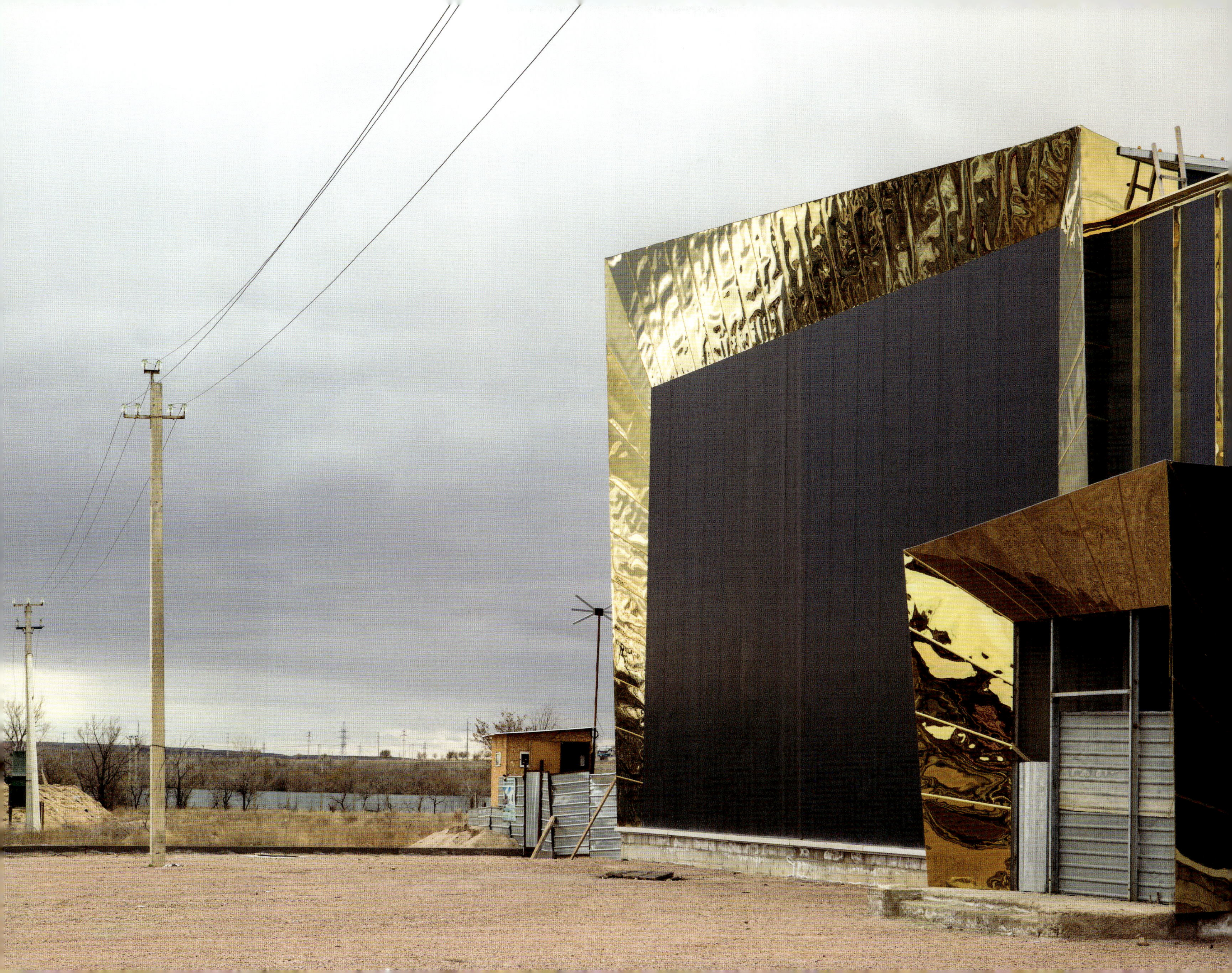

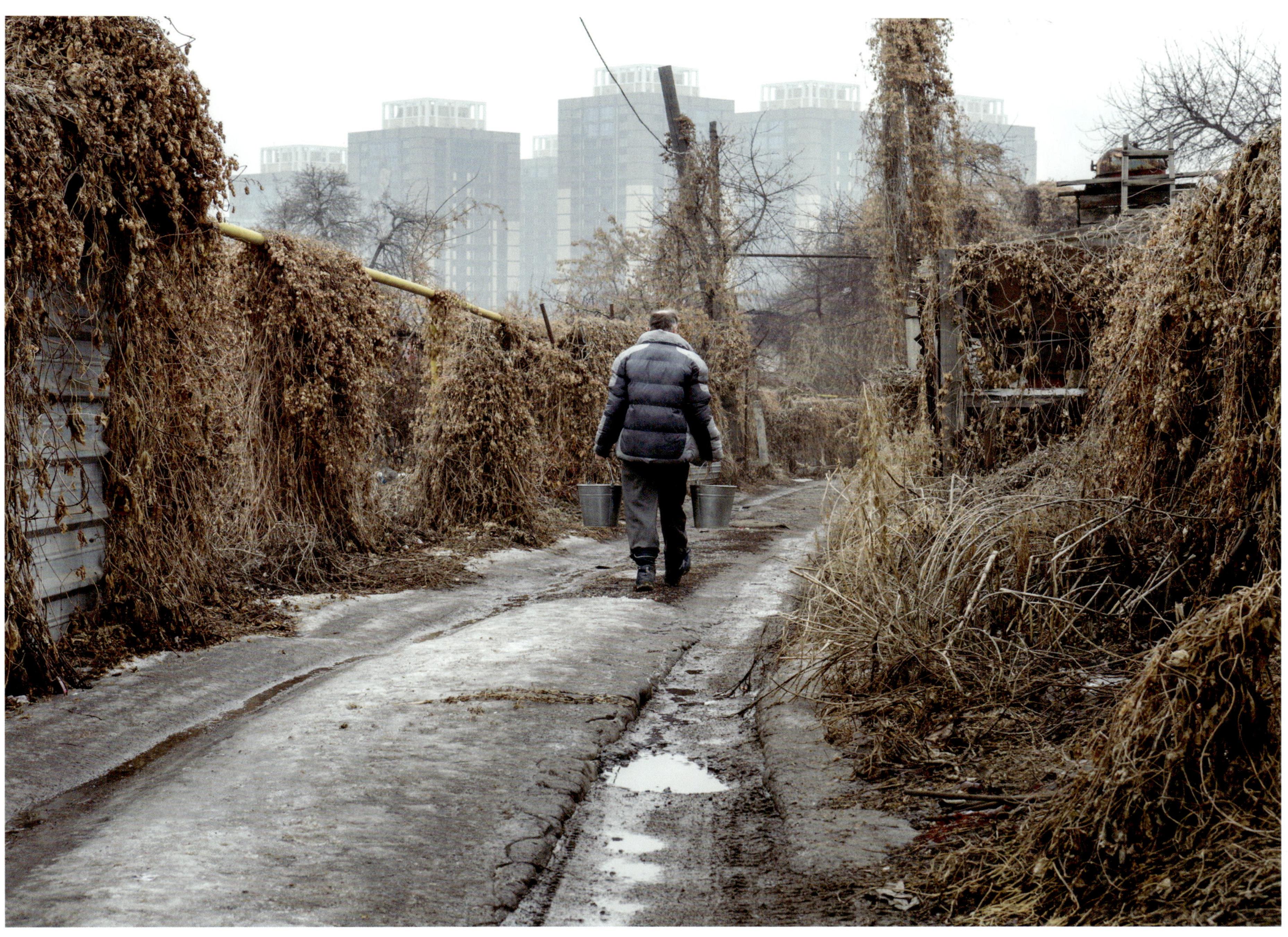

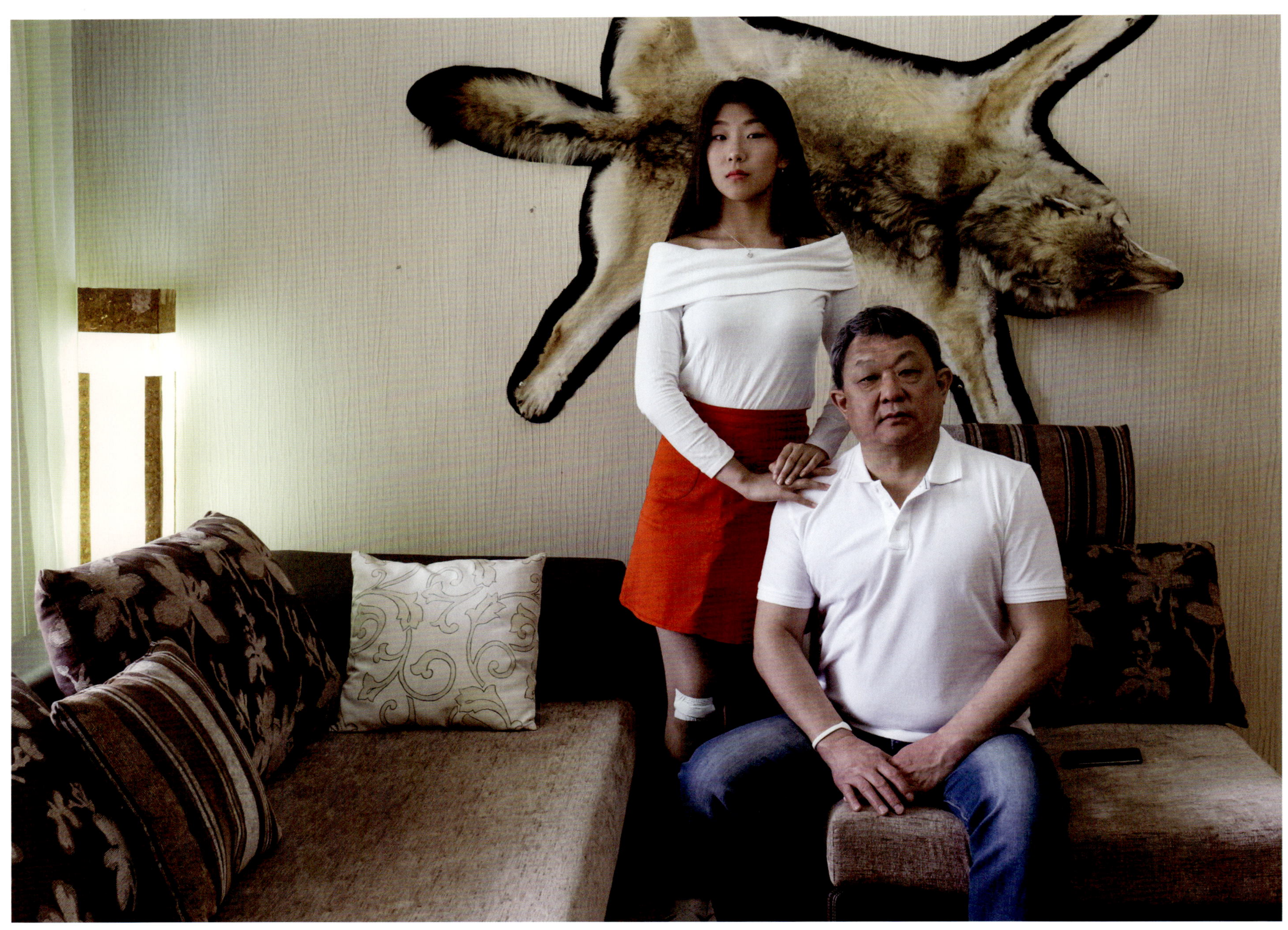

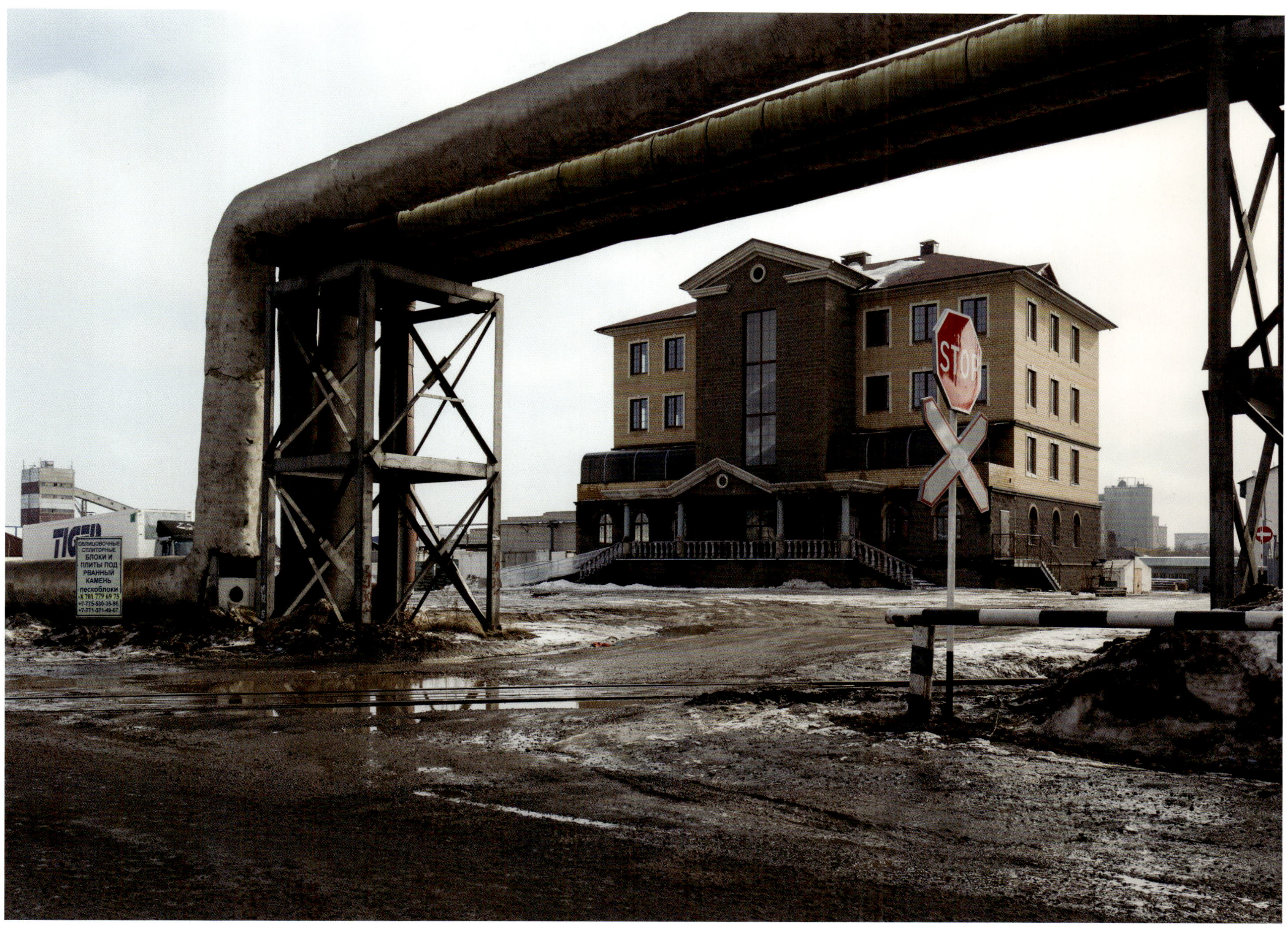
ОБЛИЦОВОЧНЫЕ
СПЛИТОРНЫЕ
БЛОКИ И
ПЛИТЫ ПОД
РВАННЫЙ
КАМЕНЬ
пескоблоки
8 701 779 69 75
+7-775-520-35-86,
+7-771-371-49-67
STOP

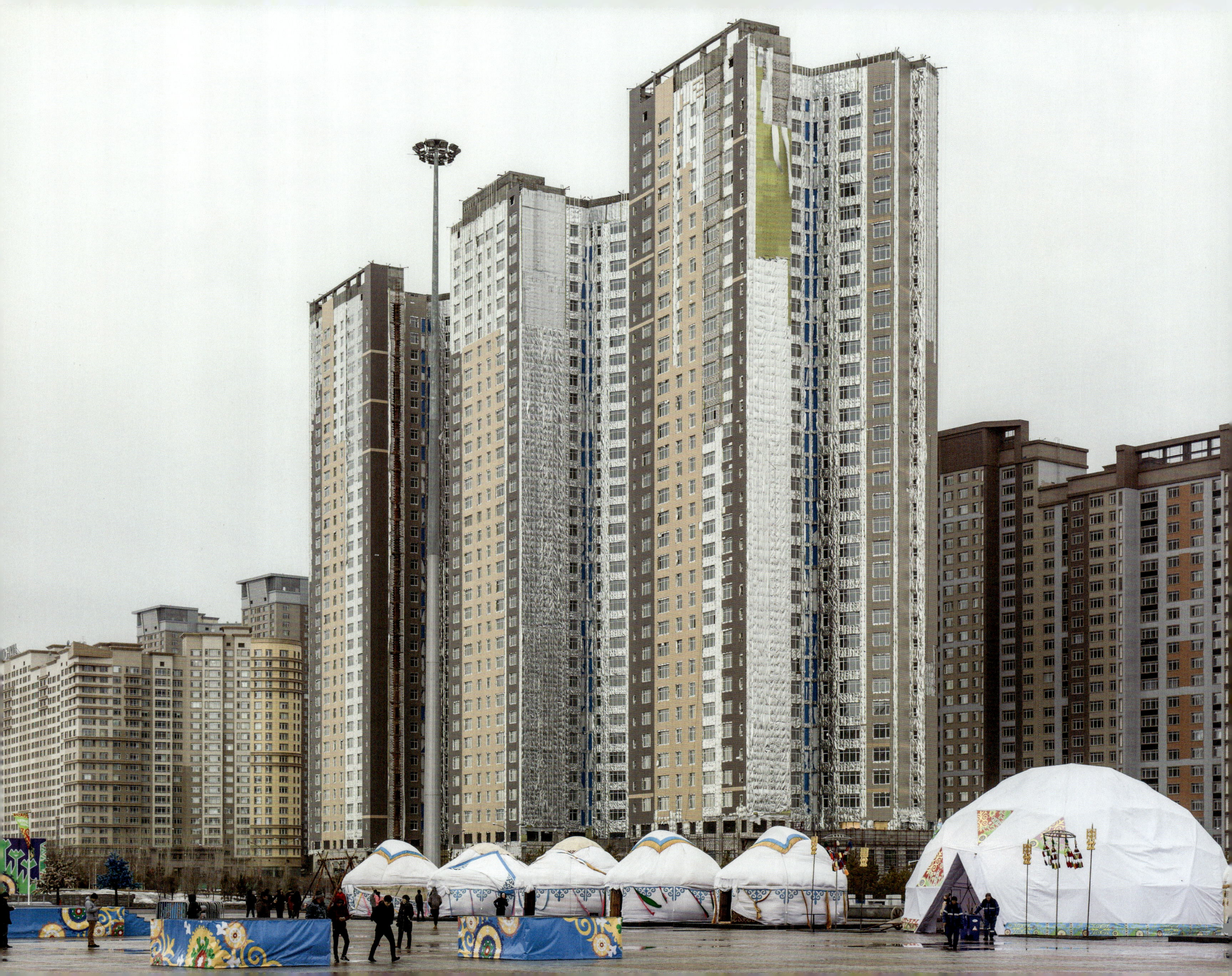

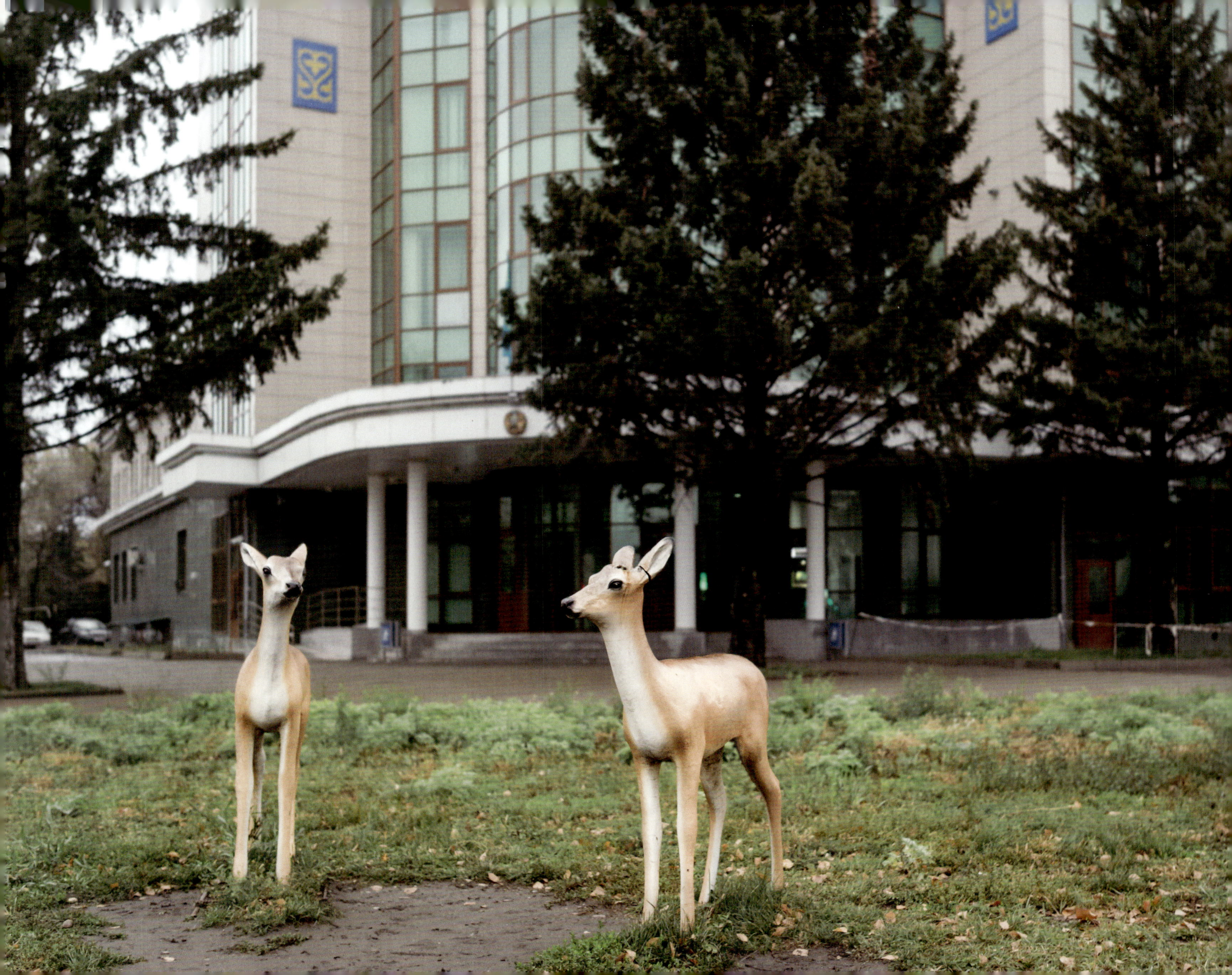

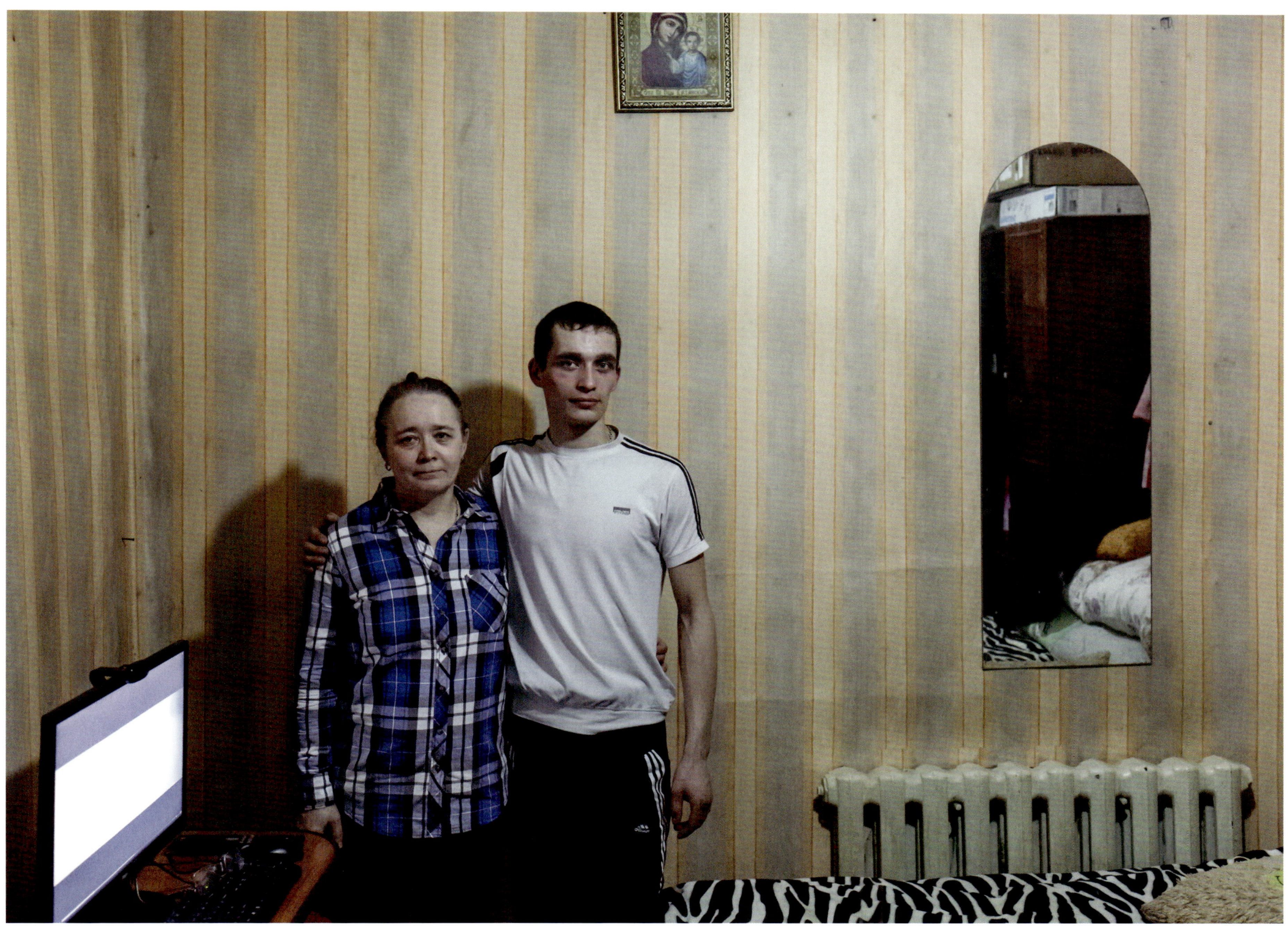

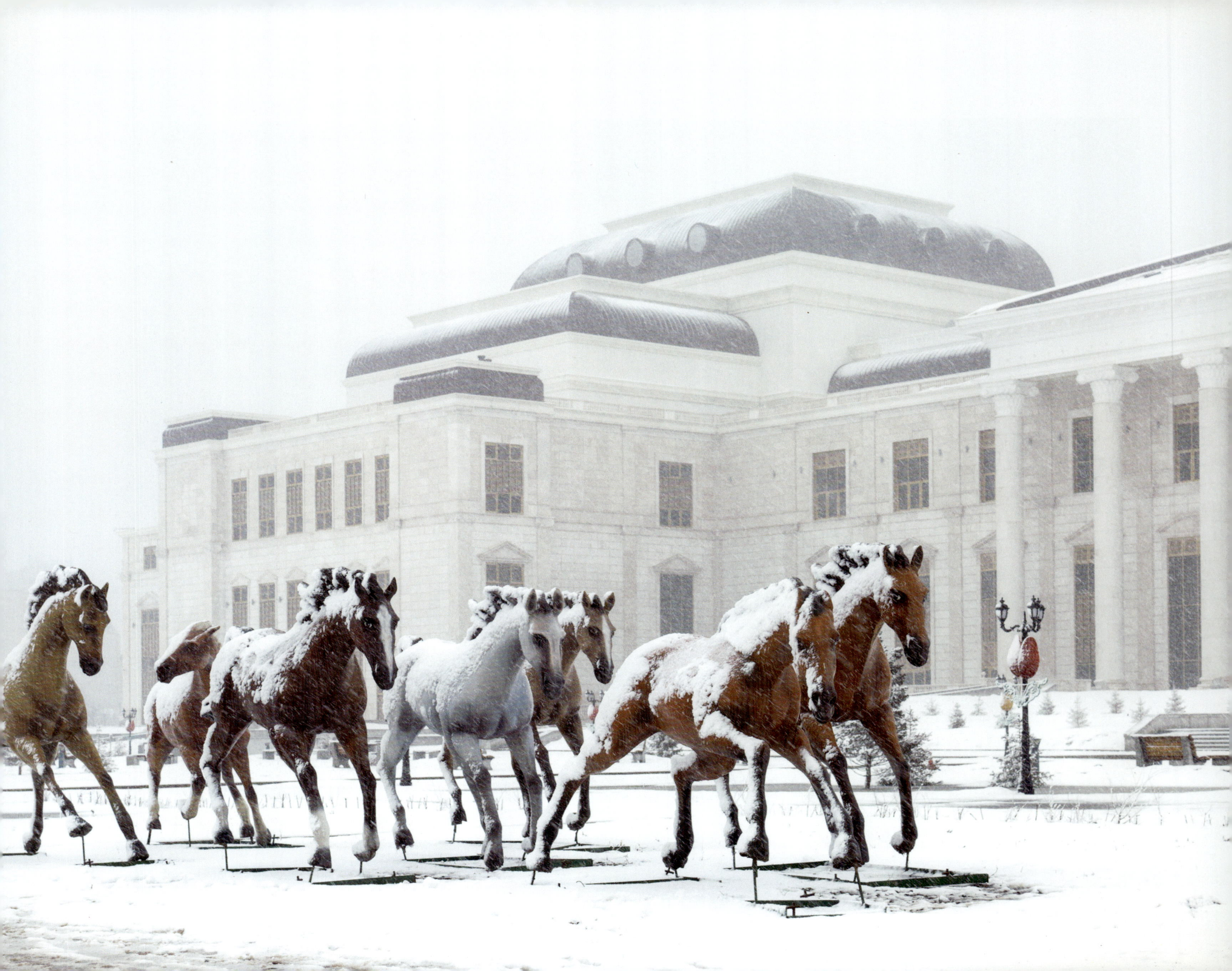

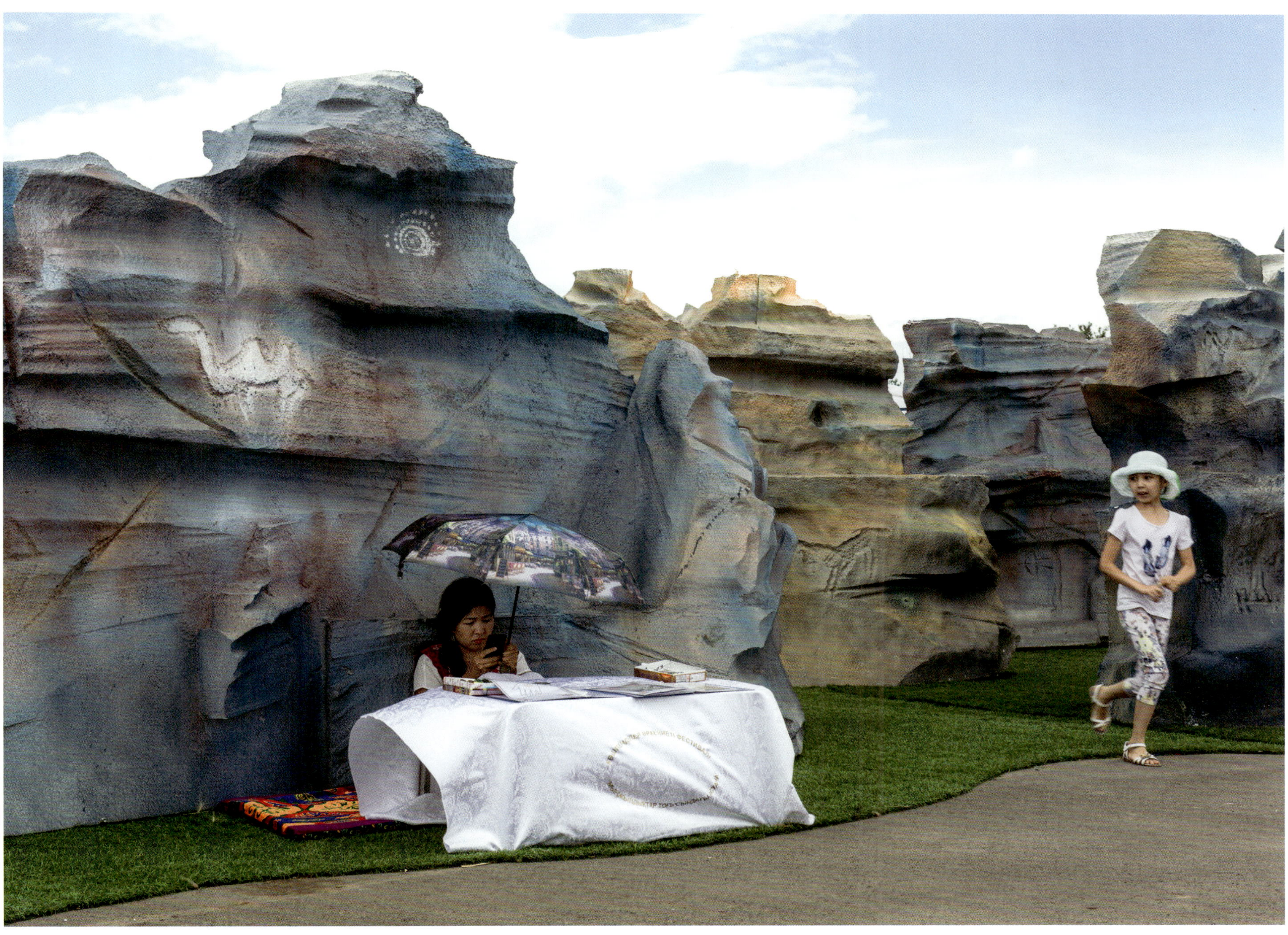

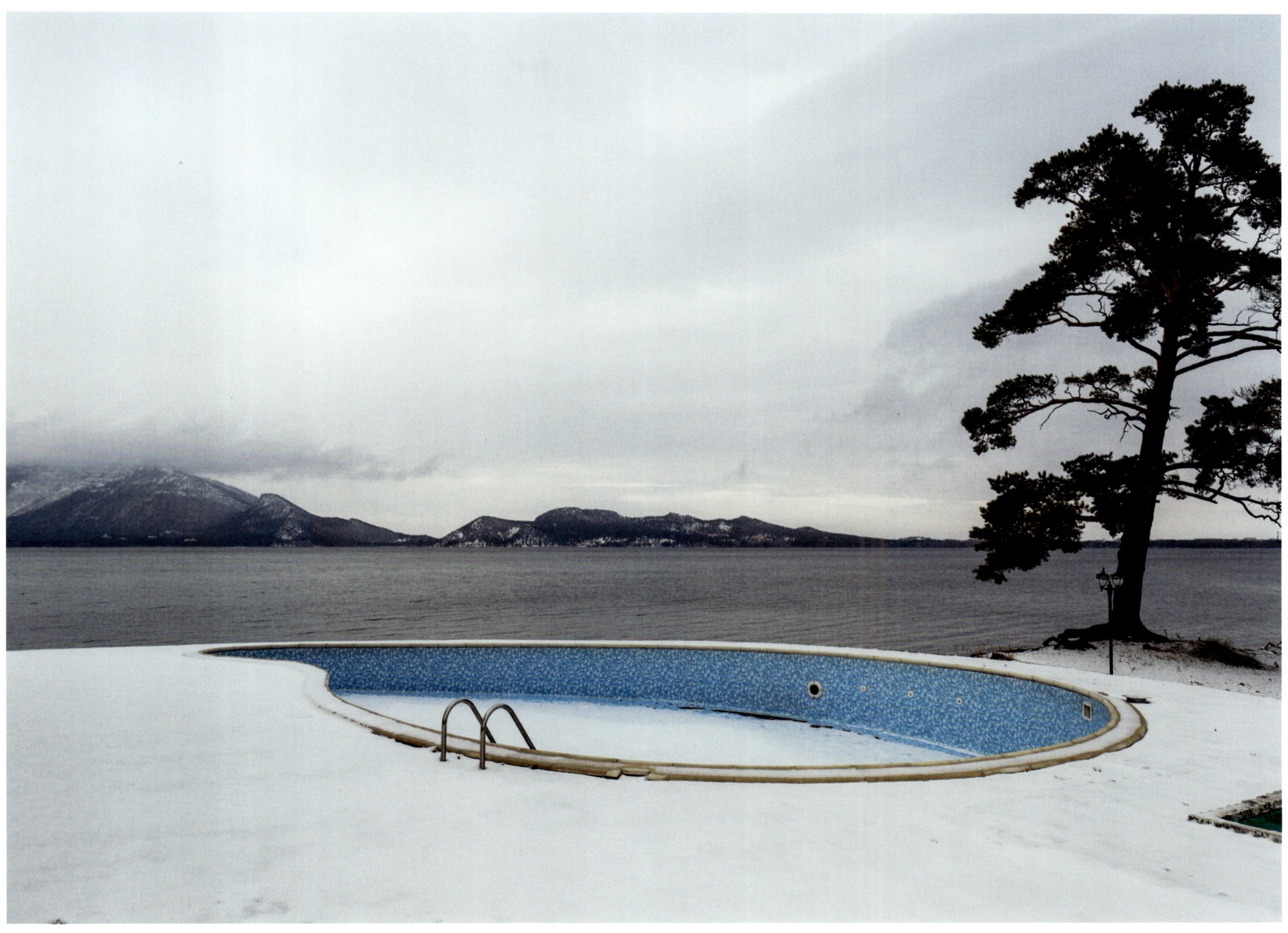

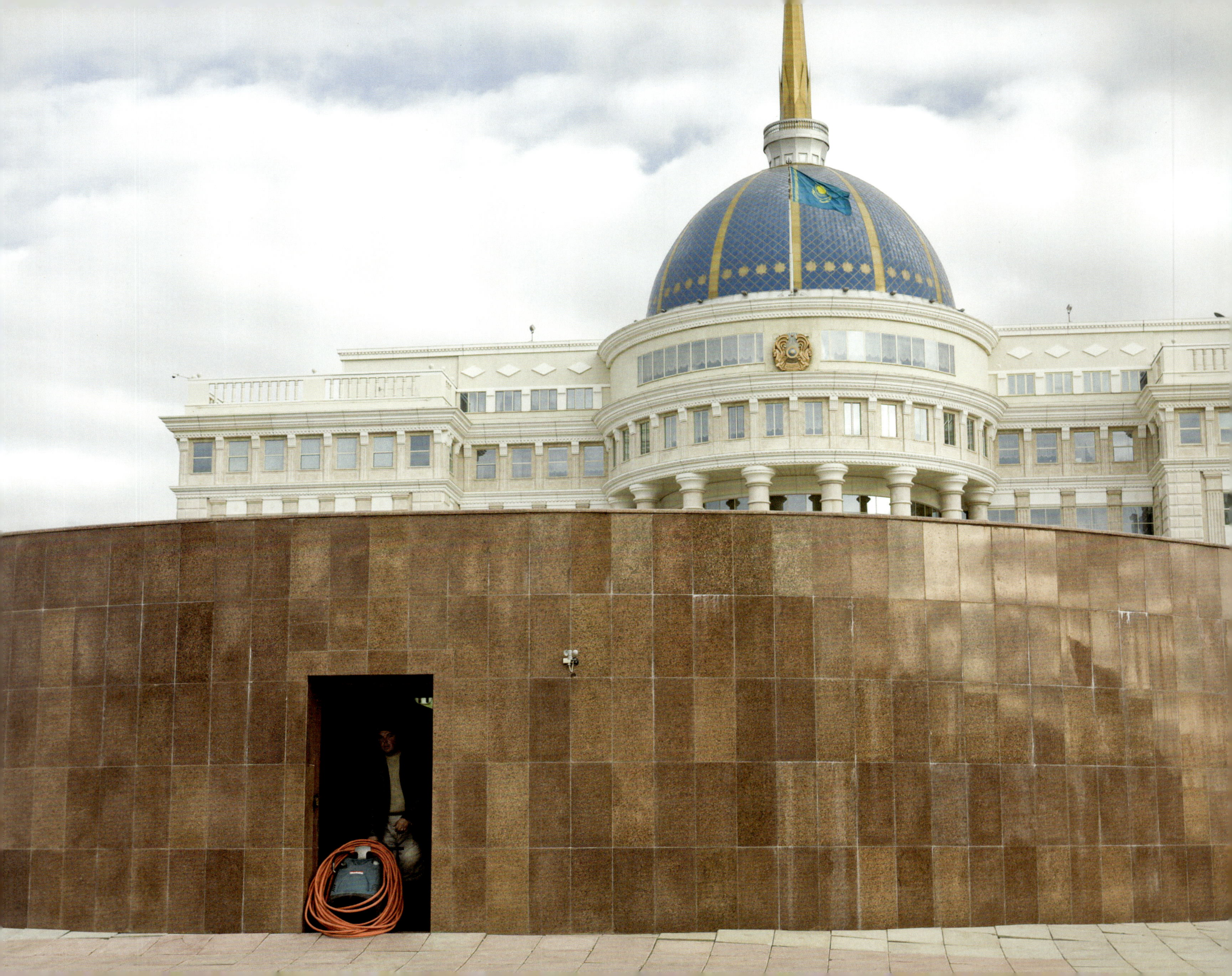

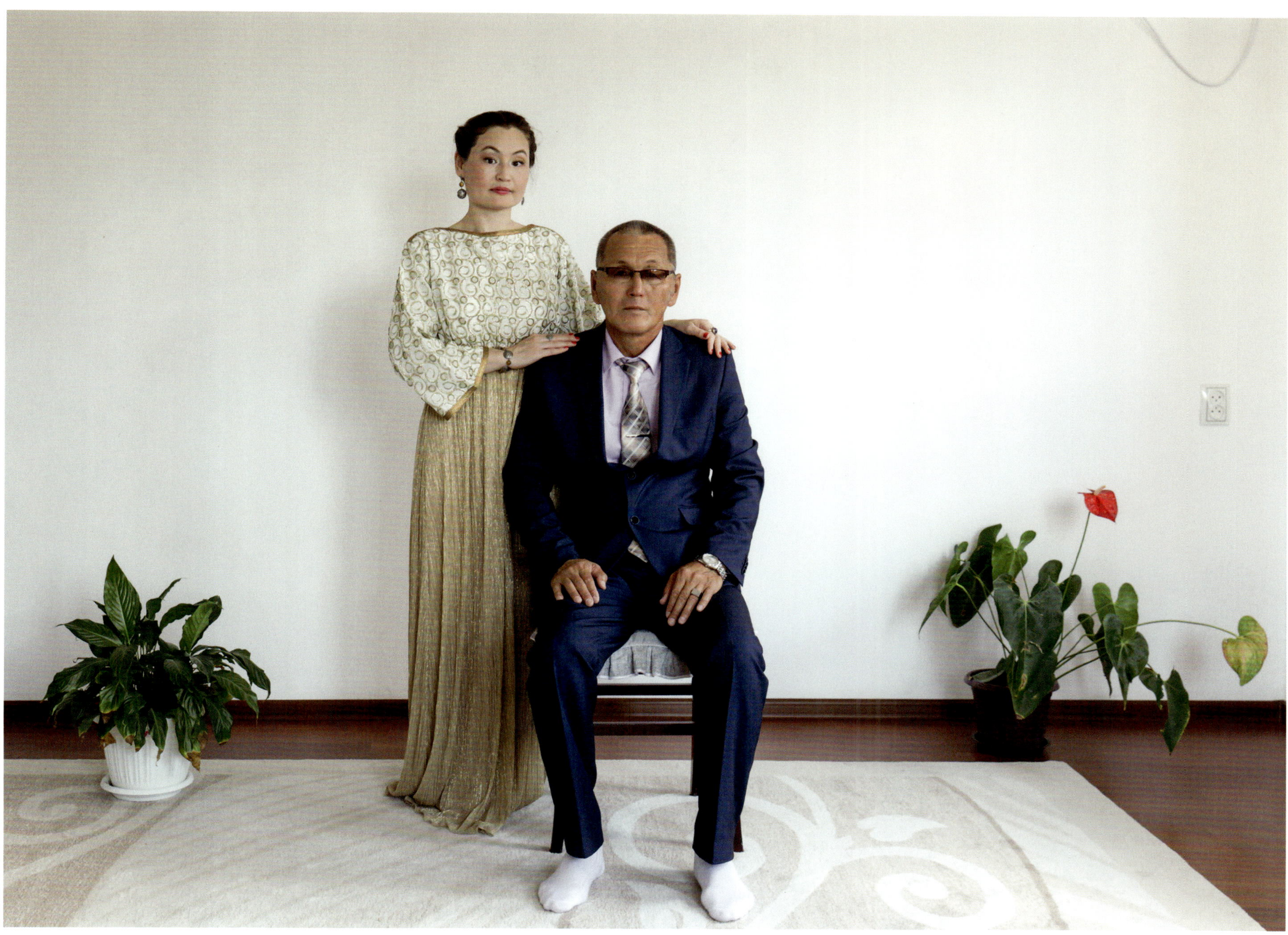

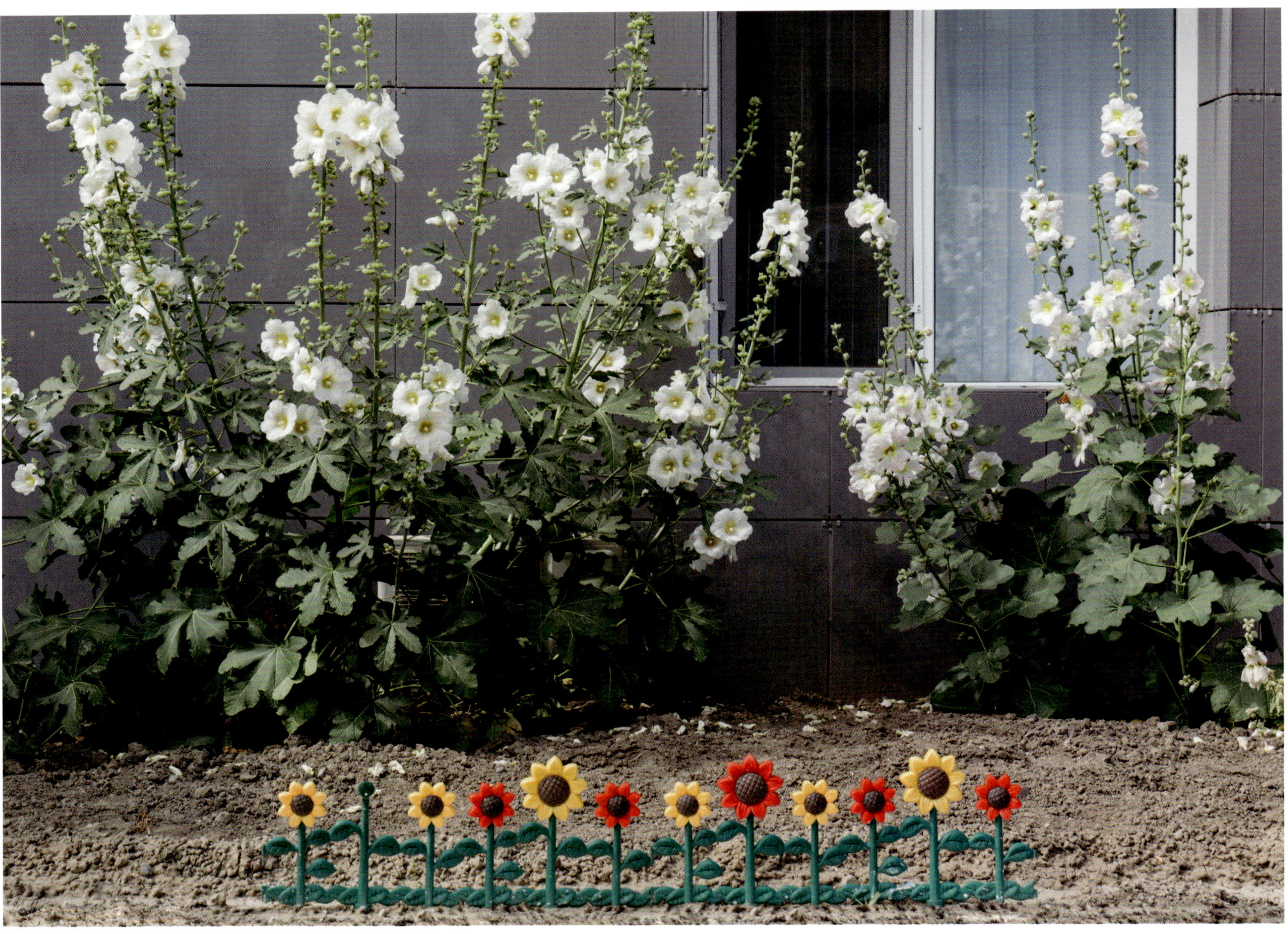

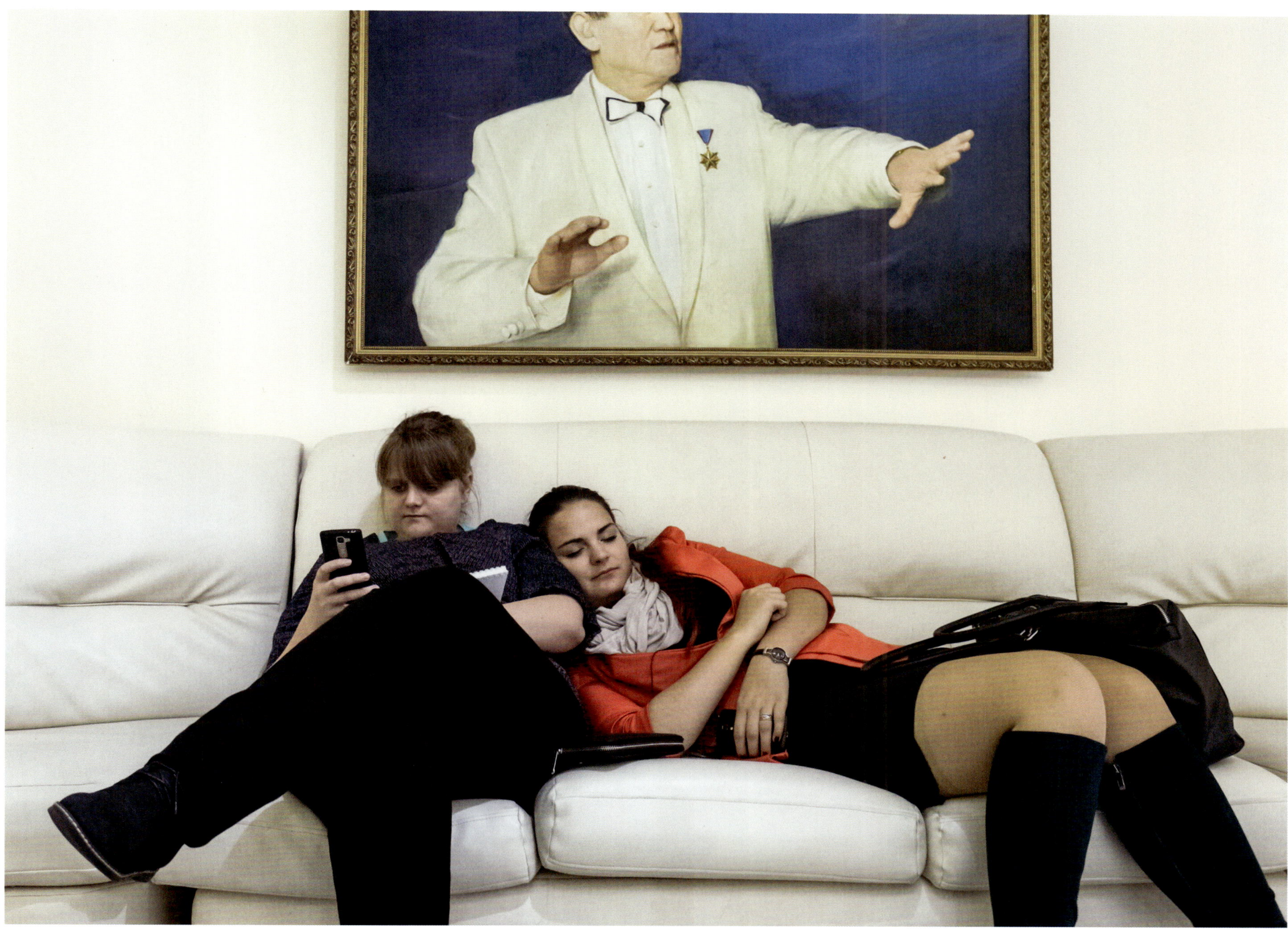

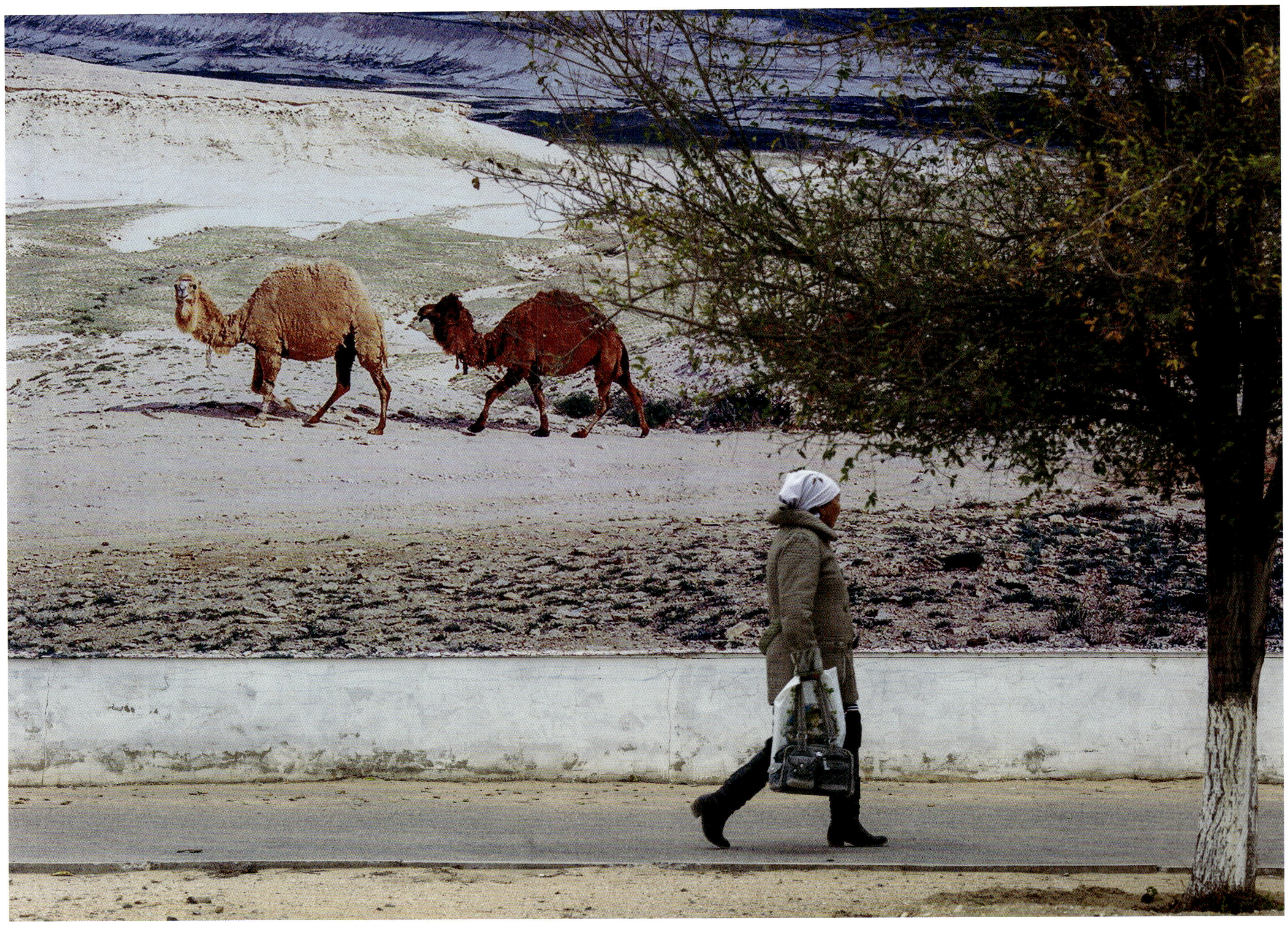

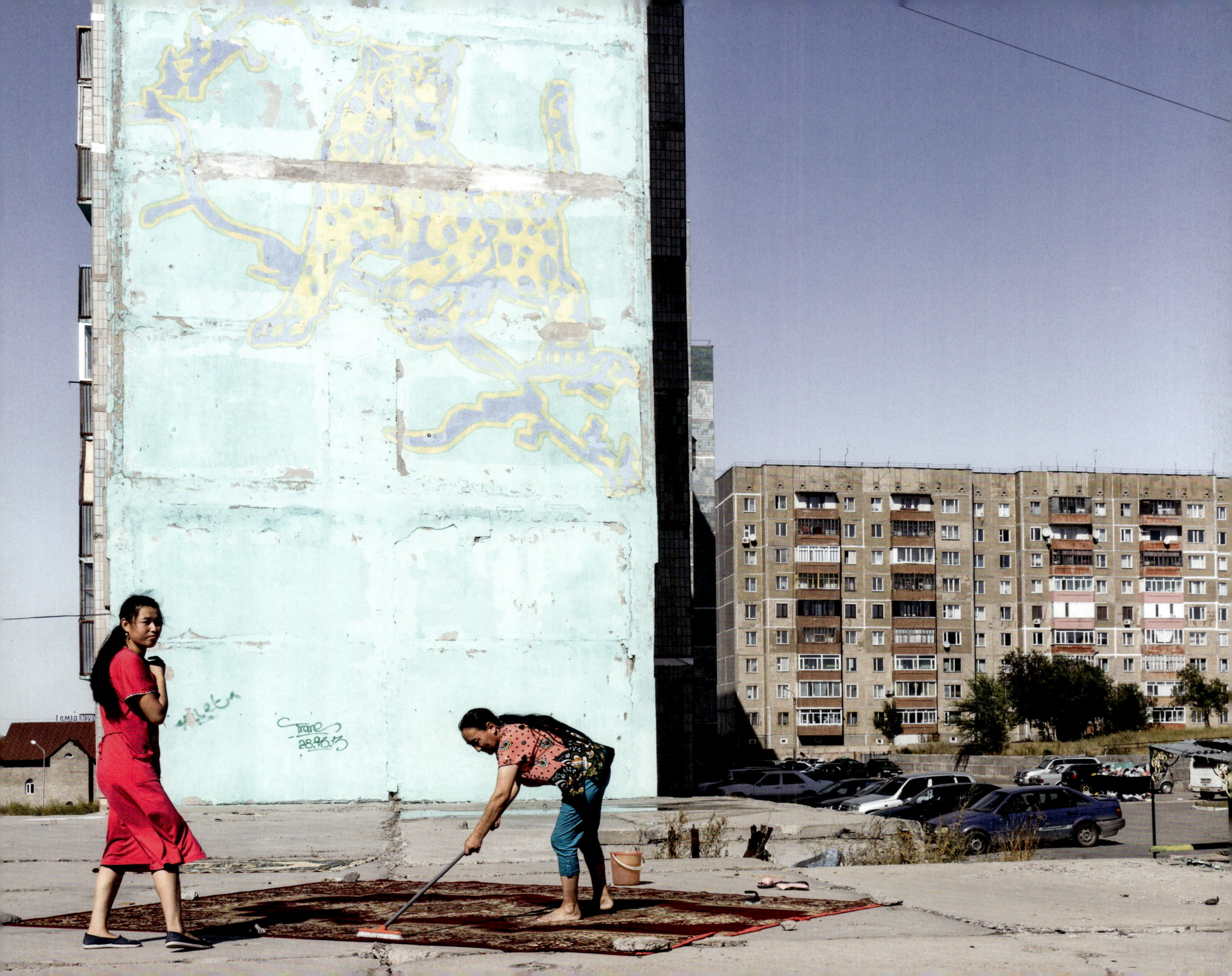

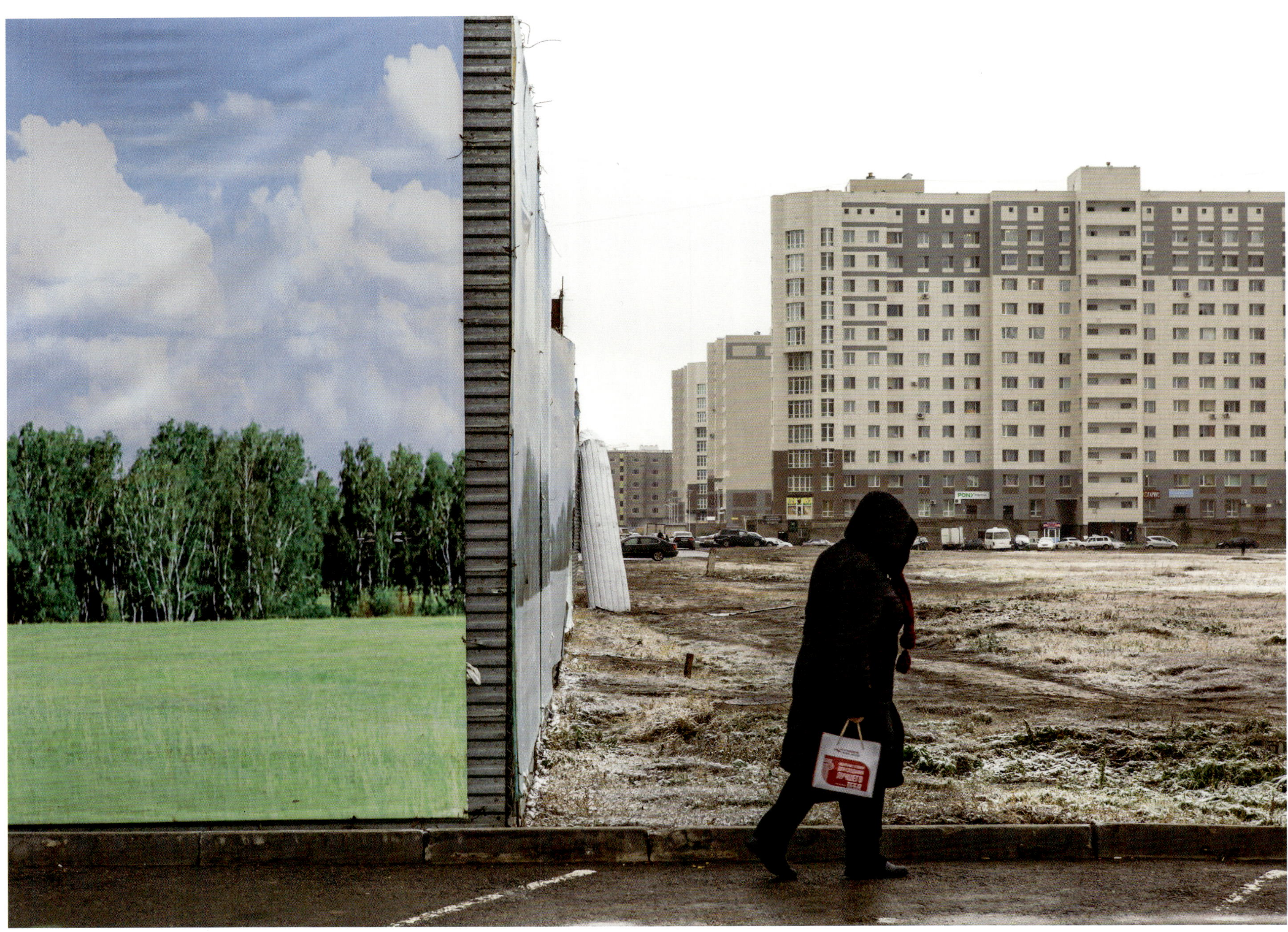

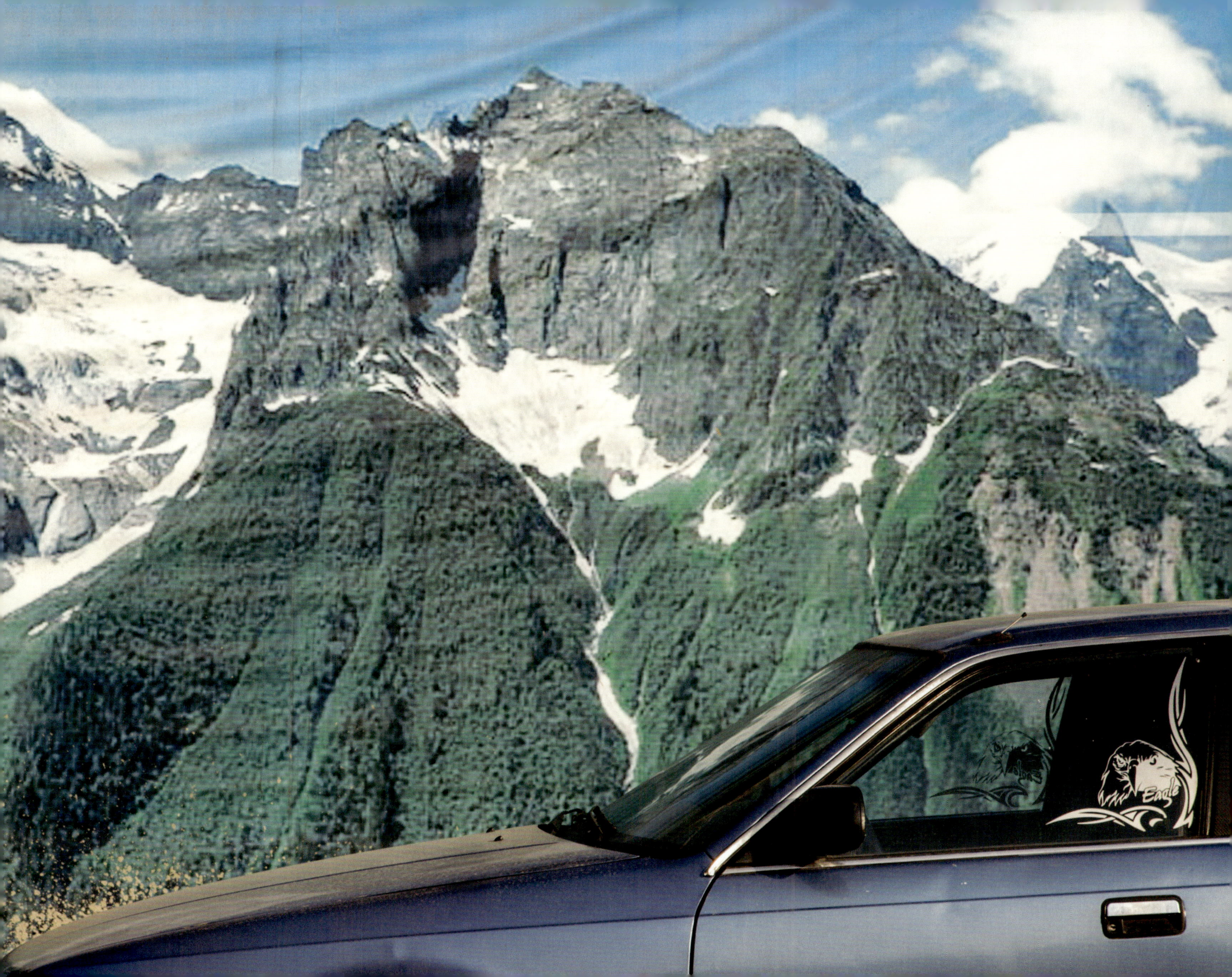

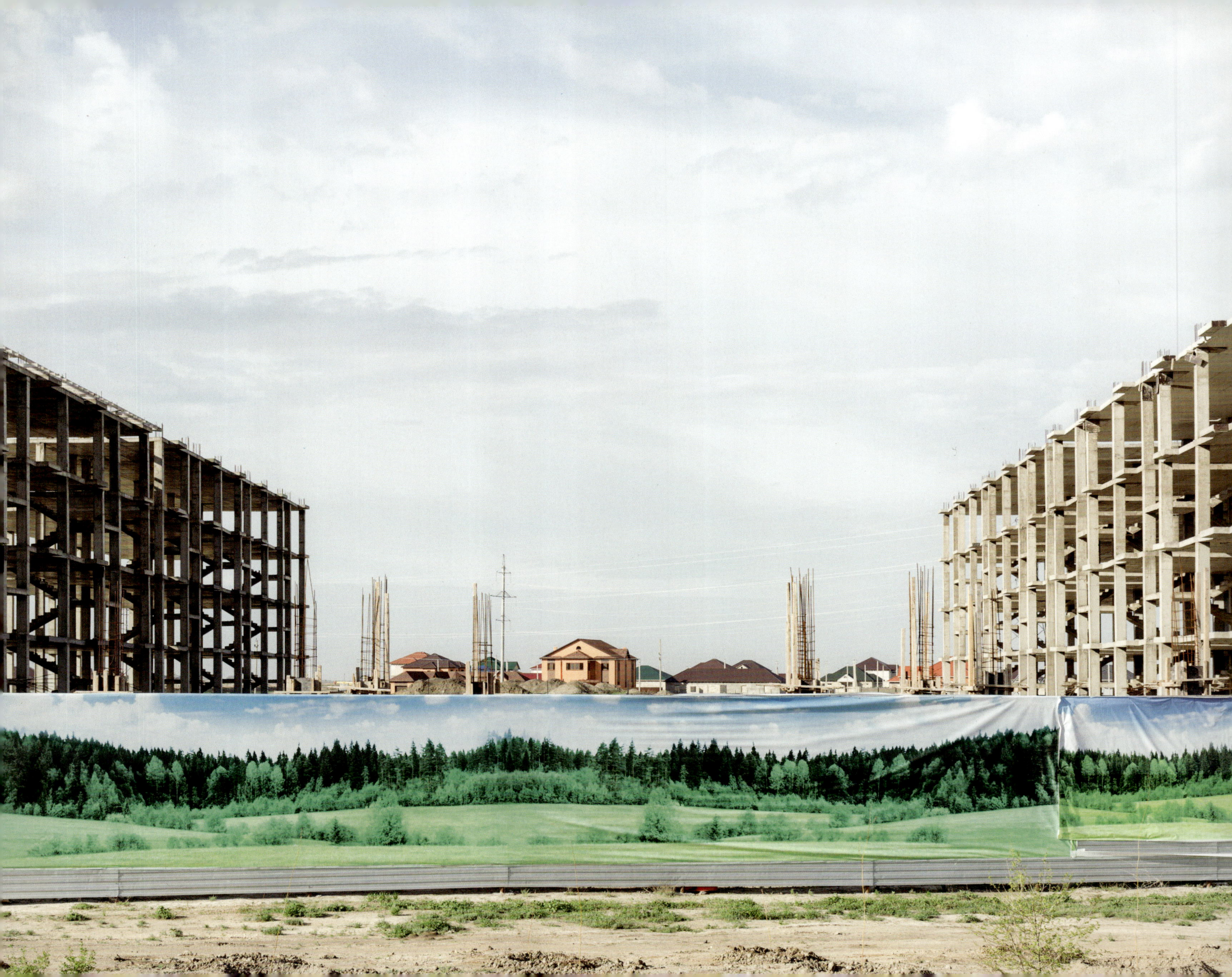

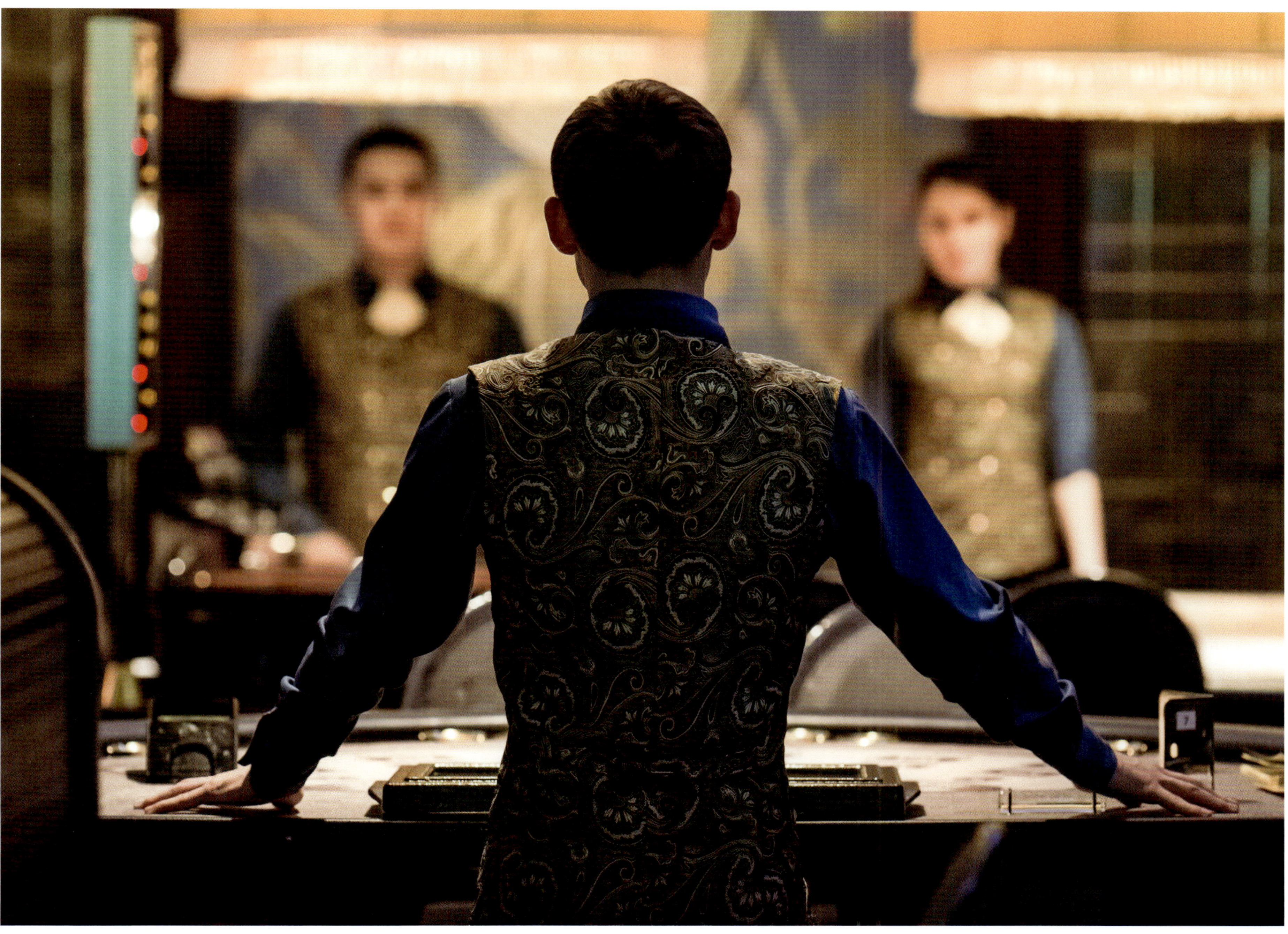

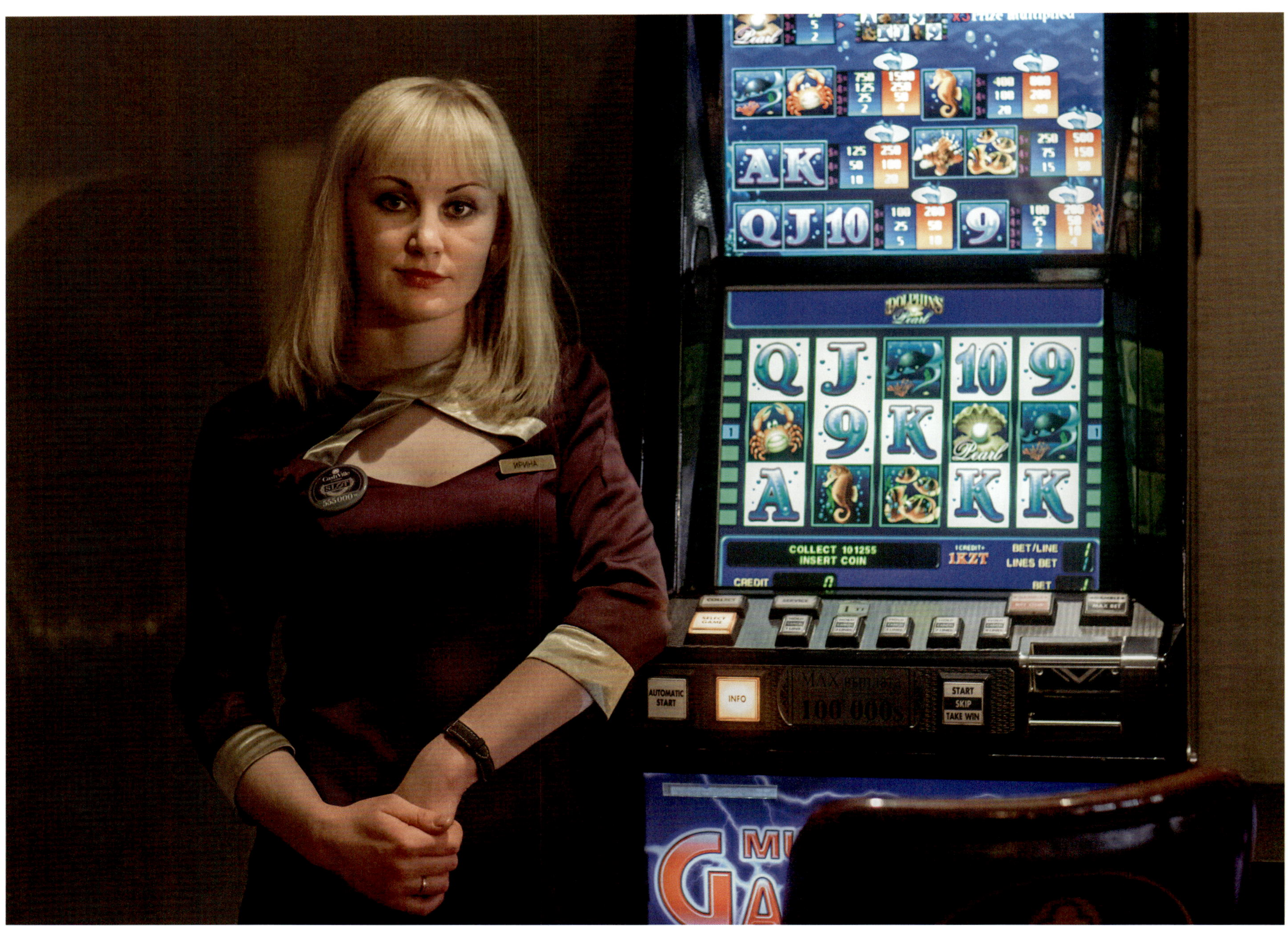

Prize Multiplied
DOLPHINS Pearl
COLLECT 101255
INSERT COIN
1KZT
BET/LINE
LINES BET
CREDIT
BET
SELECT GAME
AUTOMATIC START
INFO
MAX
100 000$
START
SKIP
TAKE WIN

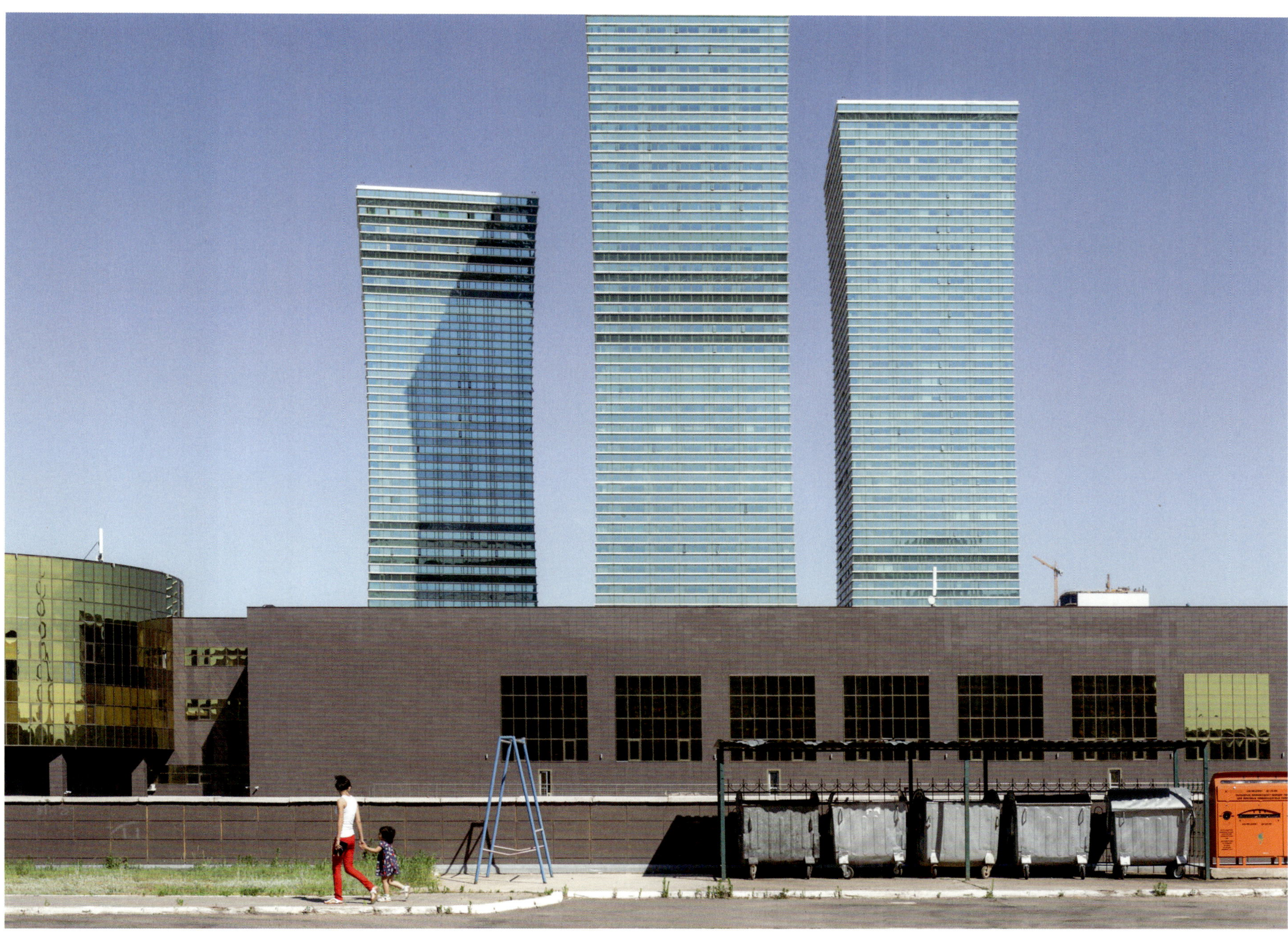

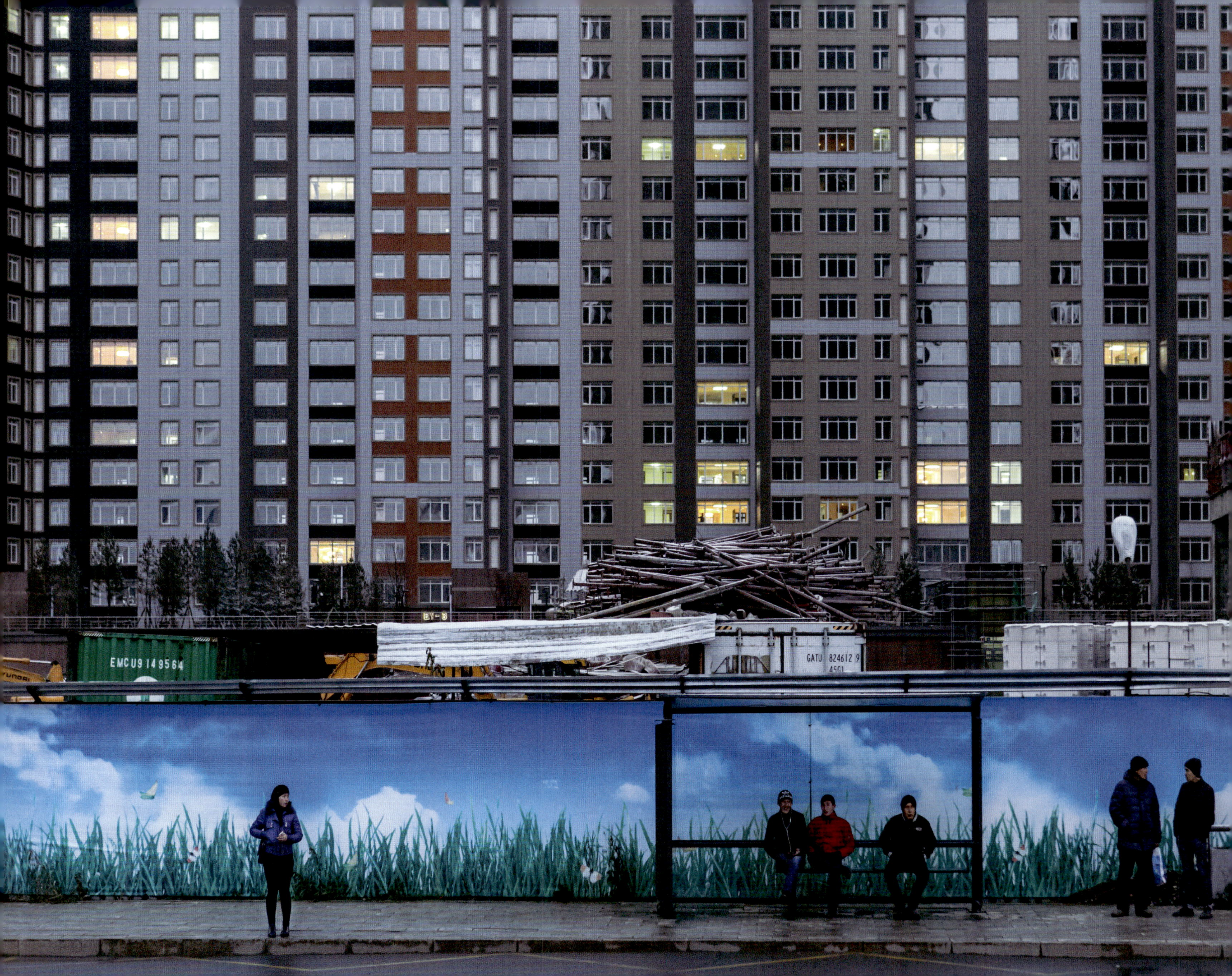

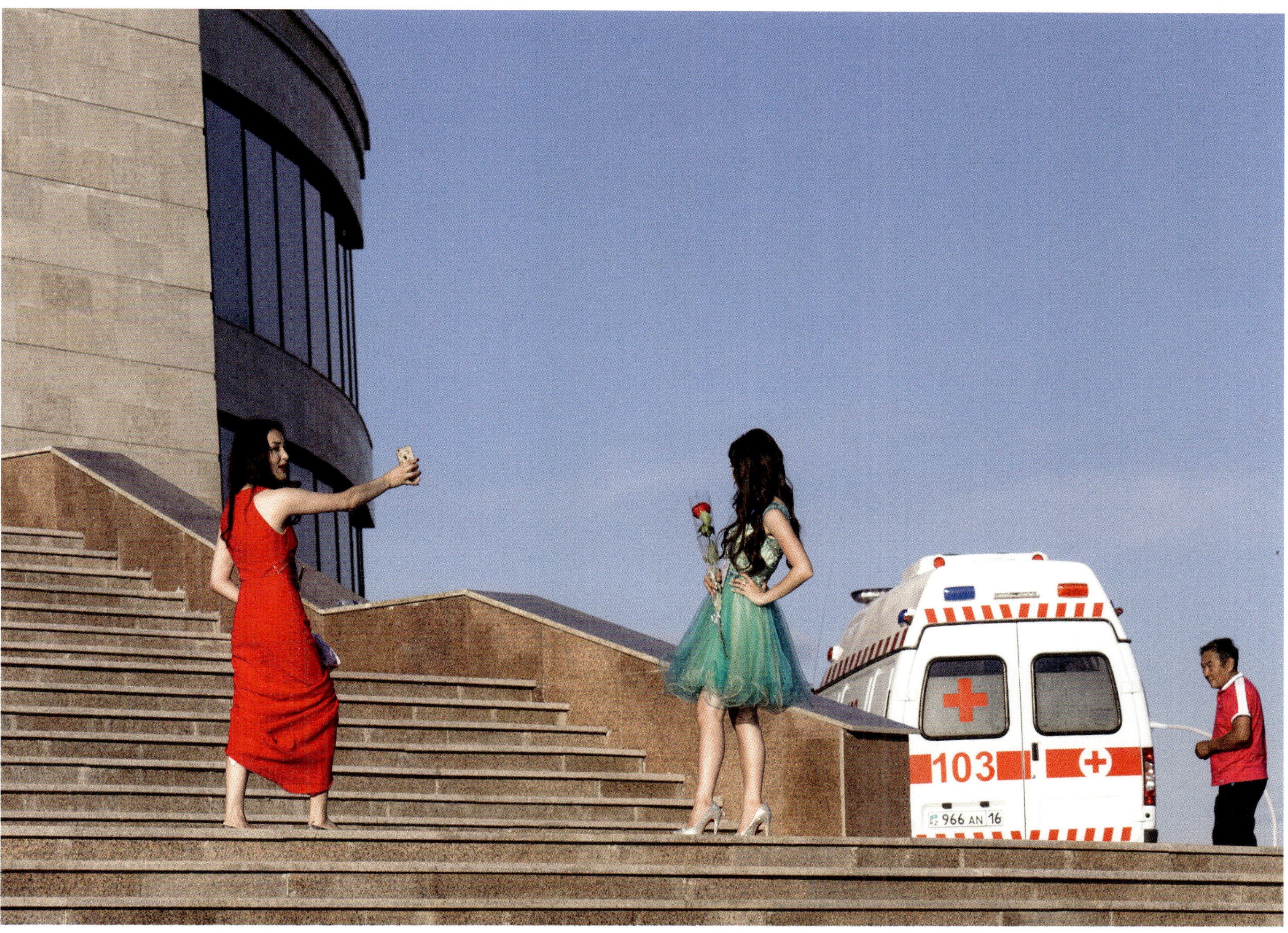

103
966 AN 16

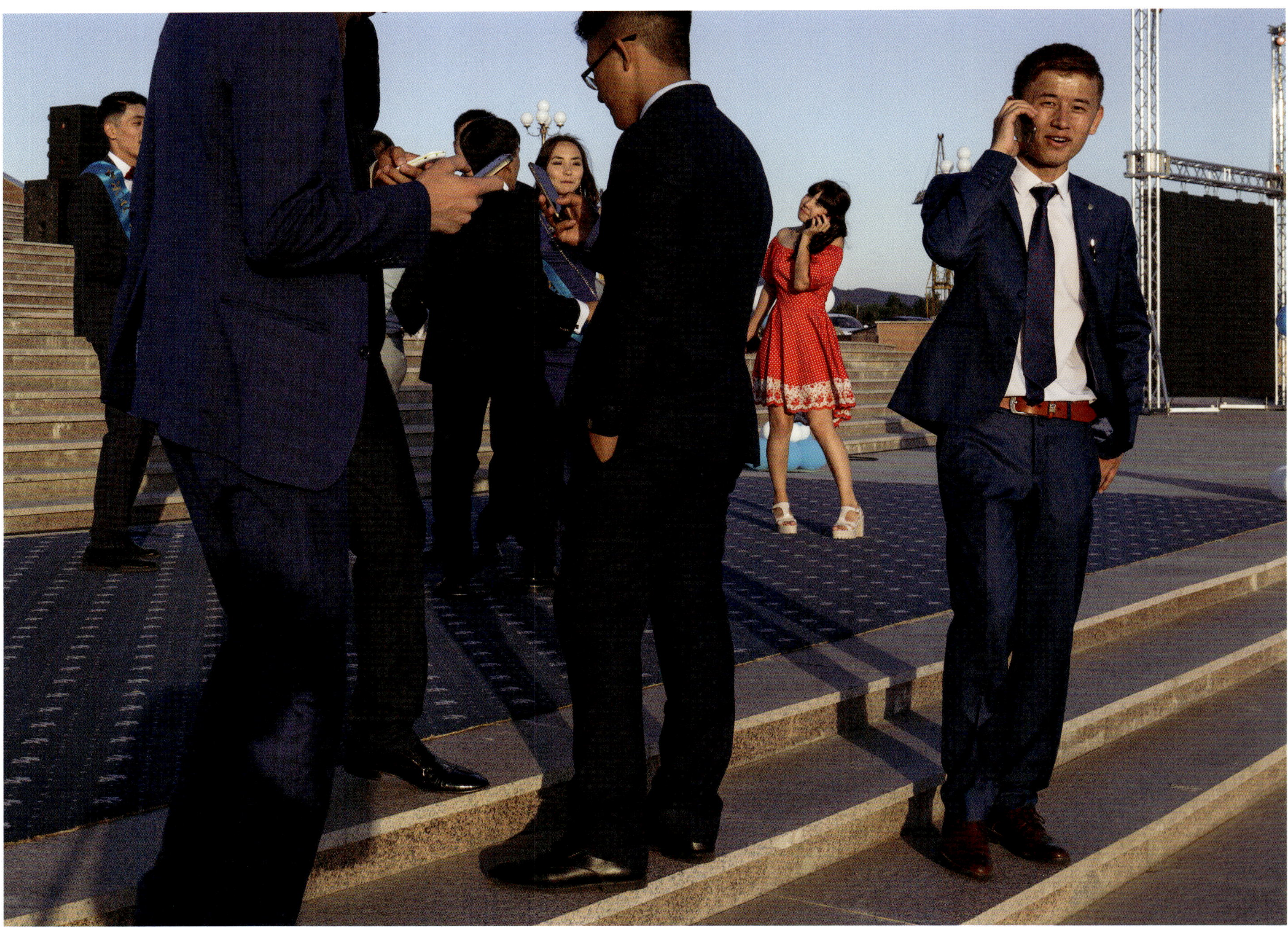

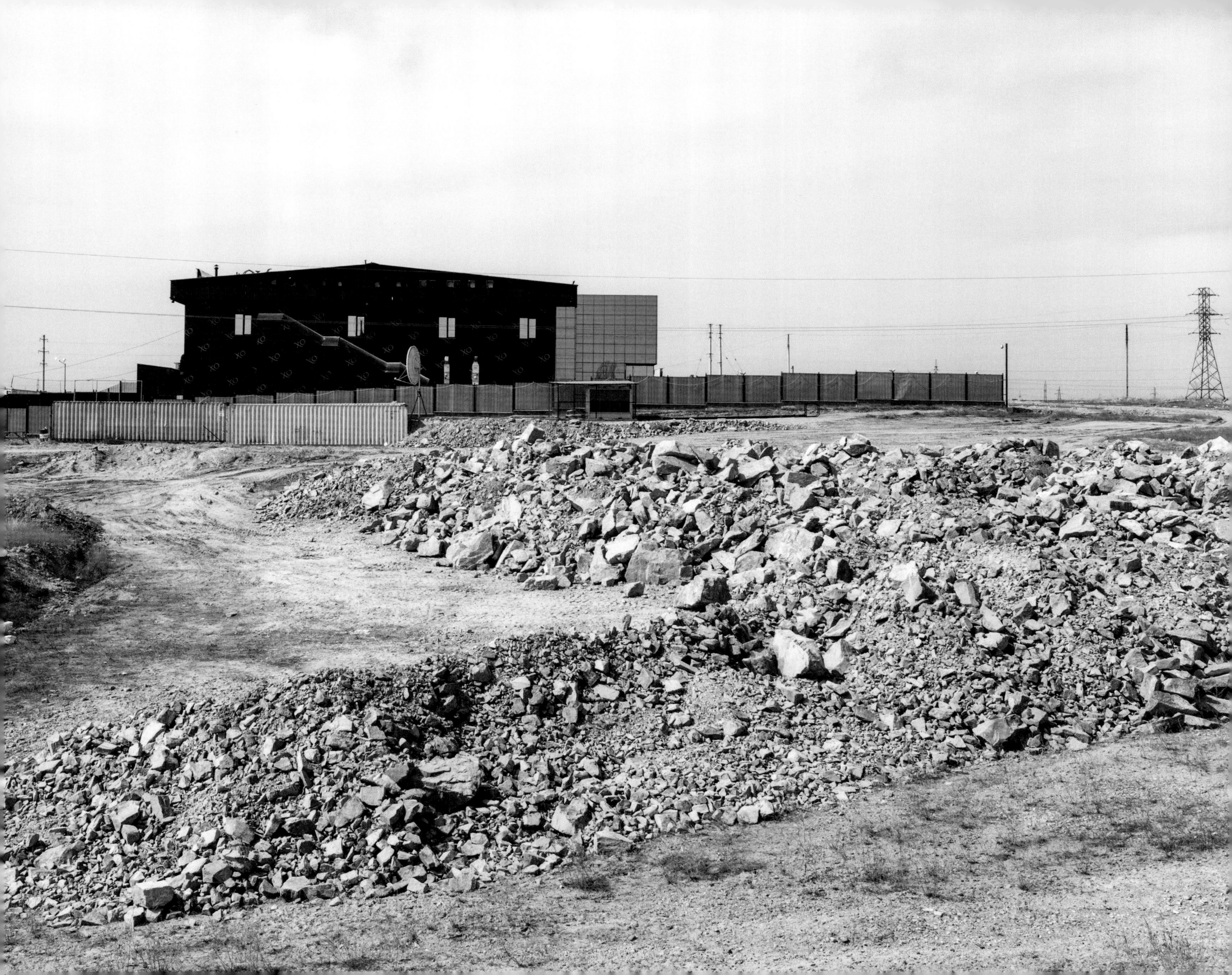

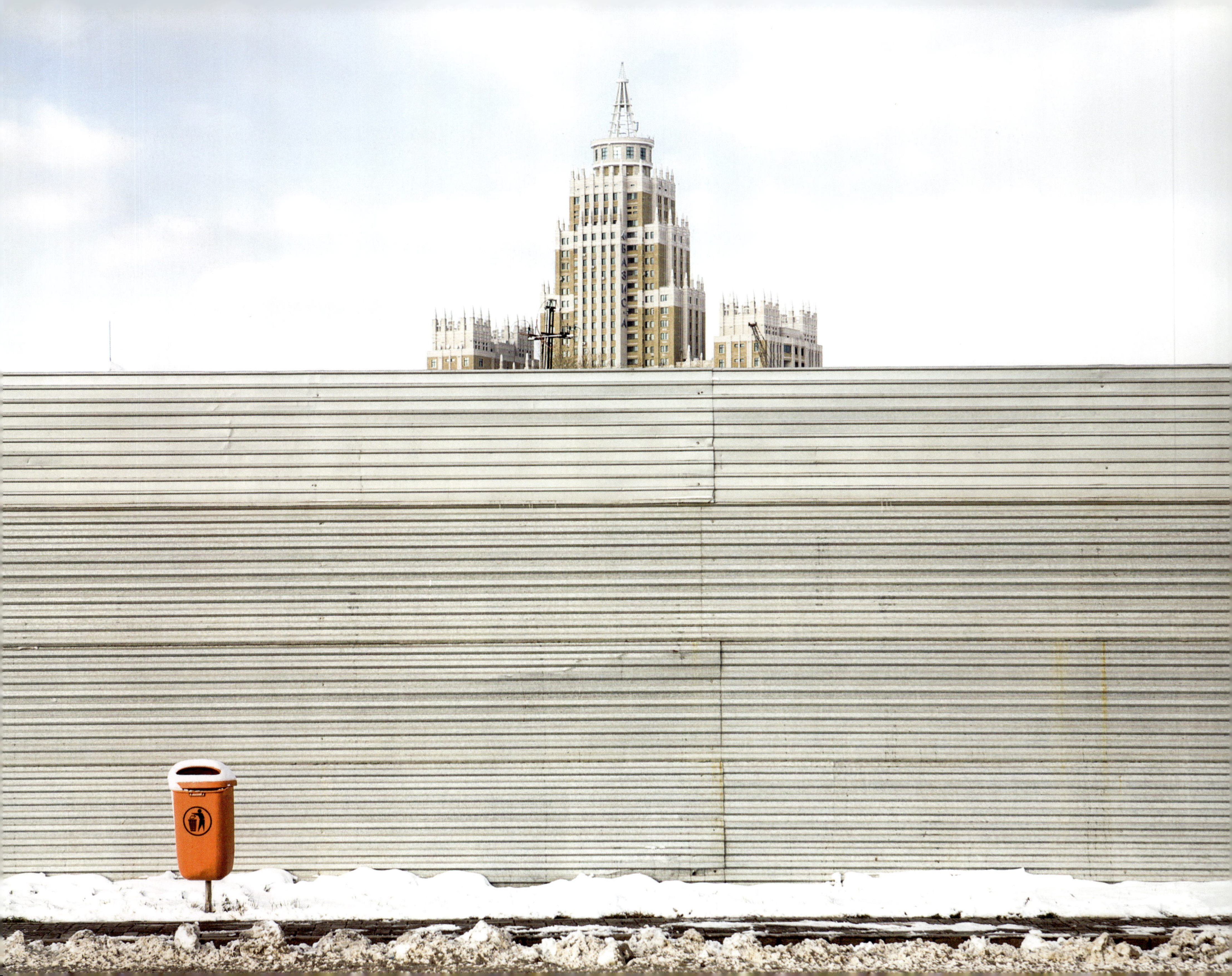

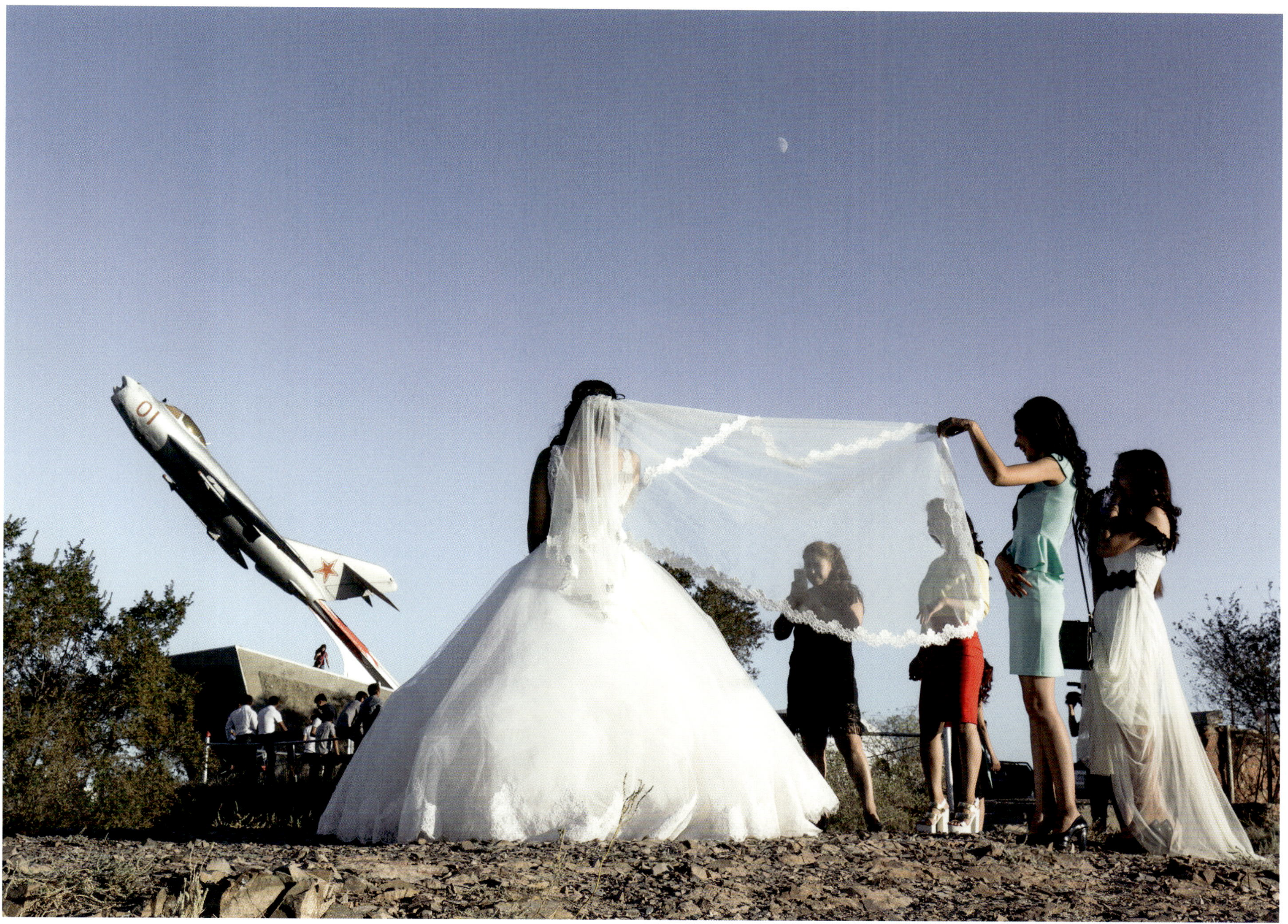

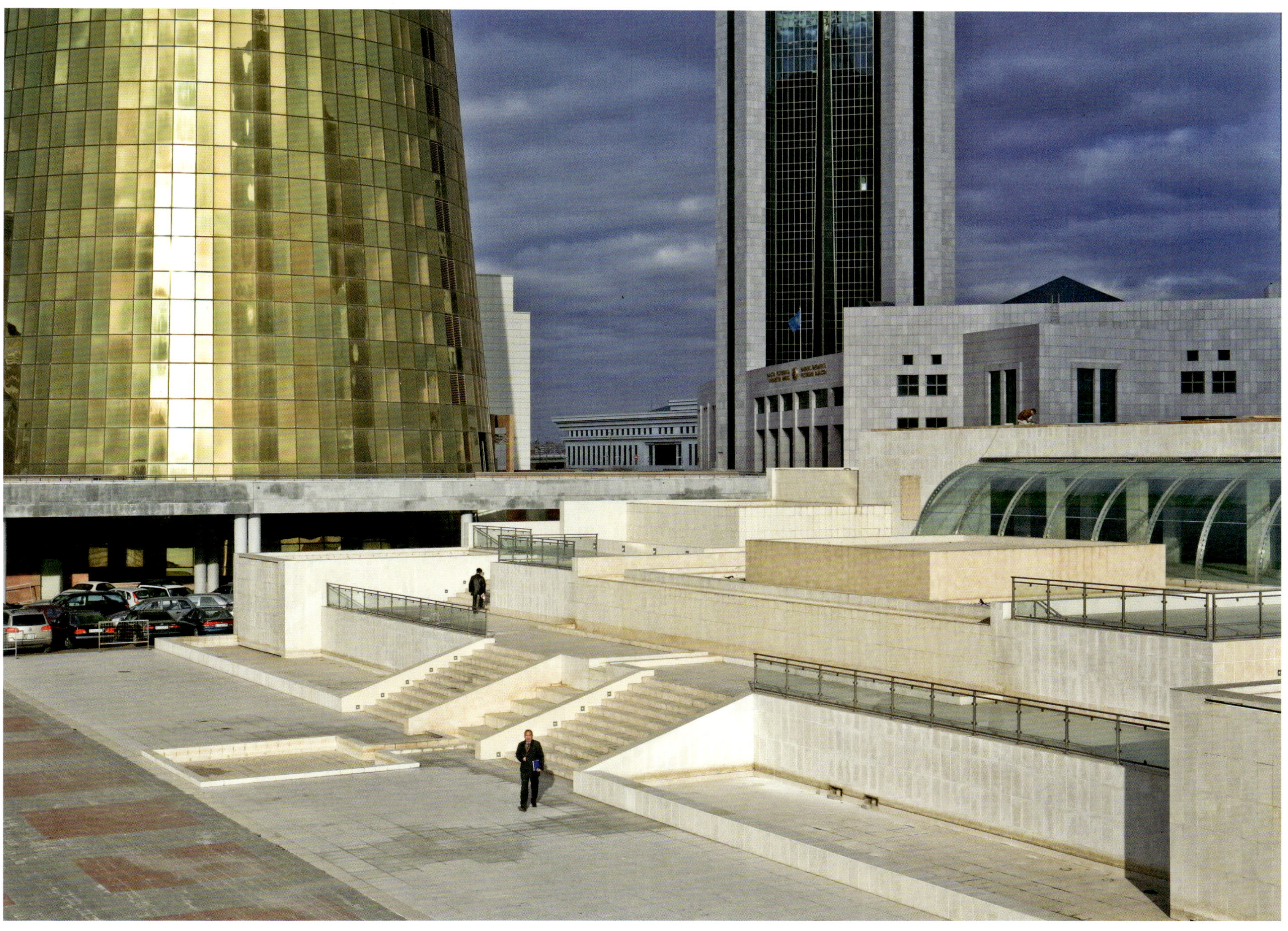

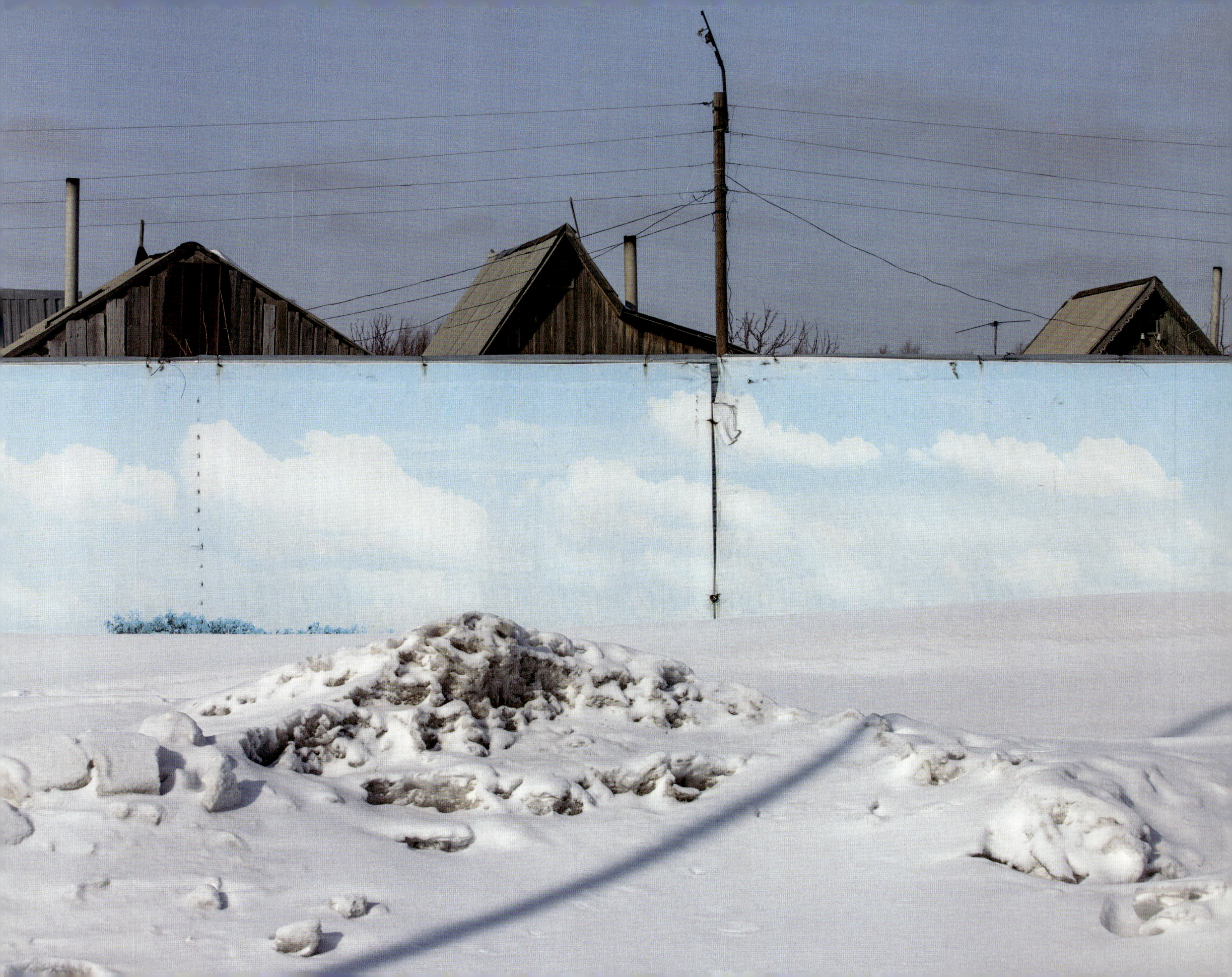

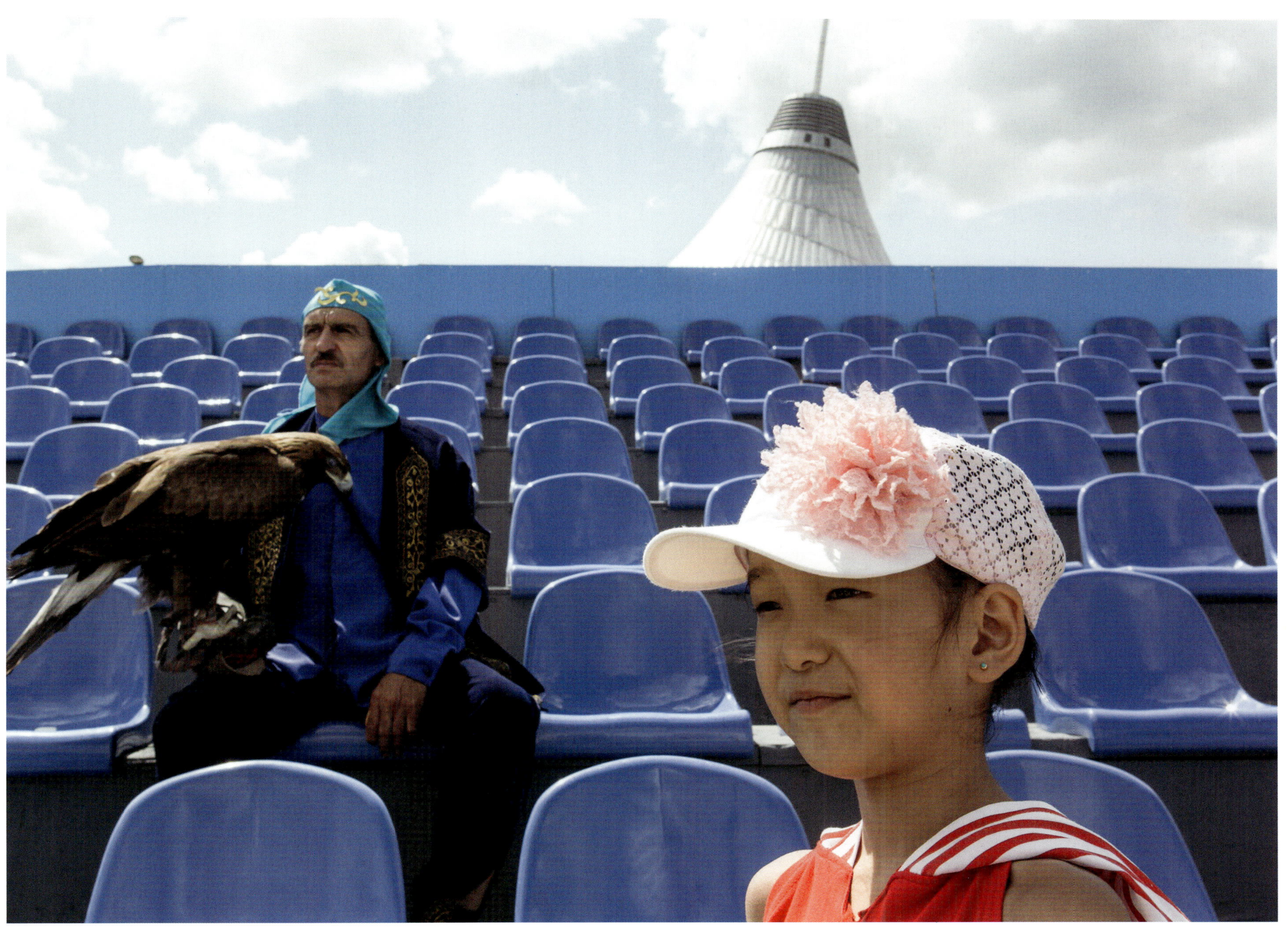

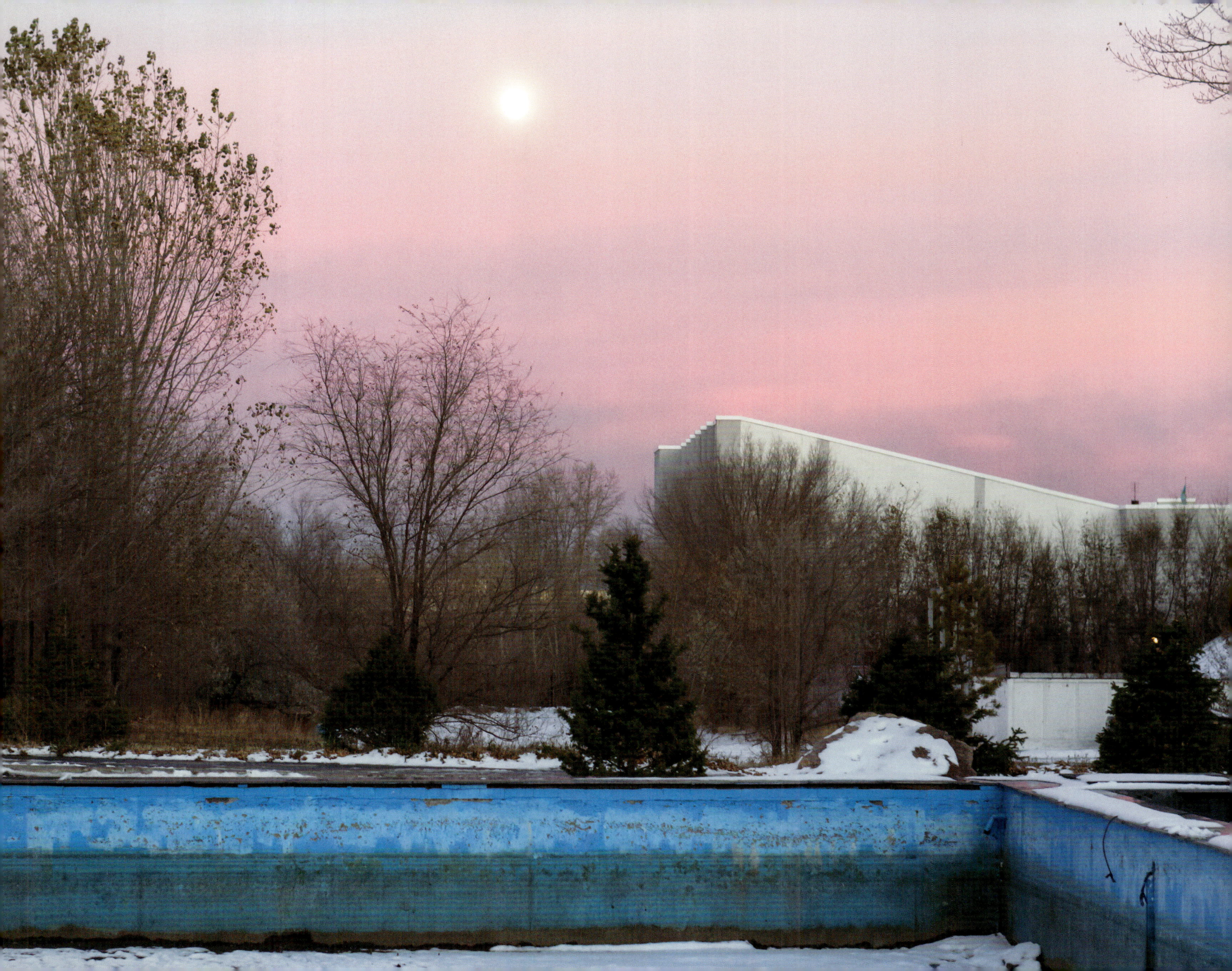

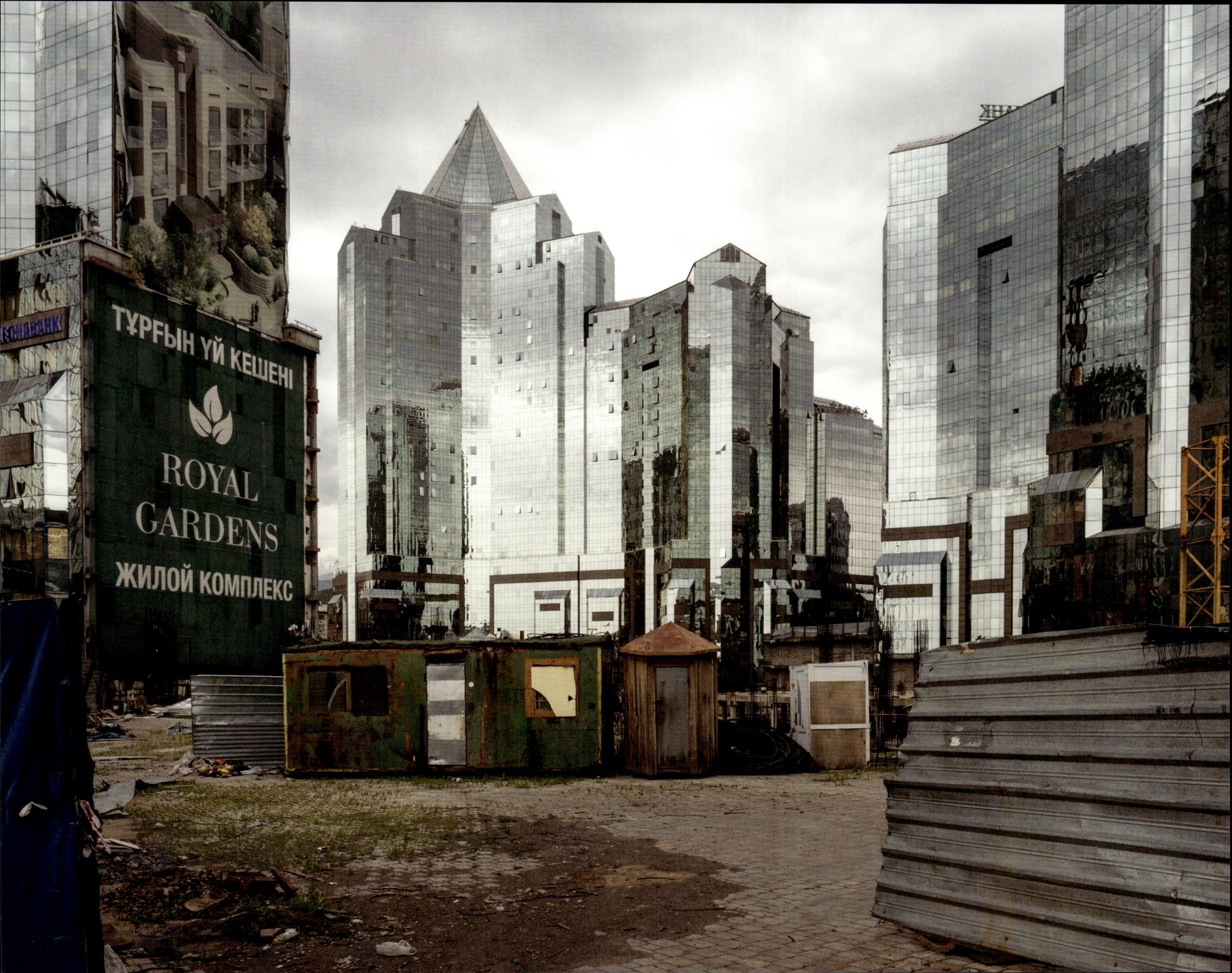
ТҰРҒЫН ҮЙ КЕШЕНІ
ROYAL
GARDENS
ЖИЛОЙ КОМПЛЕКС

Warum Kasachstan?

Nomads' Land ist die Geschichte einer Suche. Erste Bilder für dieses Buch entstanden 2009, die allermeisten fünf Jahre später, zwischen Anfang 2014 und Ende 2016. Aber genau genommen waren diese drei Jahre nur die intensive Schlussphase einer Auseinandersetzung, die bereits lange zuvor begonnen hatte.

Weshalb also Kasachstan? Mein Interesse hatte verschiedene Ausgangspunkte: zum einen die Beschäftigung mit der Transformationsforschung der 1990er-Jahre, welche nach dem Niedergang der Sowjetunion die dramatischen Umbrüche der ehemals staatssozialistischen Gesellschaften in den Jahren ab 1989 analysiert hatte; zum anderen Begegnungen mit Menschen in diesen Ländern, Erlebnisse, die dem Geschehen dort ein Gesicht verliehen hatten. Kasachstan spielte dabei zunächst keine besondere Rolle – aber wann immer dieses Land in mein Blickfeld

geriet, tauchten Bilder weit länger zurückliegender, gewissermaßen virtueller Begegnungen vor meinem inneren Auge auf. Besonders eindrücklich waren jene mit den Romanfiguren Tschingis Aitmatows und den Schauplätzen seiner Erzählungen in den Weiten Zentralasiens. Freilich war Aitmatow Kirgise, und meine Lektüre lag schon gut 30 Jahre zurück – doch bereits Anfang der 80er-Jahre des letzten Jahrhunderts hatte er weitsichtig und couragiert die großen Zivilisationskonflikte der Zeit, so auch das spannungsreiche Verhältnis von Tradition und Moderne, thematisiert. Vieles davon scheint mir heute – unter verändertem Vorzeichen – erneut an Aktualität zu gewinnen.

All dies führte schließlich zum Entschluss, dieser aus der Distanz geheimnisvollsten der ehemaligen Sowjetrepubliken tatsächlich näherzukommen und der Spur ehemaliger Nomaden und anderer Völkerschaften in diesem multiethnischen Land zu folgen.

Mein Ziel war, diese Spuren mit Mitteln künstlerisch-dokumentarischer Fotografie festzuhalten und zu interpretieren. Woran macht sich Identität fest? Worin spiegelt sich die Transformation einer Gesellschaft wider? Eine sich verändernde Volkskultur

findet sich zunächst im Alltag – auf der Straße, in der Landschaft, in Gebäuden, Denkmälern –, sie zeichnet sich auf Körpern und Gesichtern, also im Leben der Menschen, ab. Außerdem wollte ich versuchen, mit meiner fotografischen Arbeit kulturelle Barrieren zumindest punktuell zu überwinden, indem ich meine Sicht der Dinge zurückgebe und zur Diskussion stelle: Wie sieht ein Künstler aus dem Westen ihr Land? Eine erste Serie des *Kasachstan Projekts*, die »Virtual Landscapes«, wurde daher in Galerien und Museen an sechs Orten des Landes gezeigt und lebhaft diskutiert. Insofern war dieses Projekt auch als Diskurs und Austauschprozess angelegt.

Die Kultur Kasachstans und ihre Entwicklung, so mein Eindruck, sind ganz wesentlich im Zusammenwirken von drei großen kulturellen Strömungen zu begreifen: der traditionell-kasachischen Volkskultur, des Kulturerbes der sowjet-sozialistischen Ära sowie der Kultureinflüsse der westlich-kapitalistischen Moderne. Diese drei Kulturströme mischen sich in Kasachstan auf ganz eigentümliche Weise. Immer, wenn man glaubt, die Dominanz der Sowjetära in einer Stadt, an einem Ort noch ganz deutlich zu spüren, dann tauchten daneben auch ganz andere Einflüsse und Symbole auf, kasachische, turkmenische oder die des westlichen Konsum-Kapitalismus. Interessant ist dabei besonders, wie sich diese Ströme trotz aller Gegensätzlichkeit mischen und auch etwas ganz Neues hervorbringen, das dann nicht mehr umstandslos der einen oder anderen

Herkunft zugeordnet werden kann. Dabei spielen angesichts der Weite des Landes historisch gewachsene, regionale Unterschiede selbstverständlich eine große Rolle dafür, was sich an Neuem herausbildet und welcher Einfluss den drei Strömungen am konkreten Ort zukommt.

Vor dem Hintergrund dieser Koordinaten werden mit subjektivem Blick Kultur und Alltag Kasachstans vermessen. Die so entstandenen Bilder können als Versuch gelesen werden, die *Kulturelle Topografie* einer der größten Transformationsgesellschaften im Herzen Eurasiens nachzuzeichnen.

D.S.

Why Kazakhstan?

Nomads' Land *is the story of a quest. The first photographs for this book were taken in 2009, and most of them five years later, between early 2014 and the end of 2016. But, in fact, these three years were only the intense concluding phase of an exploration that had begun much earlier.*

So why Kazakhstan? The origins of my interest were various: on the one hand, it derived from examining the transformation research of the 1990s that, following the demise of the Soviet Union, analyzed the dramatic changes in former state socialist societies after 1989. On the other hand, from encounters with people in these countries, experiences that gave a face to the events there. Initially, Kazakhstan had no special role in this—but whenever this land came into my field of view, images appeared in my mind's eye of encounters that lay much further in the past, virtual encounters in a sense. A particularly deep impres-

sion was made by figures from the novels of Chinghiz Aitmatov and the scenes of his stories in the expanses of Central Asia. Aitmatov was admittedly Kyrgyz, and I read his works some thirty years earlier—yet as long ago as the 1980s he had addressed, farsightedly and courageously, the great conflicts of civilization in his time, including the relationship of tension between tradition and modernity. Today, it seems to me that much of this—in changed circumstances—is again becoming topical.

All of this ultimately led to the decision to experience more closely what appears from a distance to be the most mysterious of the former Soviet republics, and to follow the traces of former nomads and other peoples in this multiethnic country.

My aim was to record and interpret these traces using the means of artistic documentary photography. How is identity manifested? Where is the transformation of a society reflected? A changing popular culture is found first of all in everyday life—on the street, in the landscape, in buildings and monuments. It is delineated on bodies and faces, i.e., in the life of the people. With my photographic work,

I also wanted to try to overcome, at least here and there, cultural barriers by offering in return and for discussion my view of matters: How does an artist from the West view their country? A first series from the Kazakhstan Project, the Virtual Landscapes, was therefore exhibited and subjected to lively discussion in galleries and museums in six places. To this extent, the project was also conceived as a process of discourse and exchange.

The culture of Kazakhstan and its development, in my perception, should essentially be understood through the interplay of three great cultural influences: traditional Kazakh popular culture, the cultural heritage of the Soviet socialist period, and cultural influences of Western capitalist modernism. In Kazakhstan, these three cultural streams blend in a highly distinctive way. Whenever the dominance of the Soviet era seems to be still clearly palpable in a city or a place, alongside it there appear quite different symbols—Kazakh, Turkmen, or those of Western consumer capitalism. It is particularly interesting to observe how these influences, in spite of their contradictions, mix and produce something completely new that cannot be assigned without further ado to one source or the other. In view of the vast extent of this land, historically evolved, regional differences naturally play a major role in determining the new elements that emerge and the influence of the three sources in a specific place.

With these coordinates as the background, the culture and everyday life of Kazakhstan are surveyed from a subjective viewpoint. The images created in this way may be regarded as an attempt to trace the Cultural Topography of one of the greatest transformation societies in the heart of Eurasia.

D.S.

UTC+5/6

UTC, die Coordinated Universal Time, findet überall dort Verwendung, wo eine weltweit einheitliche Zeitskala benötigt wird – von der Luft- und Seefahrt bis hin zum Betrieb von Internetportalen und unserem alltäglichen E-Mail-Verkehr.

UTC+5/6 bezeichnet die beiden Zeitzonen der Weiten Kasachstans, das sich kulturell und territorial vom Osten Europas bis in den asiatischen Kontinent an die Grenze Chinas erstreckt. Reist man durch Kasachstan, passiert man diese beiden Weltzeitzonen, die zwischen dem 75. und dem 90. Längenhalbkreis liegen und ein Zeichen für die gewaltige Ausdehnung des Landes sind.

Von seiner Fläche her ist es das neunt größte Land der Erde – und damit so groß wie Westeuropa, mit einer Bevölkerung von 17 Millionen Menschen – gerade so viel wie in Holland und Dänemark. Im Norden und Westen grenzt Kasachstan an die Russische Föderation, im Osten an die Volksrepublik China. Im Süden hat es gemeinsame Grenzen mit Turkmenistan, Usbekistan und Kirgisistan.

UTC, which stands for Coordinated Universal Time, is in general use where a globally unified time scale is needed: from aviation and shipping to the operation of Internet portals and our daily e-mail traffic.

UTC+5/6 denotes the time zones of the expanses of Kazakhstan, which extend culturally and territorially from Eastern Europe to the Asian continent, reaching the borders of China. Those traveling through Kazakhstan pass through these two time zones, which lie between the 75th and 90th lines of longitude, and signal the huge extent of this country.

In terms of area it is the ninth largest country in the world—as large as Western Europe, with a population of 17 million, equaling the population of the Netherlands and Denmark combined. In the north and west this thinly populated land mass borders on the Russian Federation, in the east on the People's Republic of China. In the south it shares borders with Turkmenistan, Uzbekistan, and Kyrgyzstan.

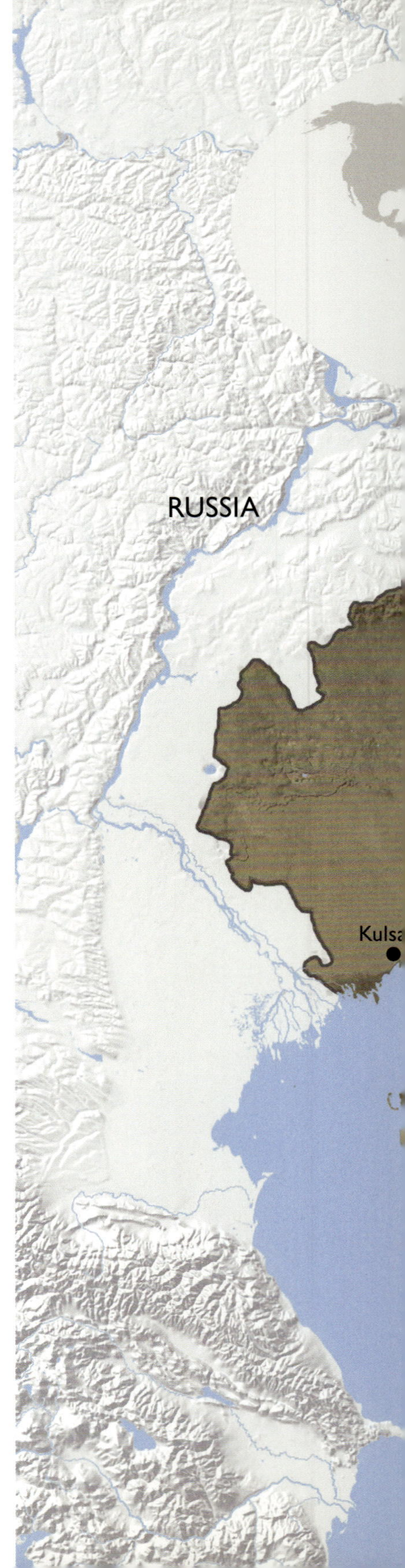

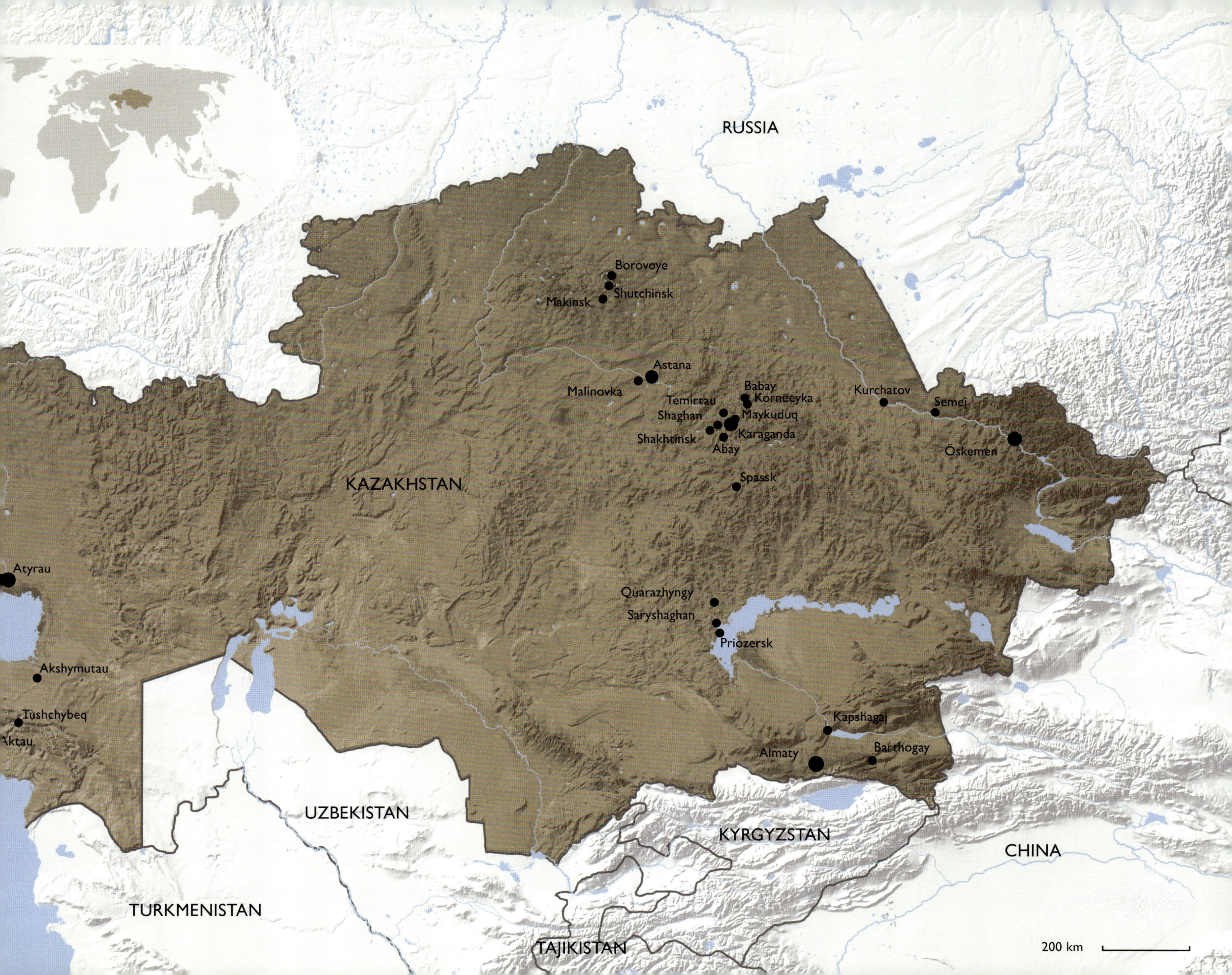

RUSSIA
KAZAKHSTAN
UZBEKISTAN
TURKMENISTAN
TAJIKISTAN
KYRGYZSTAN
CHINA
Borovoye
Shutchinsk
Makinsk
Astana
Malinovka
Babay
Korneeyka
Temirtau
Maykuduq
Shaghan
Kurchatov
Semej
Karaganda
Shakhtinsk
Abay
Öskemen
Spassk
Quarazhyngy
Saryshaghan
Priozersk
Atyrau
Akshymutau
Tushchybeq
Aktau
Kapshagaj
Almaty
Barthogay
200 km

Nomadenkult und Moderne in Kasachstan

Markus Kaiser

Die unabhängige Republik Kasachstan liegt zwischen Europa und Asien im Herzen Eurasiens.[1] Diese geografische Lage hat das Einwirken von verschiedenen kulturellen, sozialen, gesellschaftspolitischen, aber auch wirtschaftlichen Strömungen auf das Land und seine Bevölkerung wesentlich bedingt. Das spiegelt sich beispielsweise im Baustil von Astana (dt. Hauptstadt) wider, das seit 1999 die neue Hauptstadt der Republik Kasachstan ist. Seine Gesamtplanung oblag dem japanischen Architekten Kishō Kurokawa.

Astana, im Jahr 1830 als russische Festung Akmolinsk gegründet und 1961 in Zelinograd umbenannt, war vor anderthalb Jahrzehnten noch eine »deutsche« Stadt – bewohnt meist von Nachkommen einstiger Wolgadeutscher, die Josef Stalin in die zentralasiatische Steppe verbannen ließ. Nach dem Zerfall der Sowjetunion relativ heruntergekommen – wie viele andere Städte Kasachstans –, ist hier nun mit der Regierungsverlegung die Moderne angekommen. Heute ist es ein Dubai in der Steppe mit viel Glas, Stahl und Beton, in dem aus verschiedensten architektonischen Vorlagen offen kopiert wird. Im sogenannten Mailänder Wohnviertel ist der italienische Stil mit römisch-katholischen Brunnen- und Skulpturenkopien vorherrschend. Wer es hingegen britisch mag, der sollte ins britische Wohnviertel mit seiner Big-Ben-Kopie sowie den Londoner Fassaden nachgeahmten Straßenzügen ziehen. Symmetrien, Schornsteine und Bausteine ähneln denen auf der britischen Insel. Der Wohnkomplex Triumph Astana wiederum sieht der Moskauer staatlichen Lomonossow-Universität (MGU) mit ihrem »Zuckerbäckerstil« verblüffend ähnlich. Die Rostra-Säulen von St. Petersburg wurden neu interpretiert, und auch das Opernhaus in Astana – selbstbewusstes Prestigeobjekt des derzeitigen Machthabers – entstand im Stil des europäischen Neoklassizismus, freilich fünf bis sechs Zeitzonen ostwärts – UTC+5/6 – und somit der geografischen Lage entsprechend mit asiatischen Akzenten.

Der Mythos Eurasien?

Was ist Eurasien und wo liegt es? Die Entstehungs-, Wirkungs- und Entwicklungsgeschichte des Eurasismus im 20. Jahrhundert lässt sich als ein Weg von der Weltanschauung und Philosophie (in den 1920er-Jahren) über die Wissenschaft (insbesondere bei Lev Gumilëv) bis in die Politik und Ideologie (in den späten 1980er-Jahren) deuten. Entstanden zu Beginn des 20. Jahrhunderts als eine von russischen Emigranten entworfene geopolitische Weltanschauung, die die Notwendigkeit einer stärkeren Einflussnahme von Russland auf das vermeintliche, zwischen Europa und Asien befindliche Territorium beschwor, ist diese Idee über die Jahre hinweg zu einer politischen Begrifflichkeit avanciert und wird heutzutage immer mehr als solche gebraucht. So kann es kein Zufall sein, dass der Staatspräsident der Republik Kasachstan, Nursultan Nazarbaev, im Jahr 1996 per Erlass die hauptstädtische Universität in Astana (damals Akmola) in die Eurasische Nationale Universität (ENU) namens Gumilëv, einer der geistigen Väter der Idee des Eurasismus in den 1920er-Jahren, umbenannte.

Die Wiedergeburt des Begriffs Eurasien in den öffentlichen und wissenschaftlichen Debatten der 1990er-Jahre scheint zunächst durch konkrete historische Ereignisse, nämlich durch den Zusammenbruch der Sowjetunion, bedingt gewesen zu sein. Das Ende des sowjetischen Systems stellte die daraus entstandenen neuen Staaten sowie ihre Bürger vor ein großes Identitätsproblem, und so rückte der Begriff Eurasien als eine sinnstiftende Konstruktion ins öffentliche Interesse. In diesem Zusammenhang ist zum Beispiel an das Werk *Projekt Eurasien* von Alexandr Dugin (1997, 2000) zu erinnern, in dem der Autor den Bewohnern dieser Region ganz konkrete »Empfehlungen« dahingehend erteilt, wie sie als Eurasier zu empfinden hätten.

Eurasien ist somit ein politisches, wissenschaftliches, ideologisches – und somit rein gedankliches – Konstrukt. Diese Idee von Eurasismus ist in der einschlägigen wissenschaftlichen Literatur wie auch in politischen und öffentlichen Debatten populär geworden. Damit wird häufig versucht, entweder die geschichtlich bedingte Verbundenheit der Völker Eurasiens ans Licht zu bringen oder aber die Notwendigkeit einer stärkeren Integration zwischen ihnen zu avisieren.

Ist Eurasien – über die allzeit präsenten asiatischen beziehungsweise europäischen Stilelemente bzw. Artefakte – jedoch zu einer integrativen Lebenswirklichkeit geworden? Eine eindeutige Antwort auf diese Frage ist schwierig. Die multivektorielle Außenpolitik der Republik Kasachstan, mittels der gute Beziehungen mit allen Nachbarn und allem voran mit der Russischen Föderation und der Volksrepublik China angestrebt werden, lässt eine von der territorialen Lage geprägte Realpolitik erkennen. Dabei gibt es Anzeichen sowohl für eine starke Kontinuität von alten, durch die sowjetische Ideologie geprägten Ideenmustern, beispielsweise im Hinblick auf Internationalität, als auch für eine intensive Einflussnahme von neuen, nationalistischen Ideen. Dieses Dilemma von Kontinuität und Wandel durchdringt die kasachanische Gesellschaft zutiefst, was die Etablierung eines gewissermaßen zeitlosen, Altes und Neues verbindenden Eurasismus bedingt. Die machtvollen Prägungen und die gesellschaftliche Durchdringung vonseiten des Russischen Reiches sowie der Sowjetunion sind in

Kasachstan heute noch deutlich sichtbar an den Artefakten der gemeinsamen Metakultur (Architektur, Infrastruktur, Museen usw.), die das urbane Bild in allen Nachfolgestaaten der Sowjetunion prägen, sowie in der gelebten Alltagskultur, die sich unter anderem in geteilten Vorstellungen von Erholung in städtischen Parks, Freizeitheimen und anderen Einrichtungen des Massentourismus zeigt. Auch die durch die neue kasachstanische Staatselite anvisierte Nationsbildung folgt im Wesentlichen dem sowjetischen Muster, wonach der Staat sich seine Nation schafft. Die von der 1995 etablierten Versammlung *der* Völker Kasachstans in »Versammlung *des* Volkes Kasachstans« umbenannte Kammer der nationalen Minderheiten, deren beachtenswerte Aufgabe es ist, regionale Minderheitengruppen regelmäßig an einen Tisch zu bringen und dadurch einen Konsens über soziopolitische Fragen zu erzielen, zeigt diese Intention beispielhaft.

Die Internationalität (früher Völkerfreundschaft genannt) zeigt sich monumental im pyramidenförmigen Palast des Friedens und der Eintracht, der eigens für die Veranstaltung des internationalen Kongresses der traditionellen und Weltreligionen (seit

2003 im Dreijahreszyklus abgehalten) in Astana geschaffen wurde. Die vom britischen Architekturbüro Foster + Partners entworfene Pyramide soll die verschiedenen Religionen in der Welt symbolisieren. Außerdem sind eine Oper mit 1500 Plätzen, mehrere Bildungseinrichtungen und ein Zentrum der verschiedenen Volksgruppen Kasachstans im Gebäude untergebracht. Hier verschmelzen kongenial Tradition, Eurasismus, Internationalität und Moderne. Eurasien bezeichnet eine Lebenswirklichkeit, geprägt von sozialen Prozessen, Strukturen und Sachverhalten in der Makroregion Eurasien (Kaiser 2004), wo sich Asiatisches und Europäisches überlappt und vermischt. Ob oder inwieweit Eurasien eine einheitliche, integrierte Region ist, ist freilich eine offene Frage.

Das unabhängige Kasachstan

Am 16. Dezember 1991 erklärte die Republik Kasachstan als letzte Sowjetrepublik ihre Unabhängigkeit. Neben der Nationalisierung von Geschichte, Sprache und Kultur werden unter anderem nationale Symbole, Bildungssysteme und Medienlandschaften entworfen. Je weiter man jedoch vom Zentrum weg in die rurale Peripherie eintaucht, glaubt man, dass die Zeit stehen geblieben ist. Man erkennt sofort, dass die Entwicklung Kasachstans hauptstadtzentriert ist.

Der Zerfall der Sowjetunion und die Etablierung 15 postsowjetischer Staaten führten in den 1990er-Jahren zu vielfältigen Wanderungsbewegungen neuer ethnischer Minderheiten hin zu den Staaten mit ihrer

jeweiligen Titularnation. Die Emigration von Russen (wie auch von Kasachstandeutschen) aus Kasachstan ist Wirklichkeit geworden. Im Jahr 2016 lebten mehr als 100 Nationalitäten in dem Land, wobei die Kasachen mit 66,48 % die Mehrheit stellten und die Russen mit 20,61 % die zweitgrößte ethnische Gruppe ausmachten. Allein von 1991 bis 2004 wanderten jedoch mehr als 3 154 400 Menschen aus Kasachstan aus (UNDP 2006: 9), unter ihnen etwa 2 Millionen Russen (12 % der Gesamtbevölkerung, Cerny 2010: 222). Zentral für den russischen Exodus waren die Vorwegnahme einer Verschlechterung ihres politischen und soziokulturellen Status sowie die Annahme, dass ihre Kinder als Bürger zweiter Klasse aufwachsen würden (vgl. Bhavna 2007: 128). Aktuell berichtet der Ausschuss für Statistik des Ministeriums für Wirtschaft, dass infolge der Wirtschaftsflaute in den letzten beiden Jahren die Zahl der registrierten Einwanderer im Jahr 2016 nur 13 347 betrug, wohingegen 34 965 Personen auswanderten; das sind 16,4 % mehr als im Vorjahr. Davon sind 28 677 in die Russische Föderation und 2637 Personen nach Deutschland ausgereist.[2] Auch ein Vertreter von »Wiedergeburt«, der Assoziation der Gesellschaftlichen Vereinigungen der Deutschen Kasachstans in Almaty, bestätigt, dass die Auswanderungen aufgrund der schwächelnden Wirtschaft und Abwertung der nationalen Währung Tenge wieder zunähmen und selbst einige ihrer Mitarbeiter mit fertigen Dokumenten nur noch abwarteten und auf gepackten Koffern säßen.

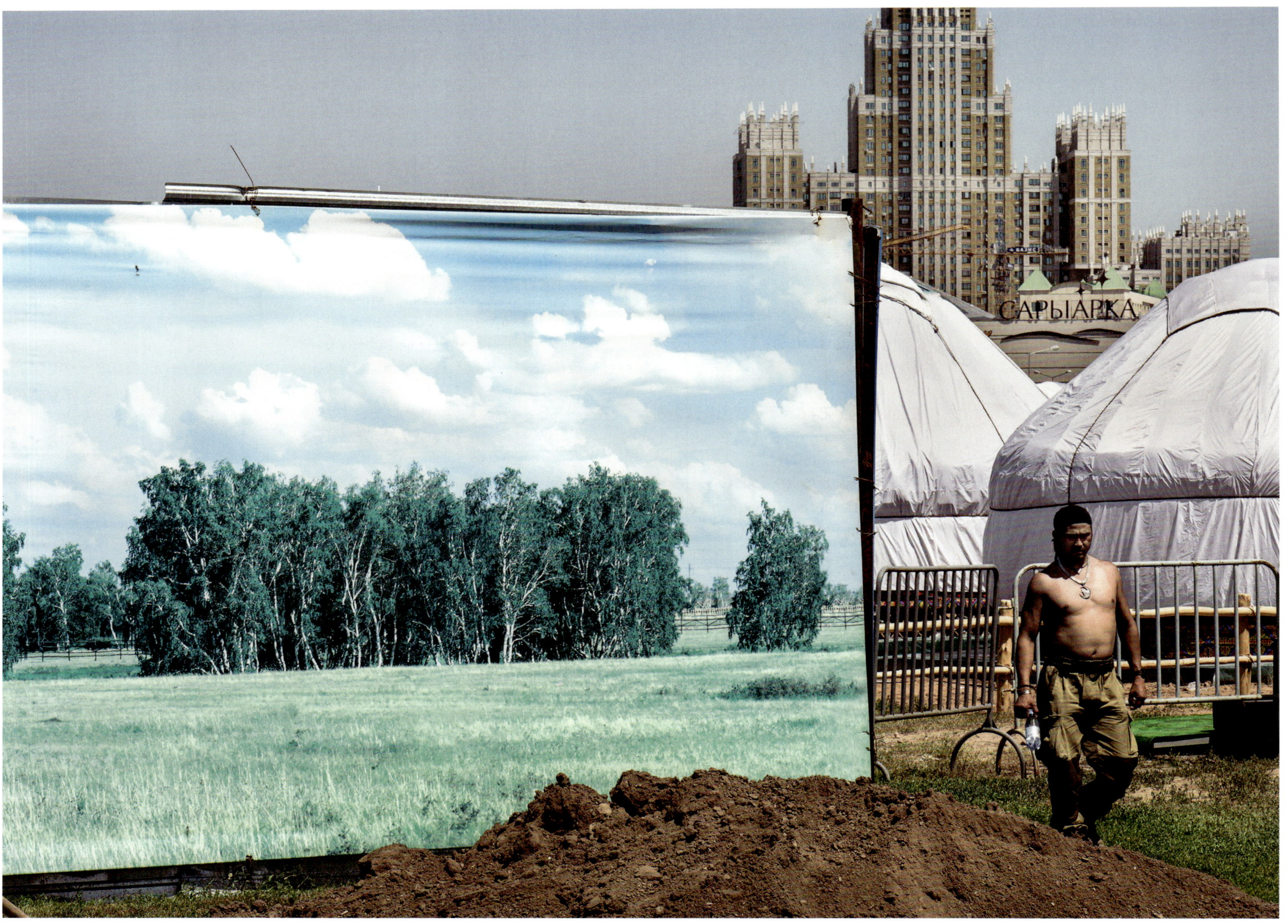
САРЫАРКА

Die Auswanderungen hatten verschiedene Auswirkungen auf die Wirtschaft und Gesellschaft des Landes. Außer einer relativen deutlichen Zunahme der kasachischen Bevölkerung, die nunmehr die Mehrheit stellt, hatte der Verlust an hochqualifizierten Arbeitskräften spürbare wirtschaftliche Konsequenzen. Denn die Mehrheit der ausgewanderten Russen war in administrativen oder technischen Berufen tätig, die kasachische Bevölkerung dagegen überwiegend in der Landwirtschaft. Zudem hatten viele Russen beziehungsweise Angehörige russischsprachiger Bevölkerungsgruppen in Kasachstan ein höheres Bildungsniveau als der Durchschnitt der Bevölkerung. Der Anteil der Russen mit durchschnittlicher oder überdurchschnittlicher Fachausbildung, die Kasachstan verließen, stieg von 39 % im Jahr 1994 auf 44 % im Jahr 1997. 64 % der ausgewanderten Russen waren im arbeitsfähigen Alter oder jünger. Dieser Umstand führte zu einer sehr spürbaren Alterung der russischen Minderheit in Kasachstan. 2007 lag das Durchschnittsalter der Russen in dem Land zwischen 45 bis 47 Jahre, während das der Kasachen 23 bis 25 Jahre betrug (Peyrouse 2008: 7).

Im Ergebnis sind der Süden und Westen des Landes – was Bevölkerung und Sprache angeht – immer stärker kasachisch geworden. Hingegen ist der Norden durch seine Nähe zu Russland und seinen höheren europäischen Bevölkerungsanteil viel weniger an kasachische Traditionen gebunden. Eine Kasachin in Astana berichtete mir, dass sie als kleines Mädchen in der sowjetischen Zeit vom Kindergarten aufgeregt nach Hause kam und fragte: »Bin ich keine Russin?« Sie sprach Russisch und nur wenig Kasachisch. Zu ihrer eigenen Verwunderung bejahte die Mutter ihre Frage: »Du bist keine Russin, sondern eine Kasachin.« In den Städten wurde Russisch gesprochen. Viele dieser »Asphalt-Kasachen« – so nach den asphaltierten Straßen in den Städten bezeichnet – beherrschen Kasachisch nur schlecht. In den Dörfern Nord- und Ostkasachstans wie bei Ajagös sprechen Russen wiederum häufig die Lingua franca des ruralen Kasachstan: Kasachisch.

Aus Petropawl, der Stadt unweit der russisch-kasachischen Grenze mit einem Bevölkerungsanteil von über 71 % ethnischen Russen (2014), wird berichtet, dass die Spannungen zwischen Kasachen und Russen zunehmen. Viele Restaurants werden entweder nur von Russen oder nur von Kasachen frequentiert. Auf »V-Kontakte«, dem Facebook der russischsprachigen Welt, werden Cyberkonflikte mittels ethnischer Stereotypen geführt. In Kasachstan gehen europäische in asiatische Identitäten über beziehungsweise nehmen entsprechende Bevölkerungsanteile der jeweiligen spirituellen, soziolinguistischen Gruppen zahlenmäßig graduell zu oder ab. Heterogene Siedlungsstrukturen – insbesondere in den urbanen Zentren –, die gekennzeichnet sind durch sich überschneidende Siedlungsgebiete verschiedener soziolinguistischer Gruppen, überwiegen entlang einer gedachten Achse zwischen Atyrau und Almaty beziehungsweise Aktobe und Tschymkent. So lassen sich ein koreanischer Vater und seine Tochter in ihrem Wohnzimmer mit europäischen Möbeln vor einem Wolfsfell ablichten, das nach kasachischer Mythologie den bösen Blick und schlechte Einflüsse abwehren soll. In Almaty sowie den größeren Städten im Norden und Osten sind sowjetisch-europäische Kultureinflüsse noch virulent. Und mit ihnen das Russische als Lingua franca.

Nomadische Identitätspolitik

Weltweit spielen Sprach-, Bildungs- und Kulturpolitik eine wichtige Rolle im Prozess der Entwicklung einer nationalen Identität. In der ethnisch vielfältigen und noch jungen Republik Kasachstan, die 2016 das 25-jährige Jubiläum ihrer Unabhängigkeit feierte, wird der Entwicklung einer nationalen Identität eine besondere Bedeutung zugemessen.

Das ideologische Vakuum, das es nach dem Ende der Sowjetunion gab, wird in der Republik Kasachstan zunehmend auch vom Eurasismus und dem Kult um das Nomadentum ausgefüllt. Den Nexus von Wald und Steppe sowie die imaginierte Symbiose der Ostslawen und turko-mongolischen Nomaden erklären die Eurasier zur Grundlage eines »eurasischen Raumes«. Sie werten Nomadengeschichte und -kultur auf und lehnen deren im sowjetischen Verständnis übliche Einordnung in Gesellschaftstypen nach Entwicklungsstufen ab. Nomadische Völker erhielten in den Schriften der Eurasier also eine neue Wertung als starke, alte Kulturen. Im Gebiet des heutigen Kasachstan gab es bereits im 5. Jahrhundert ein Reich turksprachiger Steppenkrieger, die sich mit den Mongolen vermischten und lange im Reich Dschingis Khans als »Wächter« seiner Grenzen dienten. Nach dessen Untergang um 1400 gründeten sie einen ersten »Staat«: die Khasaqu Orda. Im 17. Jahrhundert baten die Kasachen das Russische Zarenreich um Verteidigungshilfe und Grenzsicherung gegen aggressive südliche Nachbarn, ein Staatsgebiet zeichnete sich ab. Das Russische Reich kann somit als Geburtshelfer dieser Nationswerdung im Hinblick auf Staatsgebiet, -volk und -gewalt gesehen werden. Ende des 19. Jahrhunderts annektierte das Russische Reich das Land des Nomadenvolkes. Die die spezifisch kasachische Nomadenkultur und Lebensweise zerstörende Russifizierung (später folgte die Sowjetisierung) begann, und Saken Seyfullin (1894–1939), Begründer einer modernen kasachischen Literatur, forderte eine größere Eigenständigkeit der Kasachen gegenüber dem zaristischen Russland und später der Sowjetmacht erfolglos ein. Die seit Jahren etablierte Zusammenarbeit des Deutschen Archäologischen

Instituts mit dem Institut für Archäologie der Republik Kasachstan – gemeinsame Ausgrabungsprojekte zur Erforschung der Menschheitsgeschichte – bietet ein praktisches Beispiel dafür, welchen Beitrag sowohl nationale als auch auswärtige Kultur- und Bildungspolitik zur Entwicklung einer nationalen Identität leisten kann beziehungsweise implizit leistet. Im Jahr 2016 feierte Almaty sein 1000-jähriges Bestehen – und das, obwohl die Stadt im Jahr 2004 erst ihr 150-jähriges Bestehen gefeiert hat; im Jahr 1854 errichteten Russen an diesem Ort die Verteidigungsanlage Wernoje. Die in riesigen Kurganen, großen Grabhügeln, entdeckten Artefakte sollen jetzt jedoch belegen, dass die Geschichte von Almaty eben viel weiter zurückreicht.

Valerija Ibraeva zufolge lässt sich auch in der kasachischen bildenden Kunst seit den 1970er- bis in die Mitte der 1990er-Jahre eine immer wichtiger werdende Rolle der Nomadensymbolik und eine deutliche Tendenz zur »Nomadenromantik« konstatieren (Ibraeva 2005: 418–424). Nicht zuletzt durch den Eurasismus ist die Einzigartigkeit der Reiter- und Nomadenkultur als identitätsstiftende nationale Symbolik in Kasachstan groß im Kommen. Nicht von ungefähr lauten die Titel bedeutender kasachischer Filmprojekte *Der Mongole* oder *Der Nomade*. Der »Goldene Mann« – benannt nach dem bei einer archäologischen Ausgrabung gefundenen Skelett, dessen Kleidung reich mit Gold besetzt war – avancierte rasch zum Staatssymbol und bedient zweifellos die Mythenstiftung hinsichtlich der Verwurzelung der kasachischen Nation in einer uralten Geschichte. In der urbanen Symbolik wird immer mehr der Rückgriff auf die nomadische Vergangenheit – die noch allgegenwärtige sowjetische Vergangenheit dabei verdrängend – sichtbar, wie einige der Fotografien hier zeigen. Berge, Steppe, Pferde, Jurten, Kumys einerseits und andererseits staatliche Symbolik in Verbindung mit Königsadler, Schneeleoparden und dem »Goldenen Mann« prägen die öffentliche Ikonisierung des Nationalen. Dass auch der Schneeleopard zum offiziellen Staatssymbol wurde, scheint auf den ersten Präsidenten Kasachstans persönlich zurückzugehen, der dieses Symbol in Analogie zu den sogenannten Tigerstaaten Hongkong, Singapur, Taiwan und Südkorea in seinem strategischen Entwicklungsprogramm *Kasachstan – 2030* beschreibt. Bereits im Jahr 2012 wurde dieser visionäre Entwicklungsplan durch die Strategie *Kasachstan – 2050* abgelöst, da die Ziele des 1997 ausgerufenen Vorläuferprogramms im Wesentlichen vorzeitig erreicht worden sein sollen. In der neuen Strategie wird Kasachstan als ein bereits gefestigtes, starkes und erfolgreiches Land definiert.

Sprung in die Moderne

25 Jahre Unabhängigkeit feierte die Republik Kasachstan im Jahr 2016 und zeigte sich aus diesem Anlass stolz über seine Errungenschaften. Die Deklaration zum Jubiläum der Unabhängigkeit betonte vor allen eine wachsende Stabilität in allen Gesellschaftsbereichen – und als abschreckende Beispiele verwiesen die Medien auf den Bürgerkrieg in Tadschikistan, die Revolutionen in Kirgisistan und den Ukrainekonflikt. Erinnert wird zum Beispiel an das Inkrafttreten der Verfassung des Landes im Jahr 1995, die Schließung des Atomwaffentestgeländes Semipalatinsk und die Aufnahme Kasachstans in die Liste der 50 konkurrenzfähigsten Länder der Welt. Zentrale Ziele für die kommenden Jahre sind, unter die 30 am stärksten entwickelten Länder der Welt zu gelangen und weiterhin wirtschaftliche Stabilität und eine friedliche Koexistenz der Ethnien innerhalb des kasachstanischen Volkes zu garantieren. Große Öl- und Gasvorkommen sowie eine Vielzahl weiterer Rohstoffe sind wesentliche Einnahmequellen für das Land. So konnte Kasachstan trotz des rückläufigen Ölpreises dank der hohen Reserven in seinem Ölfonds und staatlicher Stützungsmaßnahmen im Jahr 2016 eine Rezession verhindern.

Die Moderne ist am ehesten in Astana sichtbar, wo neue Paläste für das Volk wie auch ein den FIFA- und UEFA-Normen entsprechendes Fußballstadion die neue Zeit manifestieren. Der Sprung in die Moderne findet jedoch nicht nur in den neuen architektonischen Konstruktionen in der Hauptstadt ihren Ausdruck, sondern auch in einer Reihe gesellschaftspolitischer Entwicklungen. So wurde Kasachstan im Jahr 2010 als 47. Mitglied in den Bologna-Prozess aufgenommen und hat damit einen wichtigen Schritt in Richtung europäische Bildungsgemeinschaft unternommen. Die dabei angestrebten Ziele – Förderung der Bildungskooperation mit Europa und Förderung der Mobilität kasachstanischer Studierender und Dozenten – sind untrennbar verbunden mit der Schaffung eines qualitativ hochwertigen Hochschulwesens. Die neu gegründete Nazarbaev-Universität hat dabei in einem monumentalen Gebäude ebenso wie die 20 über das Land verteilten Nazarbayev Intellectual Schools mit einem hohen Anteil ausländischer Dozenten beziehungsweise Lehrer Pilotcharakter. Hinzuzufügen ist das Regierungsstipendienprogramm *Bolashak* (dt. Zukunft), das am 5. November 1993 durch den Erlass des Staatspräsidenten Nursultan Nazarbaev ins Leben gerufen wurde, das begabte junge Erwachsene beim Studium im Ausland fördert. Seit seinem Start haben mehr als 12 000 Kasachstaner an ausländischen Hochschulen studiert.

Die heutige Jugend Kasachstans gehört einer Generation an, die die Sowjetunion selbst nicht mehr erlebt hat, in eine Zeit enormer politischer, sozialer und wirtschaftlicher Transformationen hineingeboren wurde und mit ihnen groß geworden ist. Diese jungen Menschen haben ihren eigenen Blick auf die Welt, ihre eigenen Haltungen und Werte. Generell scheint die Jugend in Kasachstan hoffnungsvoll gestimmt zu sein: Eine jüngst erschienene soziologische Studie im Auftrag der Friedrich-Ebert-Stiftung konstatiert, dass sich mehr als 82,1 % der Jugendlichen positiv über ihre Zukunft äußern, während nur 17 % ihre Zukunft unschlüssig oder negativ bewerten. Eine Mehrheit von 87,5 % der Jugendlichen sieht ihre eigene Zukunft in Kasachstan. Nur 10,6 % der Befragten haben vor, das Land für immer zu verlassen, und wenn, dann zumeist in Richtung Russland, Europäische Union, USA, Kanada oder China. Nur ein kleiner Prozentsatz der Jugendlichen will die kasachstanische Staatsbürgerschaft aufgeben (3,4 %), wohingegen 77,4 % ihre jetzige Staatsbürgerschaft behalten wollen. Das trifft allerdings mehr auf Kasachen (88,4 %) als auf Russen (54,5 %) zu (Umbetaliyeva et al. 2016: 23). Auch die meisten Bolashak-Stipendiaten kommen nach ihrem Studium im Ausland zurück nach Kasachstan, was über eine Rückzahlungspflicht bei Nicht-Rückkehr aber auch befördert wird. Ihre Erwartung nach gut bezahlten Jobs, in denen sie ihr erworbenes Wissen einbringen können, wird aber allzu oft enttäuscht, da sie nicht oder nicht mehr über die für Karrieren notwendigen Netzwerke verfügen. Häufig sind Leitungspositionen bereits besetzt und ihr Wissen sowie ihre Kompetenzen werden nicht abgerufen. Dieser Missstand

alter, bestehender Strukturen, der im Widerspruch zur propagierten Moderne steht, wird von den Bolashak-Alumni auf ihren jährlichen Treffen offen thematisiert. Häufig scheint die Modernisierung nur oberflächlich zu greifen, während unterhalb dieser Oberfläche tradierte Strukturen und Vorstellungen die gesellschaftlichen Prozesse regeln. Einerseits verfügt Kasachstan über modernste E-Governance, andererseits kennzeichnet Korruption bei der Vergabe von Studienplätzen, Baugenehmigungen sowie staatlichen Großprojekten usw. das wirkliche Geschehen. Der unrühmliche 131. Rang im internationalen Korruptionsindex von Transparency International belegt deutlich diesen entwicklungshemmenden Faktor.

Was die politische Orientierung im engeren Sinne angeht, so scheinen die Jugendlichen in Kasachstan eher unpolitisch zu sein, sie engagieren sich dagegen mehr in ihrer unmittelbaren sozialen Umwelt. Eine Minderheit strebt eine Karriere in der Politik an (17,8 %) und nur 21,6 % der Jugendlichen wollen an politischen Veranstaltungen und Bürgerinitiativen teilnehmen (Umbetaliyeva et al. 2016: 53). In Almaty kann man jedoch immer breiter ausdifferenzierte Jugendsubkulturen wie Mountainbiker, Gothic-Anhänger, Umweltengagierte oder Cosplayer beobachten.

Der Sprung in die Moderne über eine Politik der wirtschaftlichen und bildungspolitischen Modernisierung sowie eine kulturelle und außenpolitische Öffnung erfolgt vor dem Hintergrund erstarrter

machtpolitischer Strukturen. Diese Entwicklung Kasachstans ist vor dem Hintergrund entgegengerichteter Tendenzen in Turkmenistan, aber auch in Usbekistan und den anderen Ländern der Region umso beachtlicher. Das Land blickt dabei nicht nur nach Westen, sondern auch in Richtung Osten, nach Asien. Insbesondere angesichts einer Ablehnung westlicher, liberal-individualistischer Werte finden sich dort passendere Entwicklungsmodelle, die zur Nachahmung als geeignet(er) erachtet werden. So hat das Graduiertenprogramm der Nazarbaev-Universität in Public Policy sicher nicht von ungefähr als strategischen Partner die Lee Kuan Yew School of Public Policy in Singapur. Ebenso werden Mustafa Kemal Atatürks Verdienste in Astana zentral mit einer neuen Statue gewürdigt. Häufig findet die Modernisierung von Strukturen und Prozessen nur an der Oberfläche statt, während unter ihr die alten, bekannten Familien- und Clanstrukturen greifen. Im Ergebnis manifestiert sich eine hybride Moderne. Lochmann (2014: 170ff.) zufolge spielt die Zugehörigkeit zu einer Žuz (dt. Horde, kasachische Stammesföderation) bei der Postenverteilung im Staatsdienst eine entscheidende Rolle, im Alltagsleben beziehungsweise bei der Partnersuche dagegen kaum. Somit könne

niemals eine Person aus der »mittleren« oder »jüngeren Žuz« zum Präsidenten gekürt werden. Das stehe zwar nirgendwo geschrieben, sei jedoch in der Realität so.

Kasachstan und die eurasische Integration

Seit dem grundlegenden Werk *Europa und die Menschheit* (1922) von Nikolaj S. Trubezkoj wurde der Eurasismus als eine Ideengrundlage für die Mobilisierung und Integration in den betroffenen Regionen und ihrer Bürger wahrgenommen. Nach dem Zusammenbruch der Sowjetunion hat diese Denkrichtung in Form des sogenannten Neo-Eurasismus an politischer und ideologischer Bedeutung gewonnen, was sich nicht zuletzt an der politischen und wirtschaftlichen Integration zeigt.

Kommen wir somit zur regionalen Integration zwischen Europa und Asien. Der Zusammenbruch der Sowjetunion und die nachfolgende Entstehung der neuen unabhängigen Staaten in Zentralasien haben eine Neubelebung der Beziehungen (zunächst vor allem der Handelsbeziehungen) zwischen Europa und Asien ermöglicht, was wiederum zur Entstehung einer eurasischen Makroregion als Wirtschaftsraum führte. Der Integrationsprozess erfolgt sowohl auf der Makroebene (Investitionen, Bau von Gas- und Ölpipelines sowie Straßen- und Eisenbahnnetzen, politische Vereinbarungen usw.) als auch auf der Mikroebene (individuelle räumliche Mobilität wie beispielsweise durch informellen

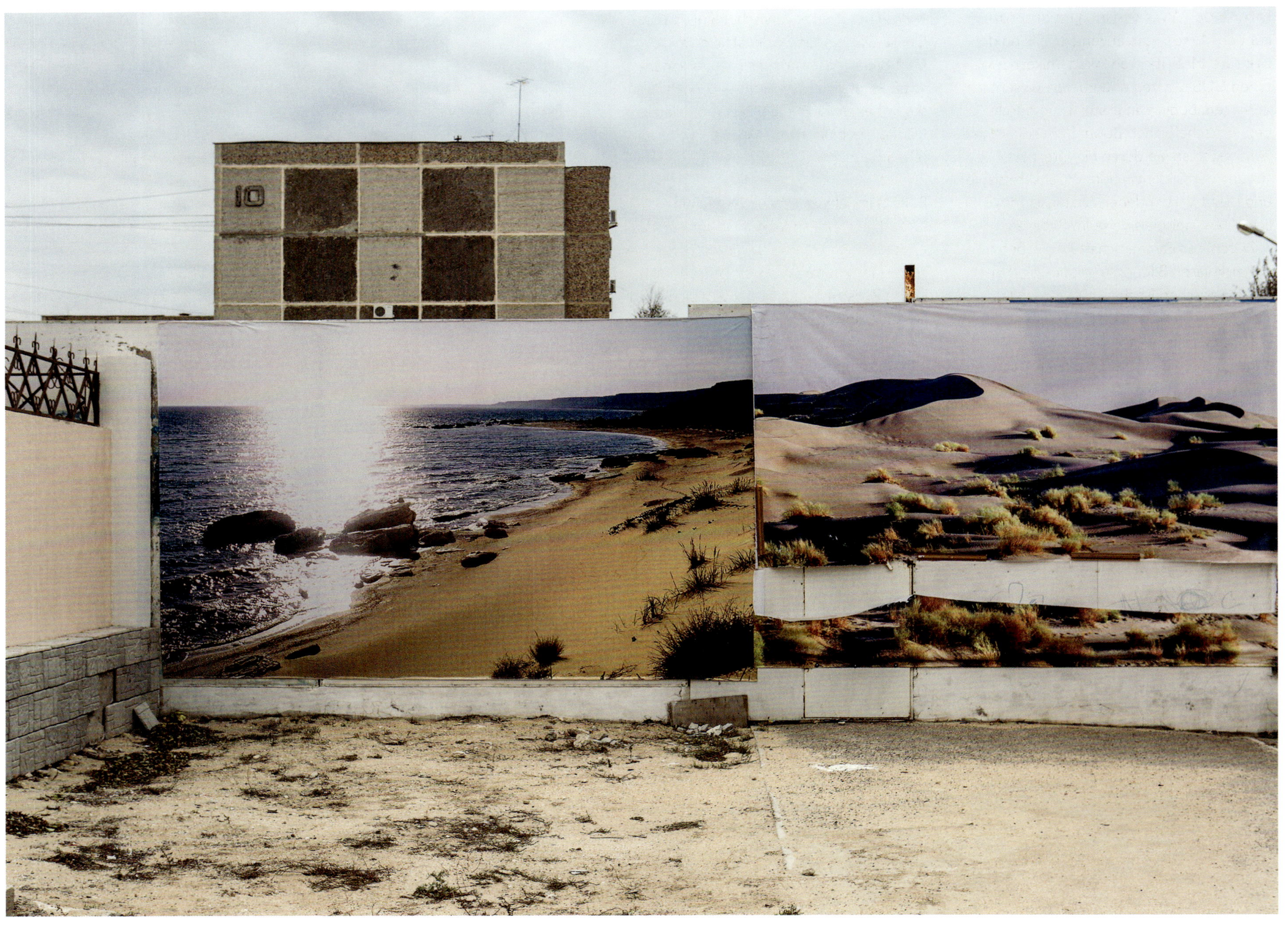

Fernhandel). Was den Integrationsprozess auf der Mikroebene angeht, ist alleine die zirkuläre Mobilität von Akademikern zwischen GUS-Staaten und Europa wesentlich gestiegen, bedingt in erster Linie durch den wirtschaftlichen Boom in Russland und Kasachstan sowie durch die Internationalisierung der Bildungs- und Arbeitskreisläufe und damit verbundener Austauschmöglichkeiten (beispielsweise im Rahmen universitärer Partnerschaften). Neben der zirkulären Bildungsmigration sind in der eurasischen Region transnationale Netzwerke von Arbeits-, Umwelt- und ethnischen Migranten entstanden. Letztere bilden eine spezifische translokale Gemeinschaft, die – obwohl zu einer ethnischen oder nationalen Diaspora zählend – ihre Verbindungen zu Verwandten, Partnern und Freunden in den Herkunftsheimaten pflegen; ethnische Deutsche, ethnische Koreaner genauso wie die Oralmani, die ethnisch kasachischen Rückkehrer aus China, der Mongolei oder den zentralasiatischen Nachbarländern.

Mit dem Ende der Sowjetunion ging die bipolare Welt unter. Jetzt erleben wir die Entwicklung hin zu einer multipolaren Weltordnung mit regionalen Machtzentren. Sie gehört zur Globalisierung wie die Migration. Damit ist Eurasien jenseits der nationalistischen Verengungen und Ideenwelt als primär wirtschaftliches und politisches Konzept sowohl auf der Makro- als auch auf der Mikroebene im Entstehen. Das Projekt *One Belt, One Road* (chin. Yidai, Yilu) bündelt seit 2013 die chinesischen Ziele zum Aufbau eines interkontinentalen Infrastrukturnetzes zwischen Europa und China. Diese neue Seidenstraße revitalisiert Bilder des historischen Karawanenstraßennetzes und bemüht die Werte sowie Vorstellungen der traditionellen Handelsverbindungen in diesem geografischen Raum.

Bereits im Jahr 1994 trug Nursultan Nazarbaev vor Studierenden der Moskauer Staatlichen Universität (MGU) sein Konzept einer »Eurasischen Union« vor. Dass in der Zwischenzeit mit der Zollunion, der Organisation des Vertrags über kollektive Sicherheit (OVKS), der Shanghaier Organisation für Zusammenarbeit (SOZ), der Eurasischen Wirtschaftsgemeinschaft (EAWG) bis hin zum »einheitlichen Wirtschaftsraum« der Eurasischen Union (EAWU) eine Reihe funktionierender Organisationen etabliert wurden, belegt zumindest auf wirtschafts- und außenbeziehungsweise sicherheitspolitischer Ebene den Erfolg der angestrebten Integration. Welche der GUS- und der anderen Staaten auch immer an den genannten Zusammenschlüssen beteiligt sind und einmal dahingestellt, in welcher Weise eine Integration auch auf kultureller, gesellschaftlicher Ebene stattfindet – die künftige Rolle Kasachstans in diesem Eurasien wird sich in den nächsten Jahren respektive Jahrzehnten herauskristallisieren.

[1] Im Herzen Eurasiens *heißt das 2006 in deutscher Sprache erschienene Buch des Präsidenten Nazarbaev, in dem er den Aufbau der neuen kasachischen Hauptstadt und die Hintergründe hierfür beschreibt.*
[2] *Details: https://tengrinews.kz/ kazakhstan_news/skolko-kazahstantsev-pokinulo-stranu-v-2016-godu-313188/ (letzter Abruf: 03.05.2017).*

Weiterführende Literatur

Dave Bhavna, Kazakhstan – Ethnicity, Language and Power, *Abingdon 2007.*

Astrid Cerny, »Going where the grass is greener: China Kazaks and the Oralman immigration policy in Kazakhstan«, in: Pastoralism, *1, Nr. 2, Juli 2010 S. 218–247.*

Aleksandr Dugin, Osnovy geopolitiki. Geopoliticeskoe buduščee Rossii, Moskau 1997.

Aleksandr Dugin, Osnovy geopolitiki. Myslit' prostranstvom, 4. Aufl., Moskau 2000.

Valerija Ibraeva, »Die Kunst Kasachstans als politisches Projekt«, in: Boris Groys und Anne von der Heiden (Hrsg.), Zurück aus der Zukunft. Osteuropäische Kulturen im Zeitalter des Postkommunismus, *Frankfurt am Main 2005, S. 407–471.*

Markus Kaiser, Auf der Suche nach Eurasien. Politik, Religion und Alltagskultur zwischen Russland und Europa, Bielefeld 2004.

Natalie Lochmann, »Unser Volk ist vereint, unser Land unabhängig«. Zum Umgang mit nationalen Identitätsmodellen im postsowjetischen Kasachstan, *Mainz, Johannes-Gutenberg-Universität, Diss., 2014.*

Nursultan Nazarbaev, Im Herzen Eurasiens, *Berlin 2006.*

Nursultan Nazarbaev, Strategie »Kasachstan – 2050«, hrsg. von der Botschaft Kasachstans, Berlin 2012.

Sebastian Peyrouse, The Russian Minority in Central Asia: Migration, Politics, and Language, *Occasional Papers # 297 / Woodrow Wilson International Center for Scholars, Washington, DC 2008.*

Nikolaj S. Trubezkoj, Europa und die Menschheit, München 1922.

Tolganay Umbetaliyeva, Botagoz Rakisheva und Peer Teschendorf, Youth in Central Asia: Kazakhstan, *Forschungsprojekt im Auftrag der Friedrich-Ebert-Stiftung, Almaty 2016.*

UNDP, Status of Oralmans in Kazakhstan. An Overview, Almaty 2016.

Nomad Cult and Modernity in Kazakhstan

Markus Kaiser

The independent Republic of Kazakhstan lies between Europe and Asia, at the heart of Eurasia.[1] This geographic location has to a large extent determined the effect of various influences on the country and its population relating to culture, social policy, society, and also the economy. This is reflected, for example, in the architecture of Astana (meaning "capital city"), which has been the new capital of the Republic of Kazakhstan since 1999. Its master plan was drawn up by the Japanese architect Kisho Kurokawa.

Astana, in 1830 founded as a Russian fort, Akmolinsk, and in 1961 renamed into Zelinograd, was still a "German" city a decade and half ago, populated largely by descendants of former Volga Germans, whom Joseph Stalin exiled to the Central Asian steppes. Following the breakup of the Soviet Union, it was in a state of some decay, like many other cities in Kazakhstan, but since the seat of government was transferred here, modernity has arrived. Today, like a Dubai in the steppes with a lot of glass, steel, and concrete, it is a place where extremely diverse architectural models have been openly copied. In the so-called Milanese residential quarter, the Italian style with its copies of Roman Catholic fountains and sculptures is dominant. Those who prefer something British should move to the British residential area with its replica of Big Ben and streets that imitate the façades of London. Here, the symmetries, chimneys, and bricks are similar to those of the British Isles. The housing complex called Triumph Astana, for its part, displays astonishing similarities to Lomonosov Moscow State University (MSU) and its "wedding cake" style. The Rostral Columns of St. Petersburg have been reinterpreted, and the opera house in Astana, a confident prestige project of the current state president, was built in the European Neoclassical style, although five or six time zones further east—UTC +5/6—and thus, in accordance with its geographic position, incorporating Asian touches.

The Myth of *Eurasia?*

What and where is Eurasia? The history of the origin, influence, and development of Eurasianism in the twentieth century can be interpreted as a path from *Weltanschauung* and philosophy (in the 1920s) to academic study (especially with Lev Gumilyov) and then to politics and ideology (in the late 1980s). This idea—which originated in the early twentieth century as a geopolitical view of the world, devised by Russian emigrants, that asserted the necessity for stronger exertion of Russian influence on this putative territory situated between Europe and Asia—has developed over the years into a political concept and is increasingly used in this sense today. It cannot therefore be a coincidence that in 1996 the president of the Republic of Kazakhstan, Nursultan Nazarbayev, decreed a renaming of the university in the capital city of Astana (then called Akmola) as the Eurasian National University (ENU), named after Gumilyov, one of the intellectual fathers of the idea of Eurasianism in the 1920s.

The renaissance of the concept of Eurasia in public and academic debates in the 1990s seems first of all to have been a result of specific historical events, i.e., the collapse of the Soviet Union. The end of the Soviet system confronted the new states that emerged from it and their citizens with a major problem of identity, and thus the concept of Eurasia became a matter of public interest as a construct that conferred meaning. In this context mention may be made of, for example, a work by Aleksandr Dugin (1997, 2000), *Project Eurasia*, in which the author makes highly specific "recommendations" to the inhabitants of this region about how they should feel as Eurasians.

Eurasia is thus a political, academic, ideological—and therefore purely notional—construct. This idea of Eurasianism has become popular in the relevant academic literature, as well as in political and public debate. Here the attempt is frequently made either to reveal the historically determined bonds between the peoples of Eurasia or to envisage the necessity of closer integration between them.

Has Eurasia—through ever-present Asian and European stylistic elements and artifacts—become an *integrative* reality of life, however? It is difficult to give a clear answer to this question. The multi-vectorial foreign policy of the Republic of Kazakhstan, the aim of which is good relations with all neighbors, especially the Russian Federation and the People's Republic of China, reveals a *Realpolitik* derived from its territorial location. In this respect there are both signs of strong continuity from old patterns of thought marked by Soviet ideology, for example internationalism, and signs of the intense influence of new, nationalistic ideas. This dilemma between continuity and change deeply pervades Kazakh society, leading to the establishment of an Eurasianism that is to an extent timeless and connects the new with the old. The powerful influences and permeation of society through the Russian empire and the Soviet Union are still clearly visible in Kazakhstan today in the artifacts of shared meta-culture (architecture, infrastructure, museums, etc.) that dominate the urban scene in all successor states of the Soviet Union and in the living everyday culture. This is manifested by divergent views on rest and recreation in municipal parks, recuperative holiday houses, and other institutions of mass tourism, among other things. The forging of a nation envisaged by the new Kazakh state elite also essentially follows the Soviet pattern,

in which the state creates its nation. The chamber of national minorities exemplifies this intention. It was established in 1995 as the Assembly of the *Peoples* of Kazakhstan and renamed the Assembly of the *People* of Kazakhstan, whose noteworthy task is to encourage regional minority groups to gather around one table on a regular basis and thus to achieve a common consensus on sociopolitical issues.

Internationalism (formerly called friendship between peoples) is shown on a monumental scale in the pyramid-shaped Palace of Peace and Harmony, which was specially built to hold the international Congress of the Leaders of World and Traditional Religions (held every three years since 2003) in Astana. The pyramid, designed by the British architectural practice Foster & Partners, is intended to symbolize the various religions of the world. The building also accommodates an opera house with 1,500 seats, several educational institutions, and a center for the different ethnic groups of Kazakhstan: a congenial blending of tradition, Eurasianism, internationalism, and modernity.

Eurasia characterizes a living reality, marked by social processes, structures, and issues in the Eurasian macro-region (Kaiser 2004), where the Asian and the European overlap and mix. Whether and how far Eurasia is a uniform, integrated region is, admittedly, an open question.

Independent Kazakhstan
On December 16, 1991, the Republic of Kazakhstan declared its independence, the last Soviet republic to do so. National symbols, educational systems, and media, among other things, are being created in addition to the nationalization of history, language, and culture. However, the further one moves from the center and the more one is immersed in the rural periphery, the more it seems that time has stood still. It is immediately apparent that the development of Kazakhstan centers on the capital city.

The disintegration of the Soviet Union and the establishment of fifteen post-Soviet states led to diverse migrations of new ethnic minorities in the 1990s to the states that bear the names of their respective nations. The emigration of Russians (such as of Kazakhstan Germans) from Kazakhstan became reality. In 2016, more than 100 nationalities lived in Kazakhstan, with the Kazakhs making up the majority, at 66.48 percent, and the Russians forming the second-largest ethnic group, at 20.61 percent. In the

years between 1991 and 2004, more than 3,154,400 persons emigrated from Kazakhstan (UNDP 2006, 9). Among them were approximately two million Russians (12 percent of the total population, Cerny 2010, 222). The principal reasons for the Russian exodus were anticipation of a deterioration in their political and sociocultural status and the assumption that their children would grow up as second-class citizens (cf. Bhavna 2007, 128). Currently the Committee on Statistics under the Ministry of National Economy of the Republic of Kazakhstan reports that, as a result of the economic recession in the last two years, the number of registered immigrants to Kazakhstan in 2016 was only 13,347, whereas 34,965 persons emigrated. This is 16.4 percent more than in the previous year. Of these, 28,677 emigrated to the Russian Federation and 2,637 to Germany.[2] The German ethnic union association Wiedergeburt (Rebirth) in Almaty also confirms that emigration is again increasing due to the weakness of the economy and the depreciation of the national currency, the tenge, and that even some of its employees are only waiting to leave, with bags packed and documents ready.

Emigration has had a number of effects on the economy and society of Kazakhstan. Apart from the relative increase in the Kazakh population, which is now in the majority, the loss of highly qualified workers has had perceptible economic consequences. Most of the Russian emigrants worked in administrative

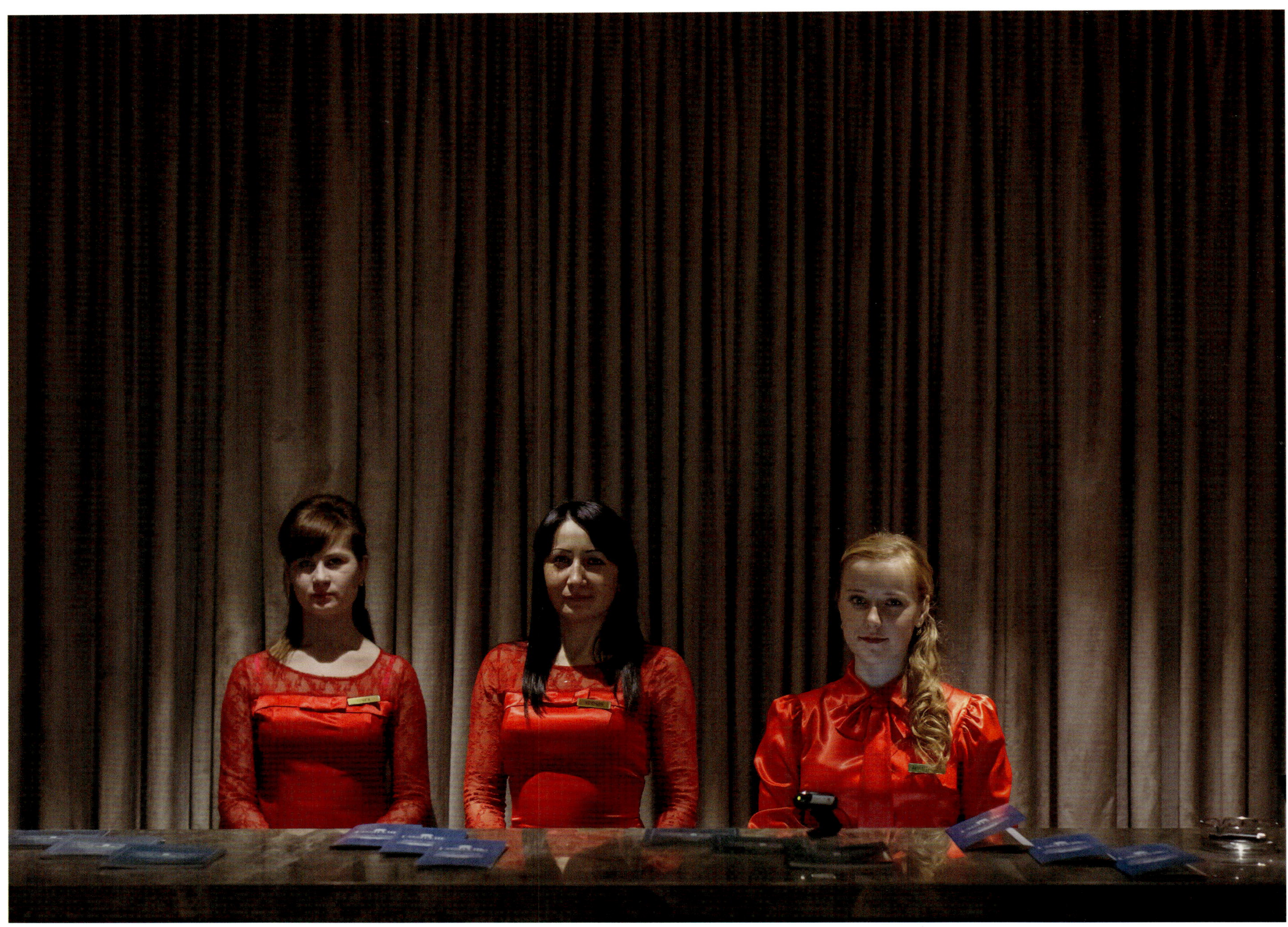

or technical professions, whereas the Kazakh population was mainly employed in agriculture. Moreover, many Russians and members of Russian-speaking ethnic groups in Kazakhstan had a higher level of education than the average for the population. The proportion of Russians with average or above-average specialist training who left Kazakhstan rose from 39 percent in 1994 to 44 percent in 1997. In fact, 64 percent of the Russian emigrants were of working age or younger. This led to a very noticeable aging of the Russian minority in Kazakhstan. In 2007, the average age of Russians in Kazakhstan was between forty-five and forty-seven years, while that of Kazakhs lay between twenty-three and twenty-five years (Peyrouse 2008, 7).

The result is that the south and west of the country has become, as far as population and language are concerned, increasingly Kazakh. The north, by contrast, because it is close to Russia and has a higher proportion of European inhabitants, is much less attached to Kazakh traditions. A Kazakh woman in Astana told me that when she was a little girl during the Soviet period she once came home from her nursery school in a fluster and asked: "Am I not Russian?" She spoke Russian and only a little Kazakh. To her amazement, her mother answered in the affirmative: "You are not Russian. You are Kazakh." Russian was spoken in towns. Many of these "asphalt Kazakhs"—as they

are called on account of the paved roads in the towns—speak Kazakh badly. In the villages of north and east Kazakhstan, for example around Ayagoz, many Russians for their part speak the *lingua franca* of rural Kazakhstan: Kazakh.

From Petropavl, a town close to the Russian-Kazakh border where 71 percent of the population are ethnic Russians (2014), the tensions between Kazakhs and Russians are reported to be increasing. Many restaurants have a clientele that is either only Russian or only Kazakh. On *V-contacte*, the Facebook of the Russian-speaking world, a cyber conflict is being fought through ethnic stereotypes. In Kazakhstan, European identities merge into Asian ones, or the proportions of the population of the different spiritual, sociolinguistic groups increase or decrease gradually. Heterogeneous structures of settlement (especially in urban centers), which are characterized by overlapping areas of settlement of various sociolinguistic groups, predominate along an imaginary line between Atyrau and Almaty or between Aktobe and Shymkent. A Korean father and his daughter are photographed in their living room with European furniture in front of a wolfskin, which according to Kazakh mythology is meant to ward off the evil eye and unfavorable influences. In Almaty and the larger towns of the north and east, Soviet European cultural influences are still virulent—and with them Russian as a *lingua franca*.

Nomadic Identity Politics

Across the globe, language, education, and cultural policy play an important part in the process of developing a national identity. In the ethnically diverse and still young Republic of Kazakhstan, which celebrated the 25th anniversary of its independence last year, special importance is attached to developing a national identity.

The ideological vacuum that existed after the end of the Soviet Union is increasingly being filled in the Republic of Kazakhstan by Eurasianism and the cult of nomadism. The nexus of forest and steppe, and the imagined symbiosis of East Slavs and Turko-Mongolian nomads, is declared by Eurasians to be the basis of a "Eurasian region." They assign greater value to nomad history and culture, and reject the Soviet way of thinking, which categorized types of society according to their level of development. In the writings of Eurasians, nomadic peoples were revalued as strong, ancient cultures. In the area that is Kazakhstan today, as long ago as the fifth century, there was a kingdom of Turkic-speaking steppe warriors who mixed with the Mongols and served Genghis Khan's empire for a long time as "guardians" of the borders. After its collapse in about

1400, they founded a first "state": Kazakh Orda. In the seventeenth century, the Kazakhs asked the Russian czarist empire for assistance in defending and securing borders against aggressive neighbors to the south, and the outlines of a state territory were established. The Russian empire can thus be regarded as the midwife in the birth of this nation (as a state territory, people, and state power). In the late nineteenth century, the Russian empire annexed the lands of the nomadic people. Russification began, destroying the specific Kazakh nomadic culture and way of life (it was later followed by Sovietization). Saken Seyfullin (1894–1939), the founder of modern Kazakh literature, unsuccessfully demanded greater independence for the Kazakhs from czarist Russia and the Soviet Union.

The cooperation, existing for some years, between the German Archaeological Institute and the Institute for Archaeology of the Republic of Kazakhstan—involving joint excavation projects to research the history of humanity—provides a practical example of the contribution that both national and foreign cultural and educational policy can make to the development of a national identity. In 2016, Almaty celebrated 1,000 years of existence, despite the fact that the city had marked the 150th anniversary of its founding as recently as 2004: in 1854, Russians built the fortress Vernoye in this place. However, the artifacts now found in huge kurgans—large grave mounds—show that the history of Almaty goes back much further.

The work of Valeriya Ibraeva (2005, 418–24) demonstrates an increasingly important role of nomadic symbolism and a clear tendency to "nomad romanticism" in Kazakh visual arts between the 1970s and the mid-1990s. Thanks not least to Eurasianism, the idea of the uniqueness of the culture of horsemen and nomads is marching forward in Kazakhstan as a national symbolism that creates identity. It is no coincidence that major Kazakh film projects are entitled *The Mongol* or *The Nomad*. The "golden man"—named after the skeleton found in an archaeological excavation, whose garments were richly decorated with gold—quickly became a symbol of the state and undoubtedly serves to create myths about the rootedness of the Kazakh nation in an ancient history. In urban symbolism, a return to the nomadic past, pushing aside the still ever-present Soviet past, is apparent, as some of the photographs here show. On the one hand, "mountains, steppes, horses, yurts, kumys," and on the other hand, state symbolism connected with the royal eagle, snow leopards, and the "golden man" are putting their stamp on the public iconization of the national. The declaration of the snow leopard as the

official symbol of state seems to derive personally from the first president of Kazakhstan, who describes this symbol in an analogy with the so-called tiger states, Hong Kong, Singapore, Taiwan, and South Korea, in his strategic development program *Kazakhstan–2030*. In 2012, this visionary development plan was already replaced by the *Kazakhstan–2050* strategy, as the aims of the strategy announced in 1997 were claimed to have been largely achieved before the stated date. In the new strategy, independent Kazakhstan is described as a well-established, strong, and successful country.

The Leap to Modernity

In 2016, the Republic of Kazakhstan celebrated the 25th anniversary of its independence and proudly drew attention to its achievements. The announcement of the independence jubilee emphasized above all the growing stability in all areas of society—and the media pointed to the civil war in Tajikistan, the revolutions in Kyrgyzstan, and the conflict in Ukraine as examples of what to avoid. Among the commemorated events were the introduction of the national constitution in 1995, the closure of the nuclear weapon test site at Semipalatinsk, and the inclusion of Kazakhstan in the list of the fifty most competitive countries in the world. The principal aims for the coming years are to be among the thirty most developed countries in the world and to guarantee continued economic stability and peaceful coexistence of the ethnic groups within the population of Kazakhstan.

Large reserves of oil and gas, and many further raw materials, are major sources of income for the country. Thus Kazakhstan was able to prevent recession in 2016, in spite of the falling oil price, thanks to strong reserves in its oil fund and state measures of support for the economy.

Modernity is most visible in Astana, where it is manifested in new people's palaces and in a football stadium that fulfills the standards required by FIFA and UEFA. The leap to modernity is not, however, only expressed in the new architectural works in Astana, but also in a number of developments in social policy. For example, Kazakhstan became the forty-seventh member of the Bologna Process in 2010 and has thus taken an important step toward belonging to the European education community. The aims set for this—promoting educational cooperation with Europe and the mobility of students and teachers in Kazakhstan—are inextricably linked to the creation of a high-quality university system. The newly founded Nazarbayev University in its monumental building, and also the twenty Nazarbayev Intellectual Schools scattered across the country, with a high share of foreign teachers and lecturers, have the character of a pilot project. There is furthermore

a program of government scholarships called Bolashak (meaning "future"), initiated on November 5, 1993, by a decree of President Nursultan Nazarbayev, that supports gifted young adults studying abroad. Since it began, more than 12,000 citizens of Kazakhstan have studied at foreign universities.

Young people in Kazakhstan today belong to a generation that no longer has personal experience of the Soviet Union, that was born in times of enormous political, social, and economic transformation, and has grown up with these changes. They are young people with their own view of the world, their own attitudes and values. On the whole, the mood of young people in Kazakhstan seems to be hopeful: a recently published sociological study commissioned by the Friedrich-Ebert-Stiftung concludes that more than 82.1 percent of young people spoke positively about their future, while only 17 percent were undecided or felt negative about their future. A majority of 87.5 percent see their own future as lying in Kazakhstan. Only 10.6 percent of young people intend to leave the country for good—usually for Russia, the European Union, the USA, Canada, or China. Only a small percentage (3.4 percent) want to renounce their Kazakh citizenship, whereas 77.4 percent wish to retain their present Kazakh nationality. This, however, applies more to Kazakhs (88.4 percent) than to Russians (54.5 percent) (Umbetaliyeva et al. 2016, 23).

Most holders of a Bolashak scholarship return to Kazakhstan after their studies, a trend that is, admittedly, encouraged by an obligation to repay it if they do not return. Nevertheless, their expectation of finding a well-paid job in which they can apply the knowledge they have gained is often disappointed, as they do not have the networks that are necessary for a career. Management positions are often occupied, so their knowledge and their skills are not called upon. This unsatisfactory state of affairs arising from existing and continuing structures of the past, in contradiction to the asserted modernity, is openly discussed by the Bolashak alumni at their annual meeting. Modernization frequently seems only to operate superficially, while beneath the surface social processes are regulated by persistent structures and beliefs. On the one hand, Kazakhstan possesses extremely modern e-governance, but on the other hand, in the allocation of university places, construction permits, and large-scale state projects, etc., corruption characterizes what really happens. An inglorious 131st place in the international corruption index by Transparency International is a clear indication of this factor, which is a brake on development.

As far as their political orientation in the narrower sense of the term is concerned, among young people in Kazakhstan there seems to be a non-political tendency. By contrast, they engage more with their immediate social environment. A minority is interested in a career in politics (17.8 percent), and only 21.6 percent of young people want to take part in political events and citizens' initiatives (Umbetaliyeva et al. 2016, 53). In Almaty, however, one can observe youth subcultures of an increasingly differentiated kind, such as mountain bikers, Goths, green activists, or cosplayers.

This leap to modern times by means of a policy of economic and educational modernization, and by opening up to the world in cultural matters and foreign policy, is taking place against a background of petrified structures of political power. This development in Kazakhstan is all the more impressive in the context of opposite tendencies in Turkmenistan, as well as in Uzbekistan and the other countries of the region. Kazakhstan is not only looking to the West but also to the East, to Asia. Especially with a view to the rejection of Western, liberal, individualistic values, more suitable models of development are found in Asia that are considered to be more apt for imitation. For example, the graduate program in public policy at Nazarbayev University has taken, not without cause, the Lee Kuan Yew School of Public Policy in Singapore as a strategic partner. Equally, a new statue in the center of Astana commemorates the achievements of Mustafa Kemal Atatürk. The modernization of structures and processes often only takes place superficially. Below the surface, the old, well-known family and clan structures take effect and result in a hybrid modernity. According to Lochmann (2014, 170ff.), membership in a *žuz* (meaning "horde," a Kazakh tribal federation) plays a decisive part in the filling of positions in state service, but hardly any part in everyday life or in looking for a partner. This means that a person from the "middle" or "younger" *žuz* could never be elected president. This is laid down in writing nowhere, says Lochmann, but it still holds true.

Kazakhstan and Eurasian Integration
Since Nikolai S. Trubetzkoy's seminal work *Europe and Mankind*, the ideas of Eurasianism have been regarded as a basis for mobilization and integration in the regions populated by their citizens. After the collapse of the Soviet Union, this intellectual movement gained political and ideological importance in the shape of so-called Neo-Eurasianism. This is evident, not least, in ongoing political and economic integration.

Let us therefore turn to the subject of regional integration between Europe and Asia. The end of the Soviet Union and the subsequent appearance of new independent states in Central Asia have enabled a revitalization of relationships (initially, above all, trade relationships) between Europe and Asia, which in turn has led to the emergence of a Eurasian macro-region as an economic zone. The integration process takes place both on a macro-level (investments, construction of gas and oil pipelines as well as road and rail networks, political agreements, etc.) and also on a micro-level (individual spatial mobility, for example through informal long-distance trade). Where the micro-level integration process is concerned, the circular mobility of academics between the Commonwealth of Independent States (CIS) and Europe has increased considerably, mainly because of the economic boom in Russia and Kazakhstan, and also because of the internationalization of education and work circuits with associated opportunities for exchange (for instance in the context of university partnerships). In addition to circular migration in education, the Eurasian region has also seen a rise in transnational networks of labor, as well as environmental and ethnic migrants. These elements form a specific translocal community that—although it belongs to an ethnic or national diaspora—maintains its connections to relatives, partners, and friends in its places of origin: ethnic Germans, ethnic Koreans,

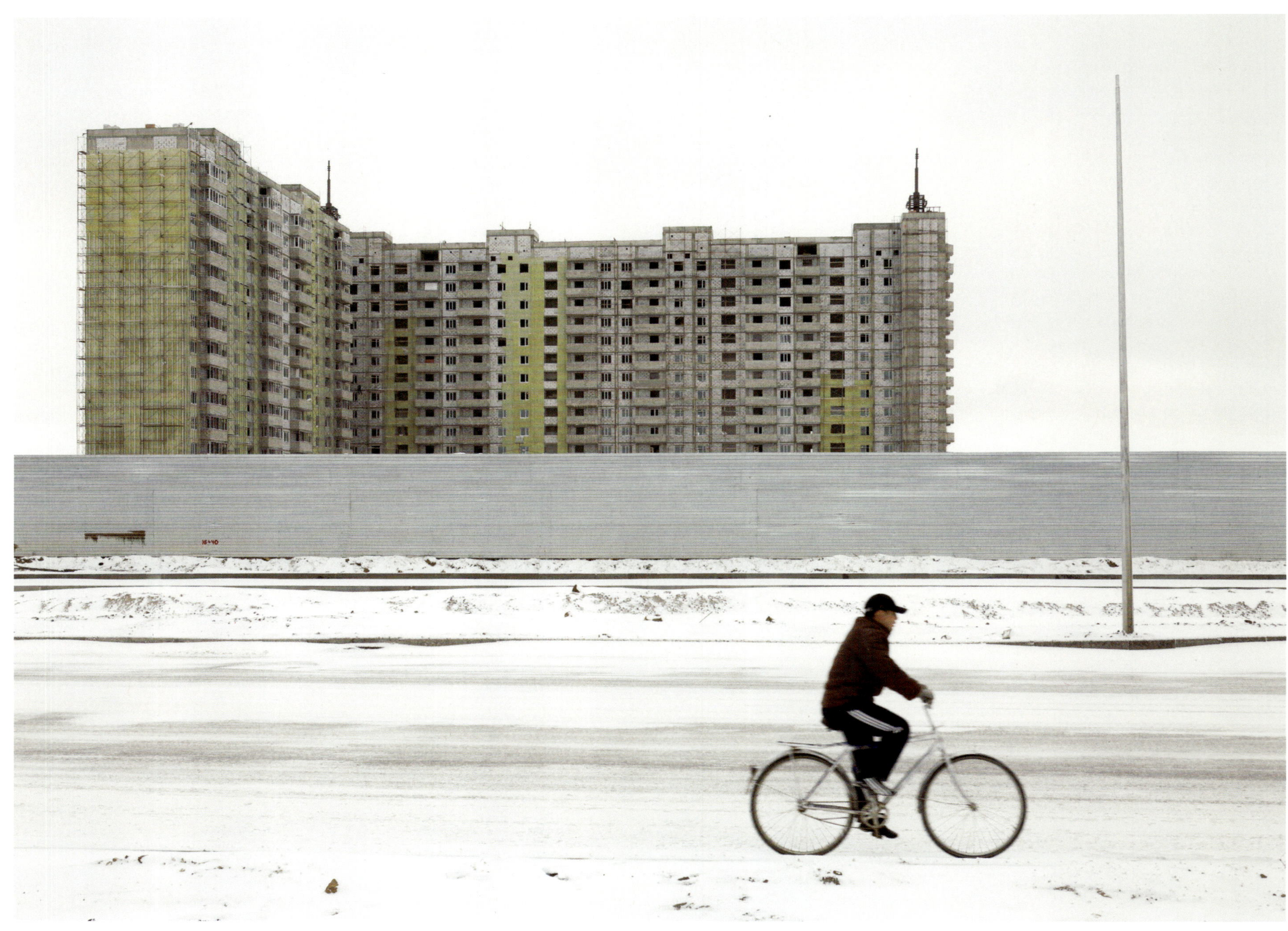

and also the Oralmani, the ethnic Kazakh migrants returning from China, Mongolia, or neighboring Central Asian countries.

When the Soviet Union ended, the bipolar world disappeared. We are now seeing a trend to a multipolar world with regional centers of power. This is part of globalization, just like migration. Eurasia is thus emerging, beyond nationalistic restrictions and ideas, primarily as an economic and political concept, at both the macro and micro levels. Since 2013 the project One Belt, One Road (in Chinese: *Yidai, Yilu*) has bundled Chinese aims for establishing an intercontinental infrastructure network between Europe and China. This new Silk Road revitalizes images of the historic Silk Road and challenges values and beliefs of the traditional trade connections in this geographical area.

As long ago as 1994, Nursultan Nazarbayev presented his concept of a Eurasian Union to students at Moscow State University. The fact that a number of functioning institutions have now been established—such as the customs union, the Collective Security Treaty Organization (CSTO), the Shanghai Cooperation Organization (SCO), the Eurasian Economic Community (EURASEC), and even the "single market" of the Eurasian Union—illustrates the success of the desired integration, at least on the level of economic policy. Whichever CIS states and others are involved in the organizations named here, and in whichever way integration takes place on a cultural and societal level, the future role of Kazakhstan in this Eurasia will become apparent.

[1] In the Heart of Eurasia *is the title of a book by President Nazarbayev, published in English in 2005, in which he describes the development of the new capital city of Kazakhstan and the related background.*

[2] *For more details, see: https://tengrinews.kz/kazakh stan_news/skolko-kazahstantsev-pokinulo-stranu-v-2016-godu-313188/ (accessed May 2017).*

Further Reading

Bhavna, Dave. Kazakhstan: Ethnicity, Language and Power. *Abingdon, 2007.*

Cerny, Astrid. "Going where the grass is greener: China Kazaks and the Oralman immigration policy in Kazakhstan." Pastoralism *1, no. 2 (July 2010), pp. 218–47.*

Dugin, Aleksandr. Osnovy geopolitiki: Geopoliticeskoe buduščee Rossii, *1st edition. Moscow, 1997.*

Dugin, Aleksandr. Osnovy geopolitiki: Myslit' prostranstvom, *4th edition. Moscow, 2000.*

Ibraeva, Valeriya. "Die Kunst Kazakhstans als politisches Projekt." In Zurück aus der Zukunft: Osteuropäische Kulturen im Zeitalter des Postkommunismus. *Edited by Boris Groys and Anne von der Heiden. Frankfurt am Main, 2005, pp. 407–71.*

Kaiser, Markus. Auf der Suche nach Eurasien: Politik, Religion und Alltagskultur zwischen Russland und Europa. *Bielefeld, 2004.*

Lochmann, Natalie. "Unser Volk ist vereint, unser Land unabhängig": Zum Umgang mit nationalen Identitätsmodellen im postsowjetischen Kazakhstan. PhD dissertation, Johannes Gutenberg University Mainz, 2014.

Nazarbayev, Nursultan. S serdtse Evrazii *(In the Heart of Eurasia). Almaty, 2005.*

Nazarbayev, Nursultan. Strategie "Kazakhstan–2050." Released by the Embassy of Kazakhstan. Berlin, 2012.

Peyrouse, Sebastian. The Russian Minority in Central Asia: Migration, Politics, and Language. Occasional Paper #297, Woodrow Wilson International Center for Scholars. Washington, DC, 2008.

Umbetaliyeva, Tolganay, Botagoz Rakisheva, and Peer Teschendorf. Youth in Central Asia: Kazakhstan. Research project by the Friedrich Ebert Foundation Central Asia. Astana, 2016.

United Nations Development Programme (UNDP). Status of Oralmans in Kazakhstan: Overview. Almaty, 2016.

Trubezkoj, Nikolai S. Europa und die Menschheit. Munich: Drei Masken, 1922.

Kazakhstan – A Cultural Topography

Die Bilder nehmen uns mit auf eine fiktive Wanderung durch Kasachstan, die im eher ursprünglichen, traditionellen Nomads' Land ihren Ausgang nimmt und in der neuen Welt der Urban Nomads endet. Gleichzeitig durchschreiten wir die jüngere Geschichte des Landes, das seit dem Niedergang der Sowjetunion gesellschaftliche Umbrüche durchlaufen hat, deren Dramatik im Westen kaum angemessen wahrgenommen wird. Die Bilder zeigen Kontinuität, Zerfall und Wandel einer postsozialistischen Gesellschaft.

In fünf Abschnitten werden sehr unterschiedliche, spannungsreiche Assoziationsräume geöffnet: Steppe und Stadt, öffentliche und private Räume, Zerfall und Aufbau, östliche Tradition und westliche Hypermoderne, Armut und Reichtum. Impressionen der Entwicklung und der Zerrissenheit dieses weiten Landes vermitteln sich auch über Menschen, denen wir unterwegs, beim Arbeiten oder Feiern, oder auch in ihrer häuslichen Umgebung begegnen. Aus der Steppe gelangen wir unversehens ins Dickicht der modernen Stadt. *Nomads' Land* zeichnet eine *Kulturelle Topografie* dieses im Westen weitgehend unbekannten Landes und kann auch als künstlerischer Beitrag zum Verständnis der jüngeren Zeitgeschichte gelesen werden.

The images take us on an imagined journey through Kazakhstan, starting in the relatively unchanged, traditional land of nomads and finishing in the new world of the urban nomads. At the same time it is a passage through the recent history of the country, which since the dissolution of the Soviet Union has experienced social changes whose dramatic nature has hardly been noticed in the West. The images show continuity, decay, and change in a postsocialist society.

In five parts, highly diverse and tension-filled associative spaces are opened to view: steppe and city, public and private spaces, destruction and construction, eastern tradition and western hypermodernity, poverty and wealth. Impressions of development and divisions in this huge country are conveyed, partly through the people we encounter along the way, working or holding parties, or in their domestic environment. From the steppes we move abruptly into the modern urban jungle. Nomads' Land *delineates* a Cultural Topography *of a country that is largely unknown in the West, thus the volume can also be seen as an artistic contribution to understanding recent history.*

Nomads' Land

Im ersten Abschnitt umkreisen wir Orte
und Szenen, die an das eher ursprüngliche
Kasachstan erinnern. Wir erhalten einen
Eindruck von der sprichwörtlichen Weite
dieses Steppenlandes. Die traditionellen Jurten sind auch in ländlichen Gebieten schon
vor vielen Jahren festen Häusern gewichen
und haben nur noch folkloristische, sym-
bolische und teilweise rituelle Bedeutung.
Überall finden wir hingegen Relikte der
Sowjetzeit: in der Architektur, in Symbolen
und Zeichen sowie im Verhalten und Habi-
tus der Bewohner.

*The first part revolves around places and
scenes reminiscent of an older Kazakhstan.
We gain an impression of the proverbial
vastness of this land of steppes. Even in
rural areas, traditional yurts have long
given way to permanent houses and are
significant only in folklore, symbolically and
sometimes ritually. Everywhere, by contrast,
we encounter relics of the Soviet era, in architecture, in symbols and signs, and also
in the behavior and manner of the people.*

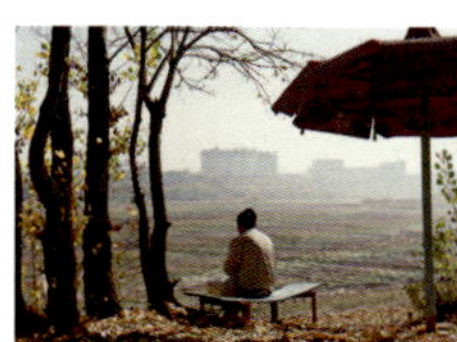

3 • Almaty • 2009

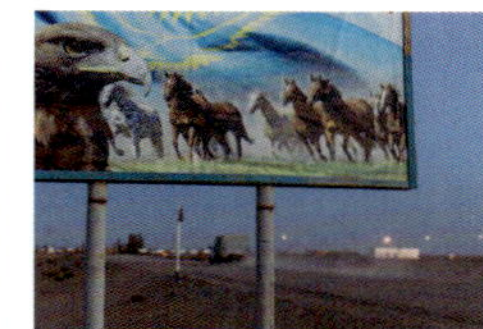

6 • Akshymutau • 2014

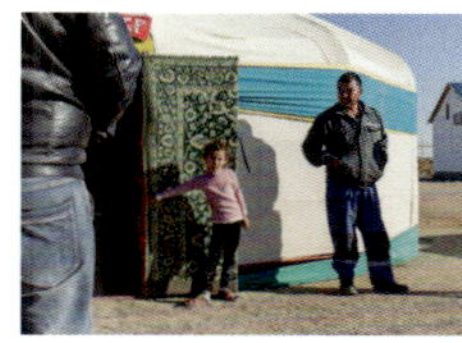

7 • Akshymutau • 2014

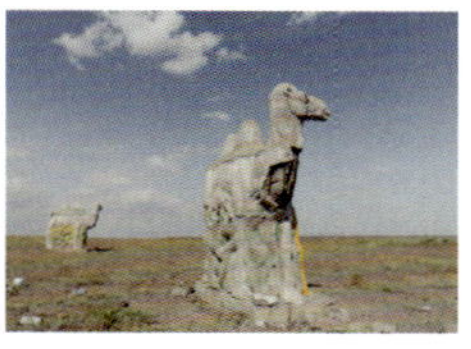

9 • Quarazhyngy • 2016

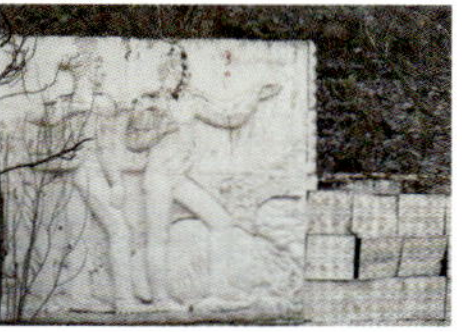

10 • Karaganda • 2015

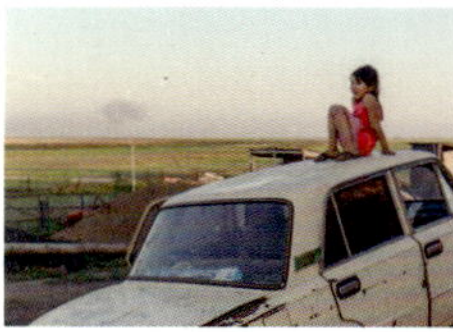

11 • Malinovka • 2015

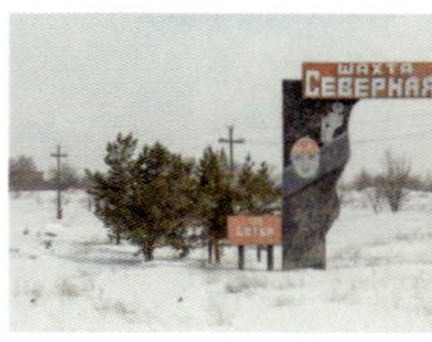

12 • Karaganda • 2015

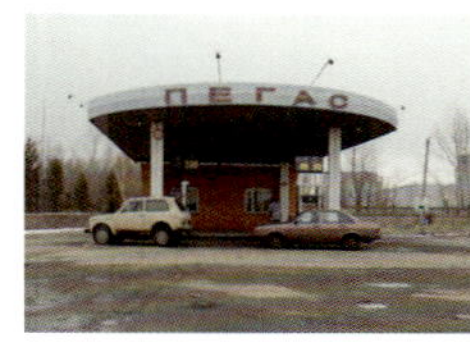

13 • Shutchinsk • 2015

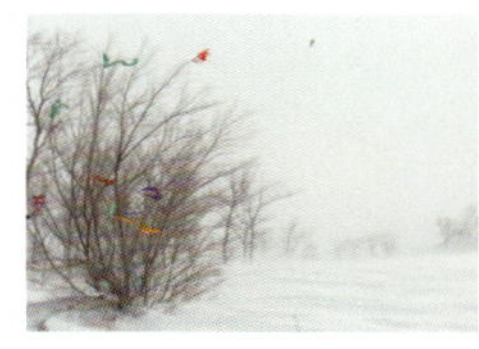

15 • Temirtau • 2015

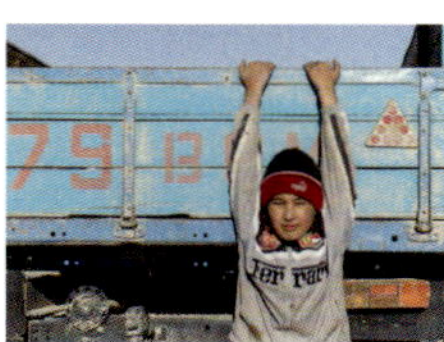

17 • Akshymutau • 2014

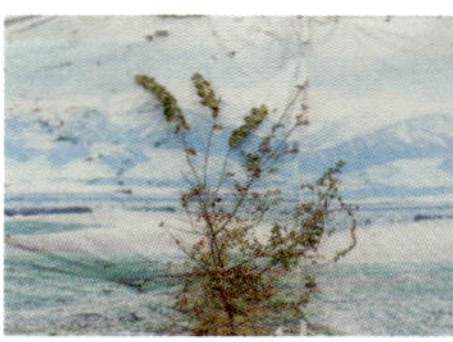

18 • Almaty • 2016

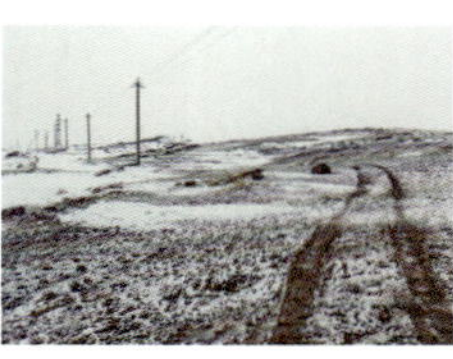

19 • Temirtau • 2014

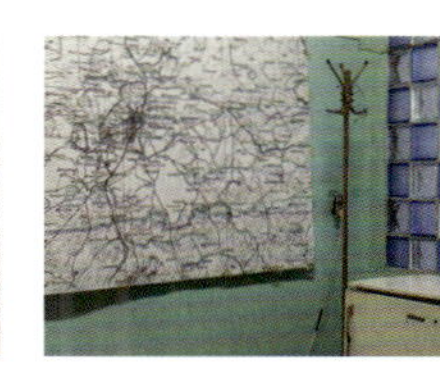

20 • Dolinka • 2015

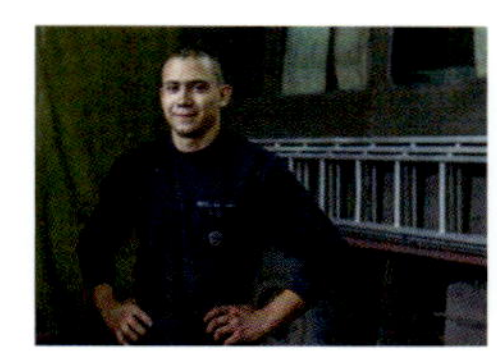

21 • Dolinka • 2014

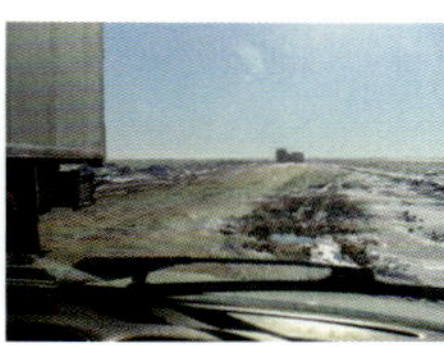

23 • Babata • 2014

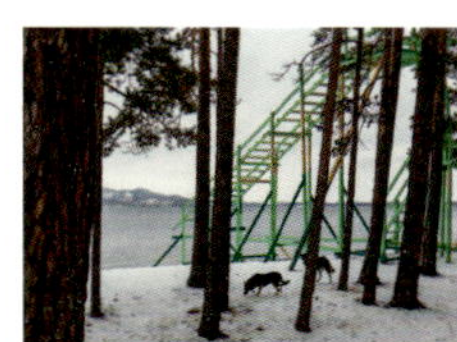

24 • Borovoye • 2014

Close-Up

Die subjektive Kamera fokussiert jetzt auf
Menschen, Szenerien der Arbeitswelt, Erholung und Freizeit. Eine Vielfalt an Lebens-
und Arbeitsstilen werden erkennbar. Wir
stoßen auf alte Industrien und Wohngebiete, auf Brüche, die sich in der Landschaft
und den Gesichtern eingegraben haben und
die nur im Lichte einer über Generationen
hinweg konflikt- und aufopferungsreichen
Geschichte dechiffrierbar werden.

*The subjective camera now focuses on peo-
ple, scenes of the working world, recreation
and leisure. A variety of styles of living and
working are apparent. We discover old indus-
tries and residential areas, contrasts that have
been carved into landscape and faces. They
can only be deciphered in the light of a history
that, across the generations, is laden with
conflict and sacrifice.*

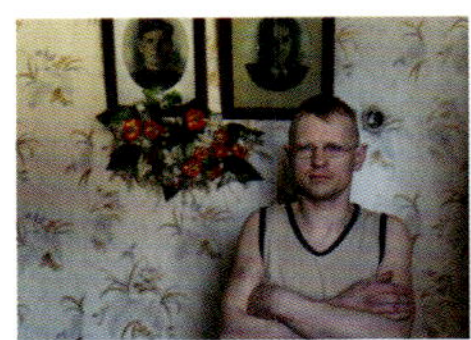

27 • Karaganda • 2015

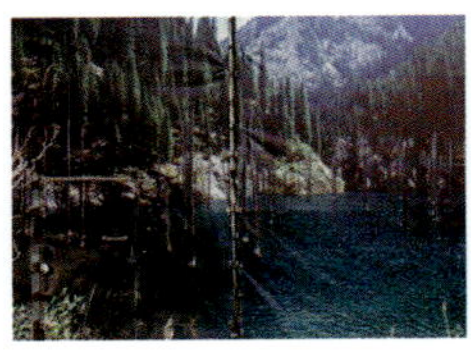

28 • Almaty • 2016

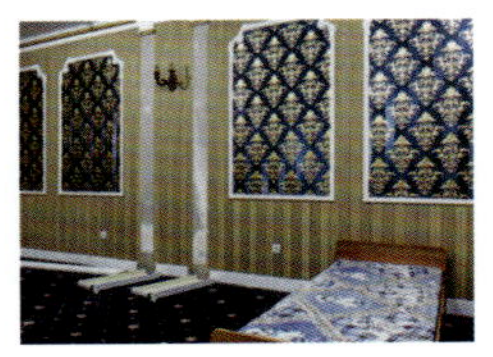

29 • Borovoye • 2014

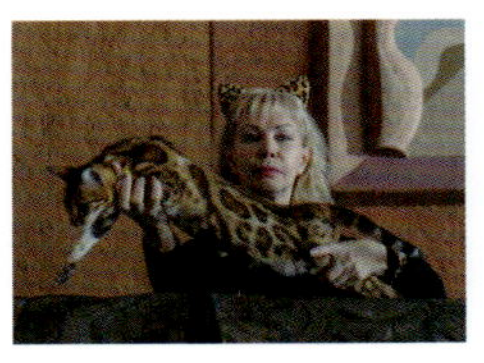

31 • Temirtau • 2015

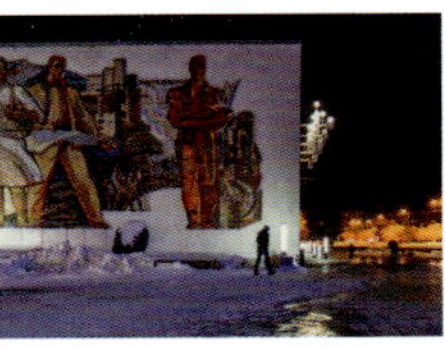

33 • Karaganda • 2014

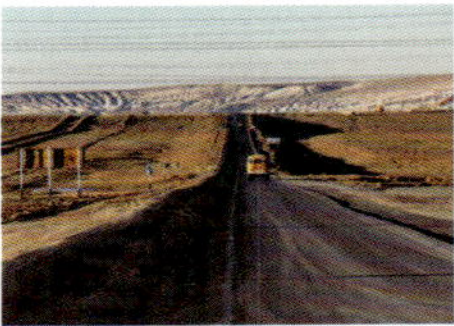

34 • Tushchybe • 2014

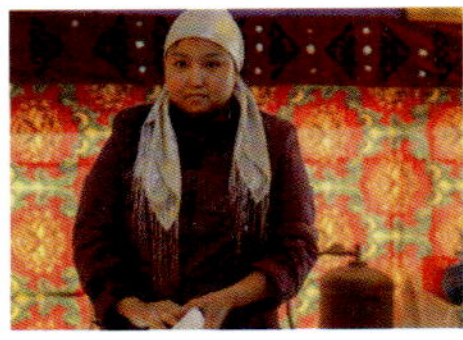

35 • Akshymutau • 2014

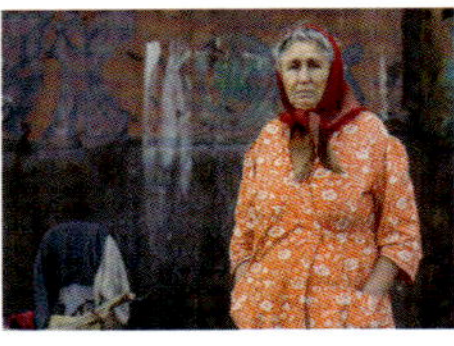

36 • Astana • 2016

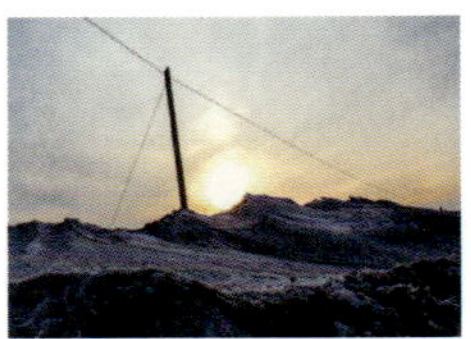

37 • Maykuduq • 2014

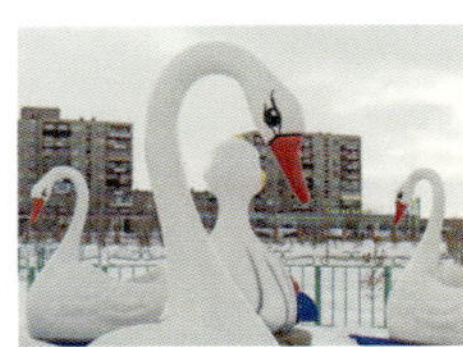

39 • Shakhtinsk • 2014

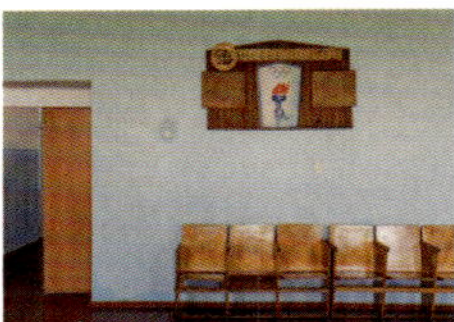

40 • Abay • 2016

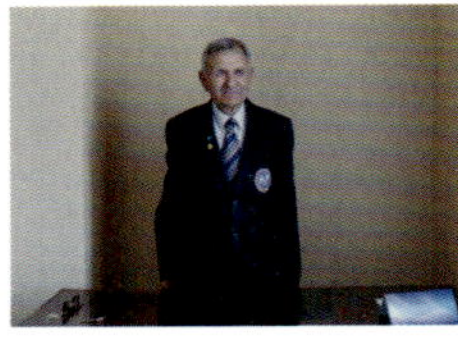

41 • Karaganda • 2016

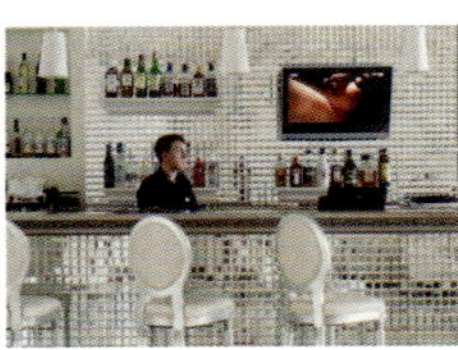

42 • Borovoye • 2015

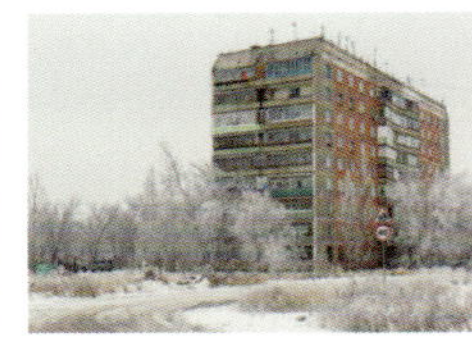

43 • Temirtau • 2016

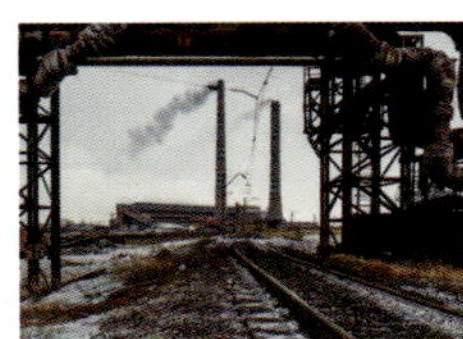

44 • Temirtau • 2014

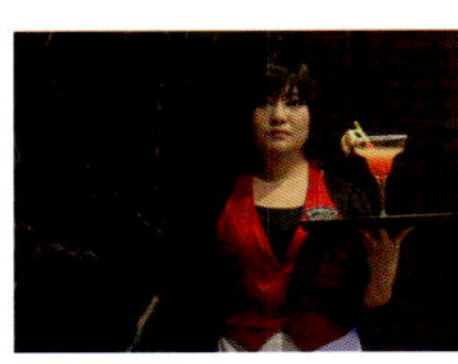

45 • Shutchinsk • 2014

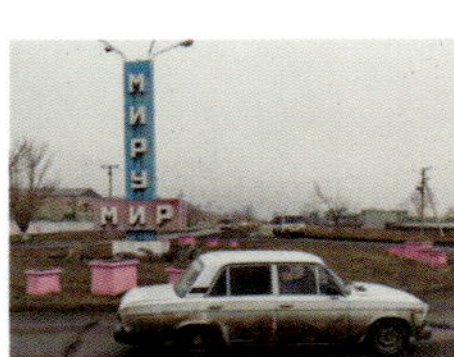

46 • Karaganda • 2016

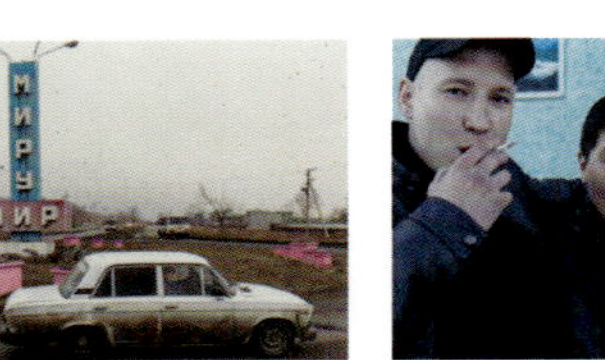

47 • Shakhtinsk • 2014

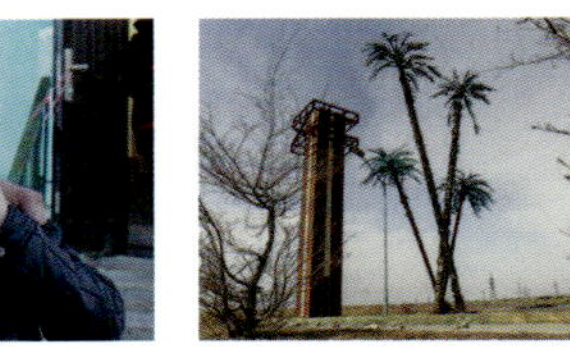

49 • Kapshagaj • 2014

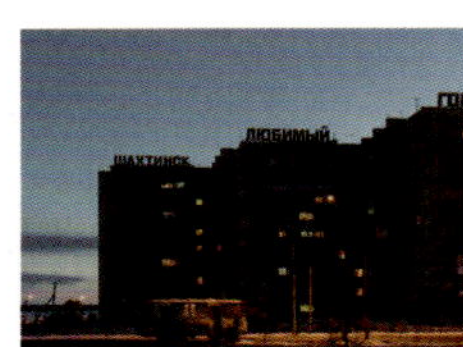

50 • Shakhtinsk • 2014

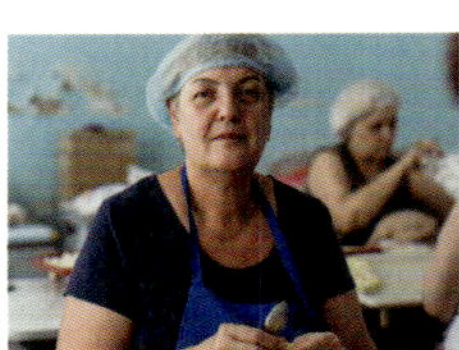

51 • Öskemen • 2014

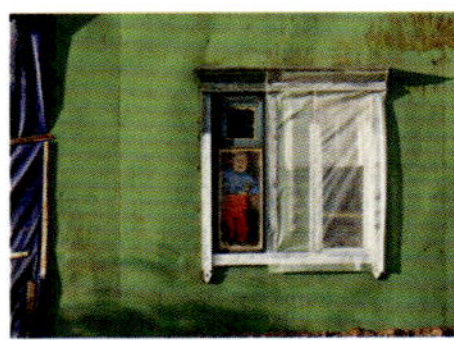

52 • Astana • 2009

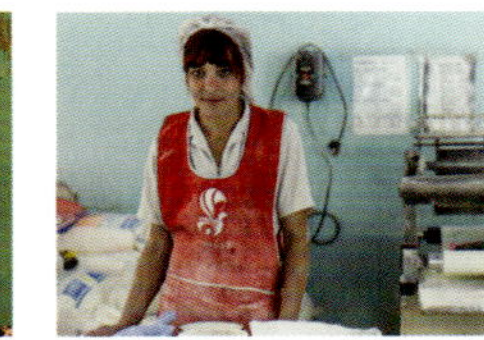

53 • Öskemen • 2015

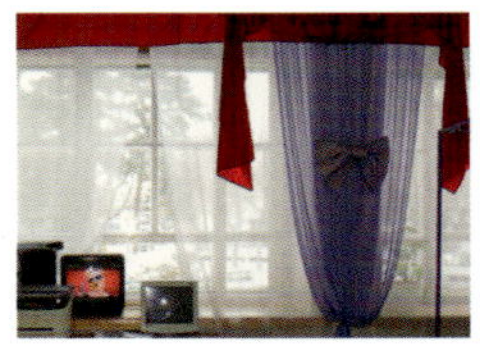

55 • Borovoye • 2014

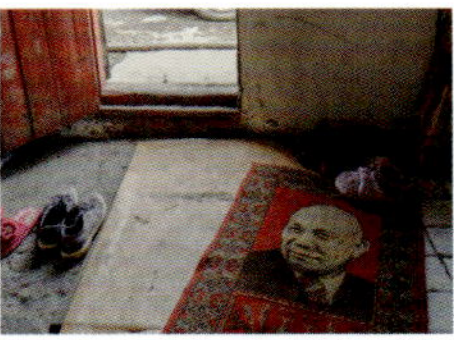

57 • Astana • 2014

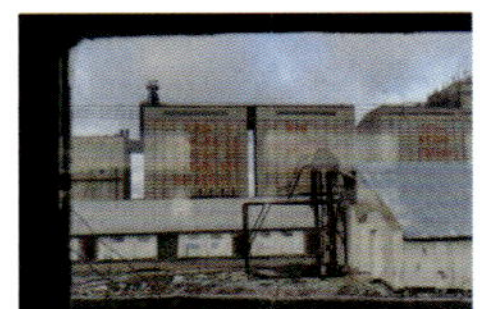

58 • Makinsk • 2014

After the Fall

Der Zusammenbruch der Sowjetunion mündete in eine lange Jahre andauernde Krise, deren Folgen vielfach noch heute sichtbar und spürbar sind. Privatisierung und Korruption zerstörten in der Phase des Raubtierkapitalismus auch funktionierende Teile der Industrie. Ganze Landstriche wurden entvölkert und Wohngebiete dem Verfall preisgegeben, begleitet von den Konjunkturen des Glücksspiels. Auch wenn die weitverbreitete extreme Armut zu Beginn dieses Jahrhunderts langsam überwunden werden konnte, kennzeichnet als Erbe dieser Zeit noch eine tiefe soziale Spaltung die heutige Gesellschaft Kasachstans, an deren anderem Ende Luxusgüter mir großem Statusbewusstsein zur Schau gestellt werden.

The collapse of the Soviet Union led to a crisis lasting several years, the consequences of which are still visible and perceptible today in manifold ways. Privatization and corruption destroyed functioning parts of industry and society, in the phase of predatory capitalism. Whole swaths of country were depopulated and housing districts abandoned to decay, accompanied by the ups and downs of economic roulette. Widespread, extreme poverty was slowly overcome at the start of this century, yet a legacy of these years is a deep social divide that characterizes the society of Kazakhstan today, at the other end of which luxury goods are shown in a display of status.

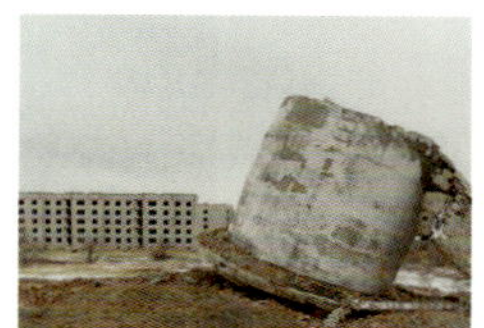

61 • Kurchatov • 2016

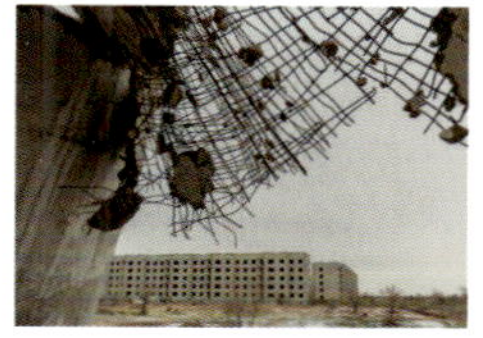

62 • Kurchatov • 2016

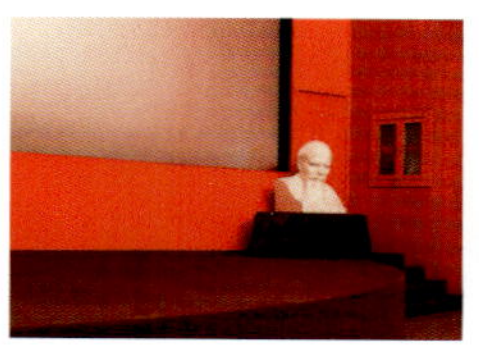

63 • Karaganda • 2016

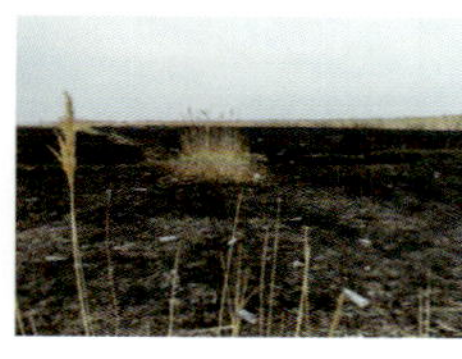

64 • Kapshagaj • 2014

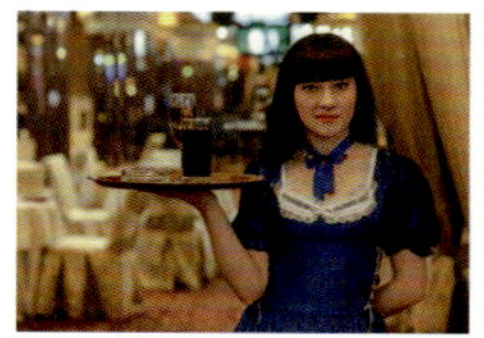

65 • Kapshagaj • 2014

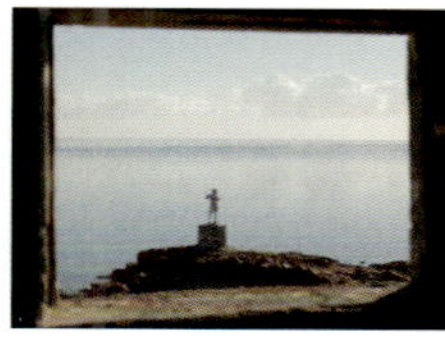

66 • Priozersk • 2016

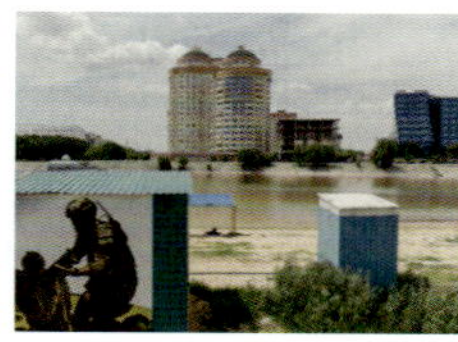

67 • Atyrau • 2016

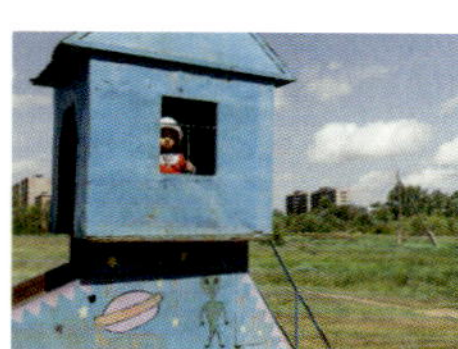

69 • Shaghan • 2016

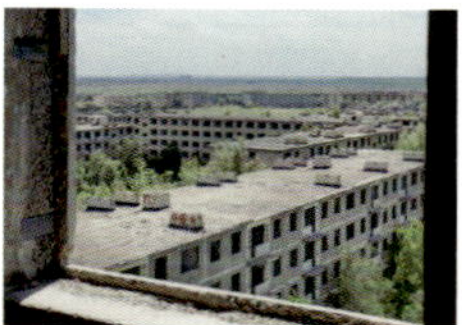

70 • Shaghan • 2016

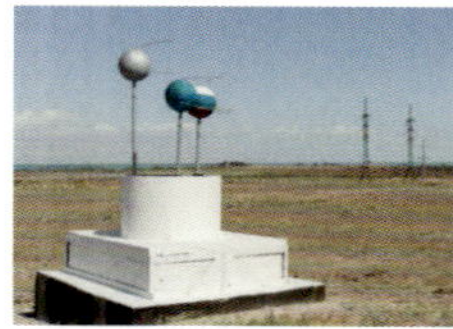

71 • Priozersk • 2016

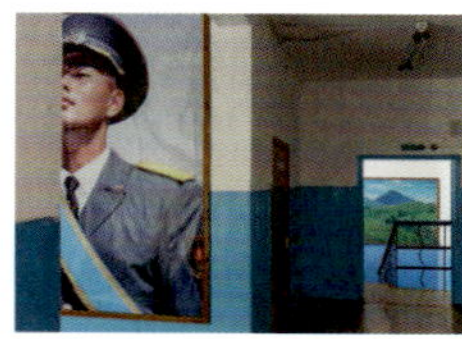

73 • Babay • 2016

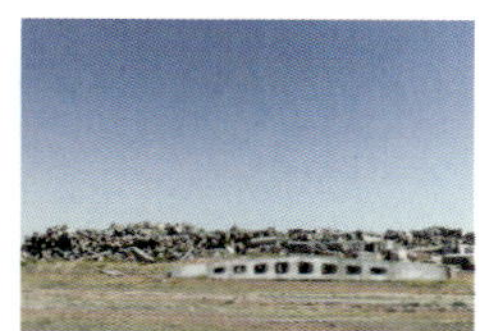

74 • Priozersk • 2016

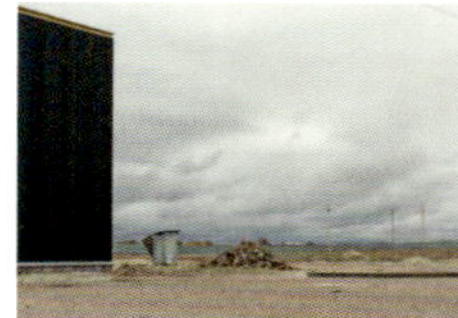

75 • Kapshagaj • 2014

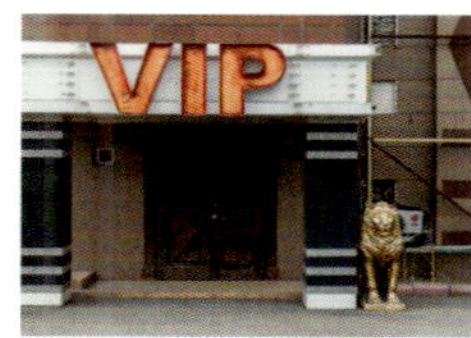

76 • Kapshagaj • 2014

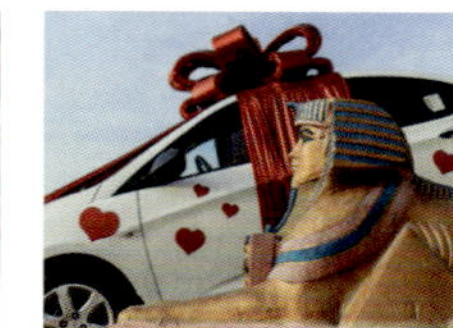

77 • Kapshagaj • 2016

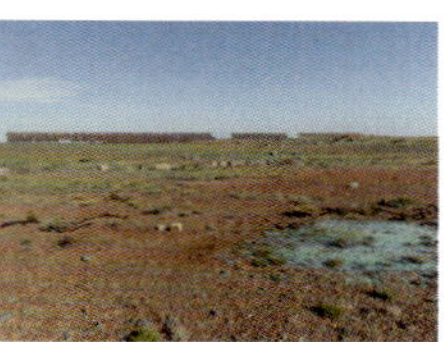

78 • Priozersk • 2016

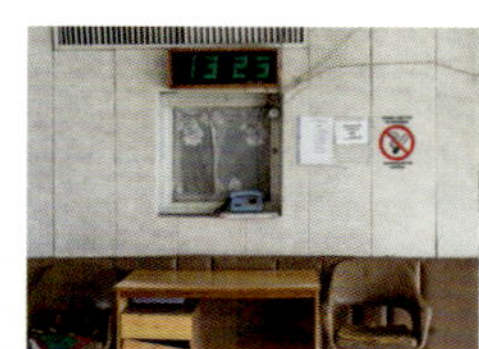

79 • Kapshagaj • 2014

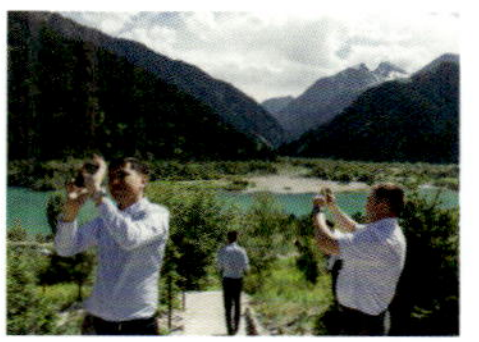

81 • Barthogay • 2015

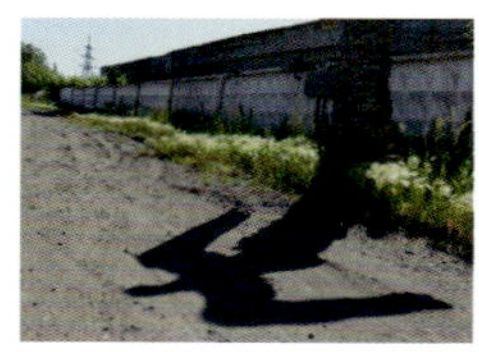

83 • Karaganda • 2015

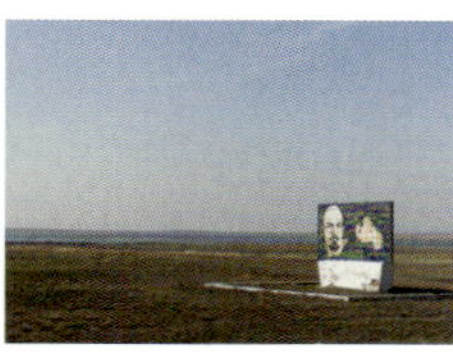

84 • Korneeyka • 2016

New Era

Der Aufbruch der kasachischen Gesellschaft stellt sich als widersprüchlicher Prozess dar. Eine Rückbesinnung auf das Nomadentum, das nun als Wurzel nationaler Identität gilt, findet verstärkt in traditionellen kasachischen Symbolen, Ritualen und Inszenierungen seinen Ausdruck. Diese vermischen sich oder stehen in spannungsreicher Beziehung sowohl zu Traditionen der Sowjetära wie auch zur westlich-kapitalistischen Moderne, die vielen als Vorbild gilt. Den Verlierern der Wendejahre droht diese Form des Aufbruchs wenig Perspektive zu bieten.

The reconquest or repossession of Kazakh society must be seen as a contradictory process. A conceptual return to nomadism, now seen as the root of national identity, has been increasingly expressed in traditional Kazakh symbols, rituals, and displays. They commingle or enter into a charged relationship with traditions of the Soviet era and with Western capitalist modernity, which has often been seen as a model. Not least, this form of a new departure has offered few prospects to the losers of the watershed years.

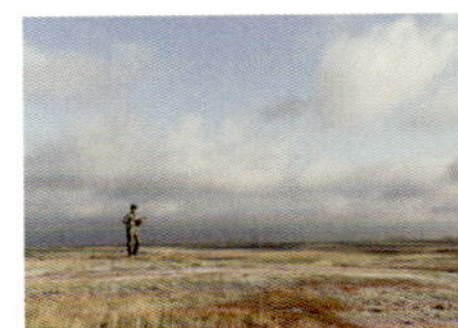

87 • Spassk • 2016

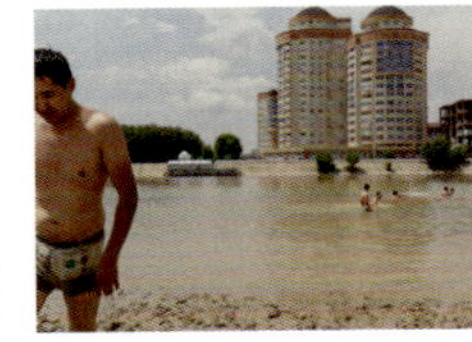

88 • Atyrau • 2016

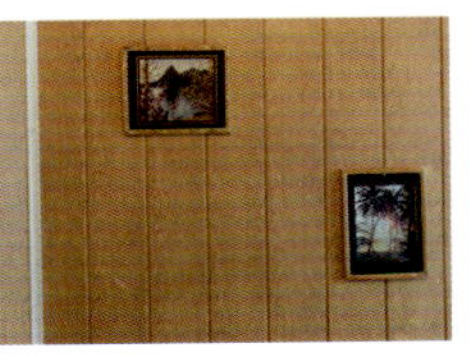

89 • Borovoye • 2014

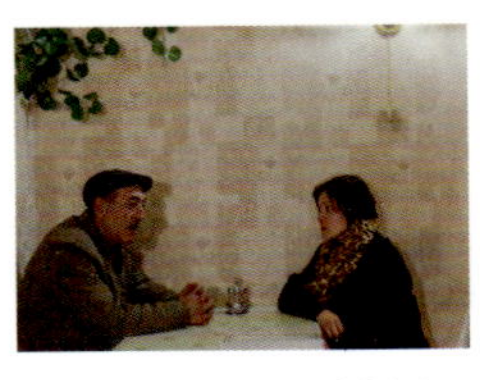

90 • Kapshagaj • 2014

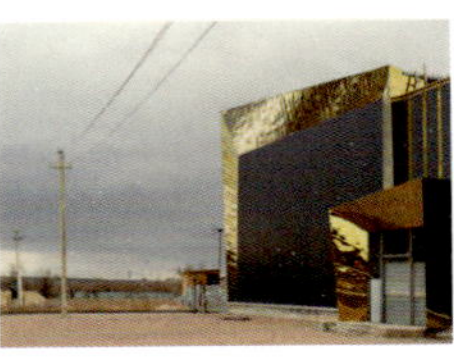

91 • Kapshagaj • 2014

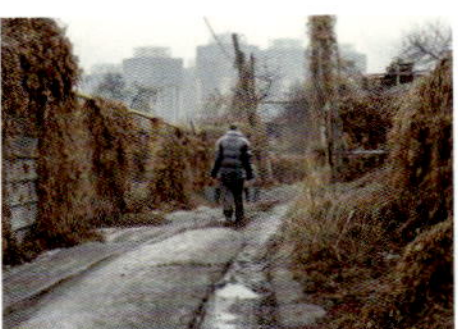

93 • Almaty • 2014

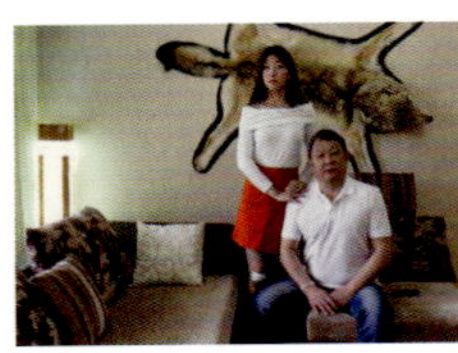

94 • Almaty • 2016

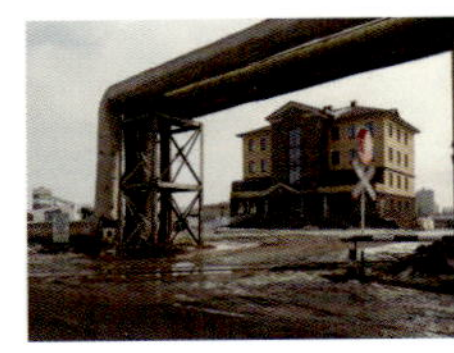

95 • Karaganda • 2015

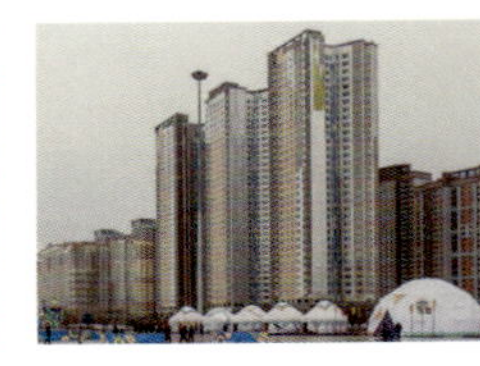

97 • Astana • 2015

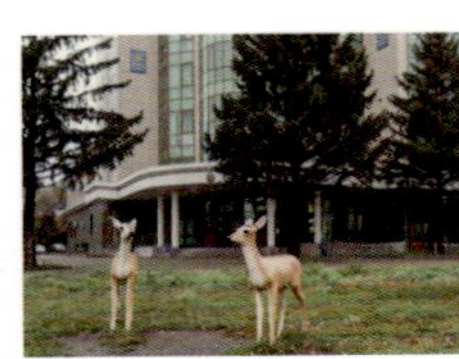

98 • Öskemen • 2015

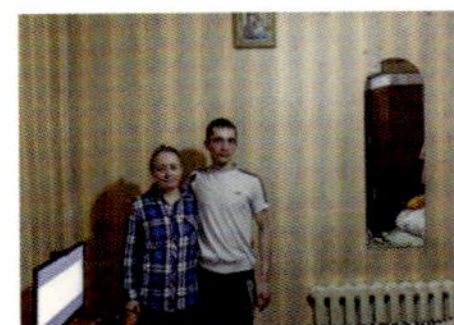

99 • Astana • 2016

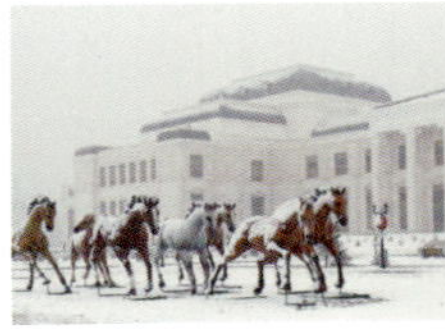

100 • Astana • 2015

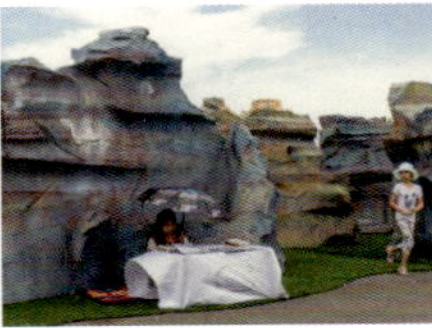

101 • Astana • 2015

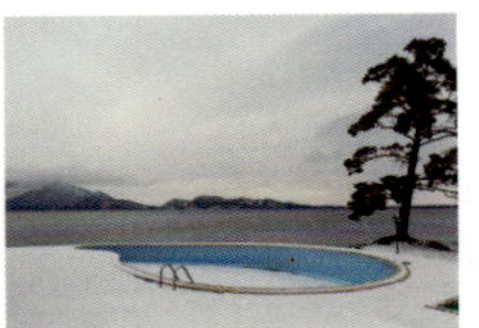

103 • Borovoye • 2014

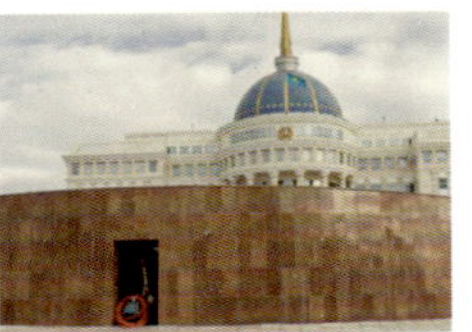

104 • Astana • 2009

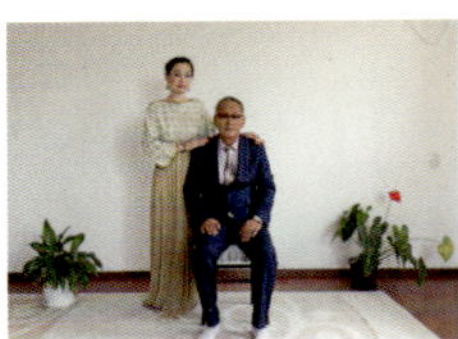

105 • Kulsary • 2016

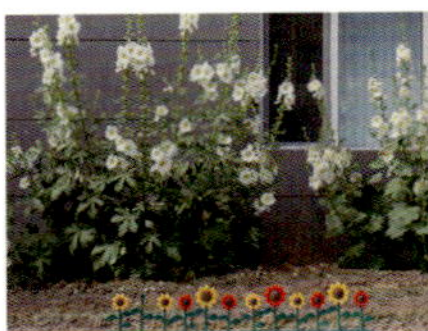

106 • Atyrau • 2016

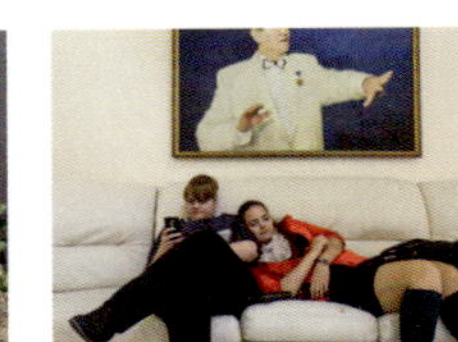

107 • Astana • 2015

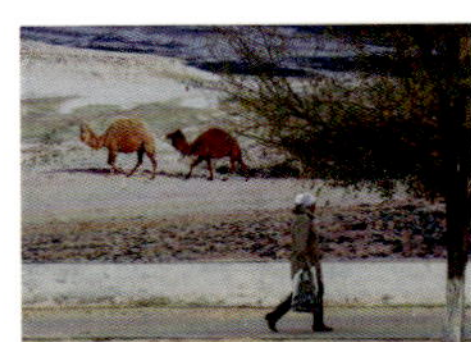

108 • Aktau • 2014

Urban Nomads

In diesem letzten Abschnitt sind wir – und mit uns der einstige Nomade – im Dickicht der Großstadt angekommen. Urbanisierung ist für Kasachstan keine grundsätzlich neue Entwicklung, vielmehr war sie für die Herausbildung seiner territorialen Identität bereits im 19. Jahrhundert wesentlich. Die während der Sowjetzeit im Zuge der Industrialisierung beschleunigte Urbanisierung ließ die heute noch erkennbaren Stadtkerne und Großsiedlungen sowie städtische Infrastrukturen entstehen. Mit dem Bauboom seit Beginn dieses Jahrhunderts nimmt die Zuwanderung in die Städte – vor allen in den Zentren der Grundstoffindustrie und in der neuen Hauptstadt Astana – weiter zu. Der Nomade ist in der Moderne angekommen. Natursehnsucht spiegelt sich hier noch in auffälligen Plakatinstallationen. Zwischen Auto, Smartphone und sonstigen Accessoires des modernen Menschen animieren zu besonderen Anlässen Kostümtänze, Jagdfalken- sowie Wildpferde-Inszenierungen und ähnlich historisierende Elemente aus der kasachischen Tradition zur Rückbesinnung auf eine verschüttete kulturelle Identität.

In this last section we—and with us the former nomad—have arrived in the urban jungle. For Kazakhstan, urbanization is not a fundamentally new development. On the contrary, it was already central to the formation of territorial identity in the nineteenth century. The accelerated rate of construction in the Soviet period over the course of industrialization resulted in the emergence of city centers, large housing estates, and urban infrastructure that are still recognizable today. With the building boom since the start of this century, migration to the cities has further increased, especially at the heart of the raw materials industry and in the new capital, Astana. The nomad has arrived in the modern world. A longing for nature is reflected in striking poster installations. Alongside cars, smartphones, and other accessories of modern humans, we find on special occasions dances in costume, shows of hunting falcons and wild horses, and other historicizing elements of Kazakh tradition, encouraging a return to a buried cultural identity.

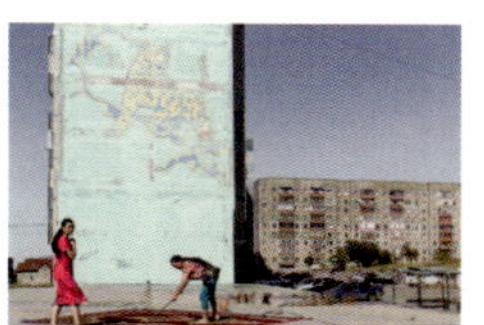

111 • Maykuduq • 2016

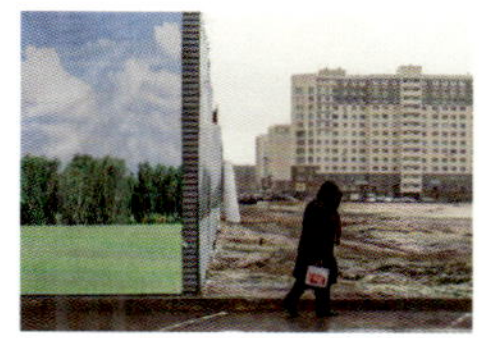

112 • Astana • 2014

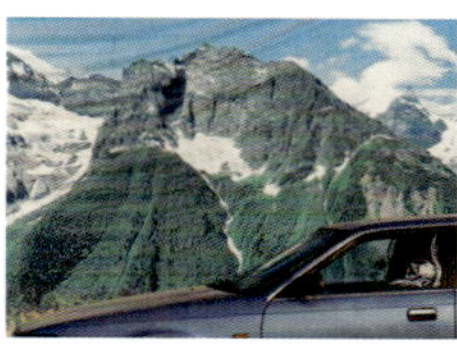

113 • Almaty • 2014

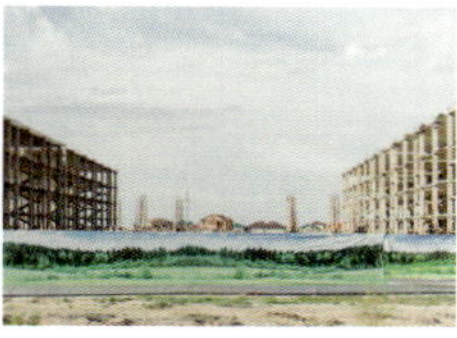

114 • Atyrau • 2016

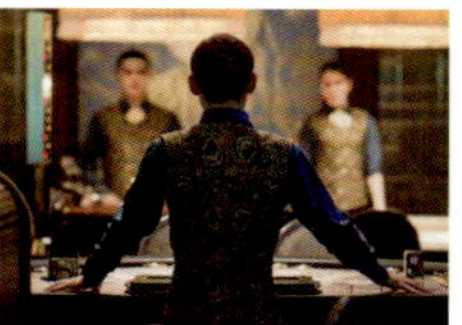

115 • Kapshagaj • 2014

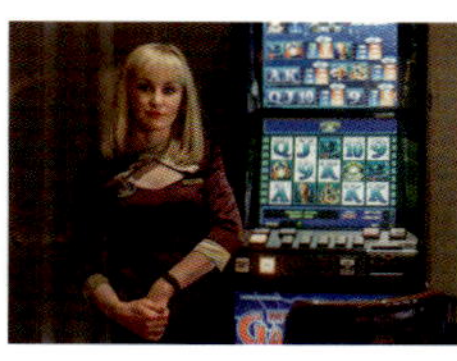

116 • Shutchinsk • 2014

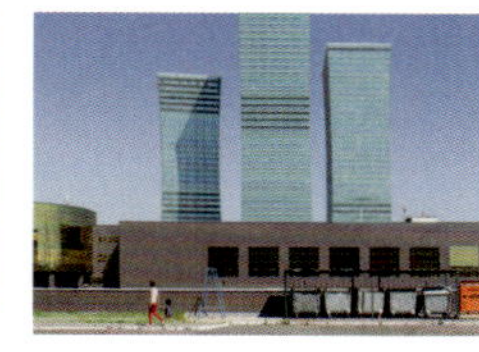

117 • Astana • 2015

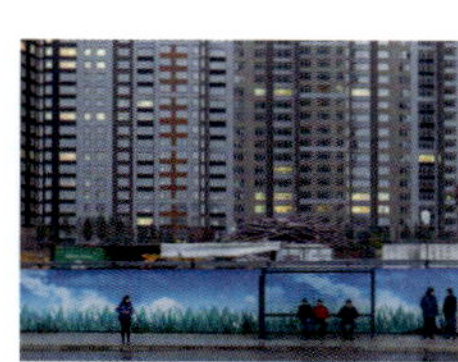

118 • Astana • 2014

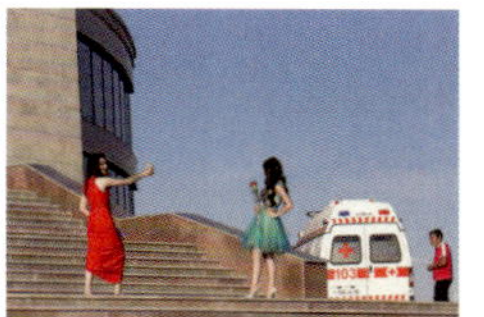

119 • Öskemen • 2015

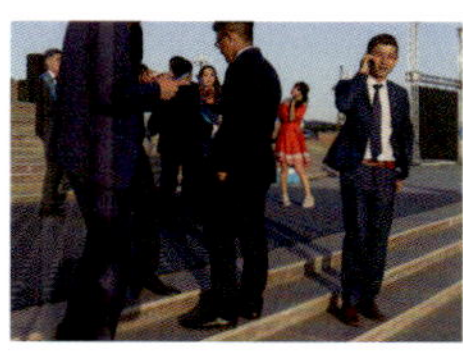

120 • Öskemen • 2015

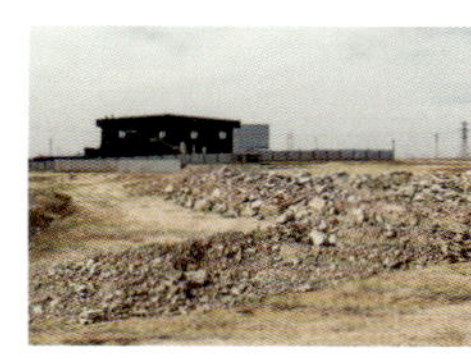

121 • Kapshagaj • 2014

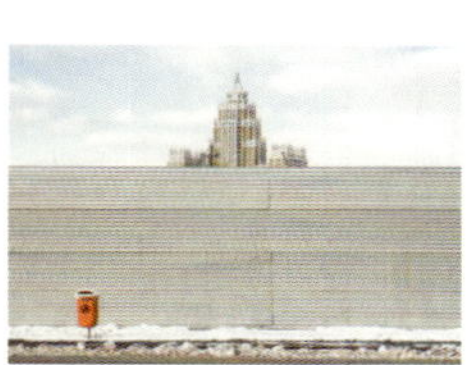

122 • Astana • 2009

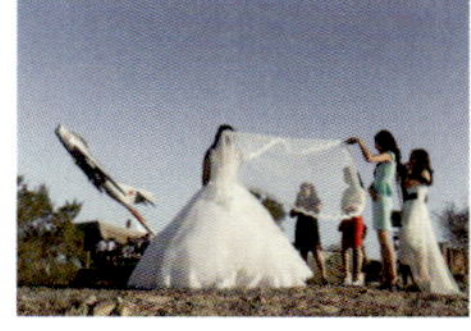

123 • Priozersk • 2016

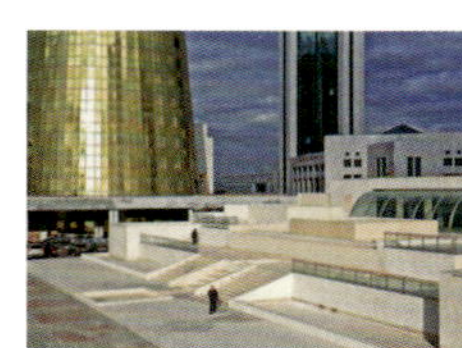

125 • Astana • 2009

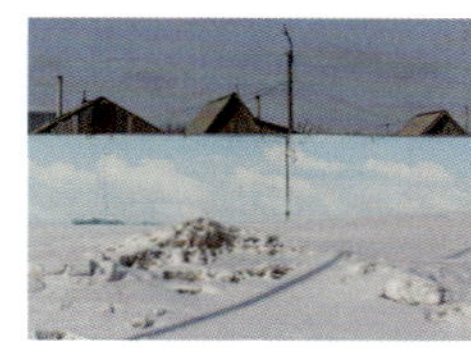

126 • Astana • 2014

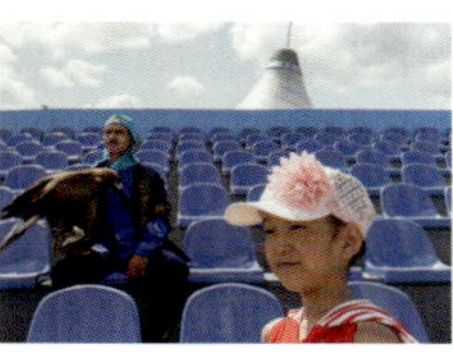

127 • Astana • 2015

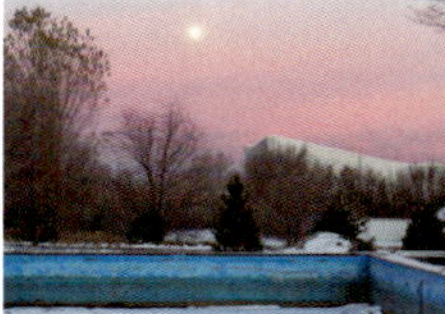

129 • Temirtau • 2015

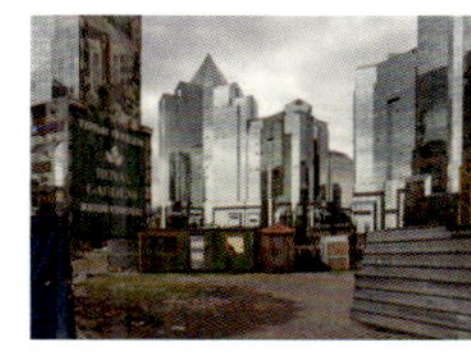

131 • Almaty • 2015

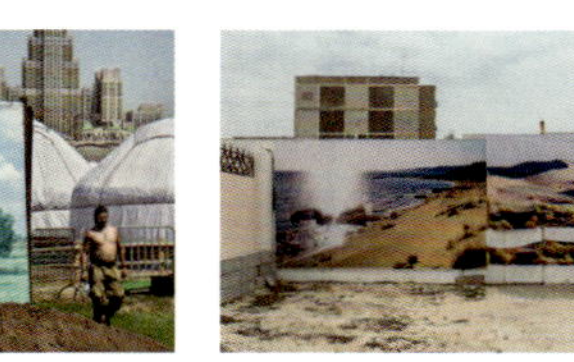

138 • Astana • 2015

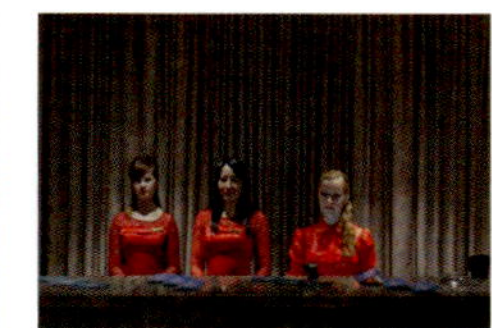

142 • Aktau • 2014

146 • Shutchinsk • 2014

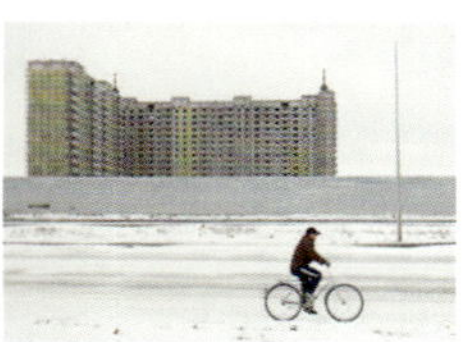

150 • Astana • 2009

Thank You

Herzlichen Dank

an all jene, die mich auf dem langen Weg mit Zuspruch, fachlicher Unterstützung und kritischer Reflexion in diesem Projekt begleitet haben und mir bei der Orientierung in unbekanntem Terrain behilflich waren, insbesondere

Serik Abilov, Zarina Aidarbekova, Angelica Ruslanovna Akilbekova, Gallia Aldamzharova, Aya Bach, Yevgeny Bach, Dirk Bange, Pavel Blok, Manfred Bobke, Andrej Bogdanovic, Adrian Giacomelli, Vyacheslav Dik, Alexander Dederer, Nurlan Dulatbekov, Elmira Dauletyarova, Vladimir Durmanov, Johann W. Gerlach, Swetlana Gorbatschowa, Asya Hasanova, Gesine Herrmann, Martin Hoffmann, Eberhard Holder, Valeria Ibraeva, Clara Isabaeva, Gulnar Kapysheva, Christoph Kasten, Irina Kenig, Viktor Kist, Moritz Koch, Bibigul Kudabaeva, Mariya Li,

Und nicht zuletzt

danke ich all den hier nicht namentlich Genannten, die mir zu Hause und unterwegs in vielfacher Weise ihre Hilfe und beim Fotografieren ihr Vertrauen schenkten.

D.S.

Warm thanks

to all those who accompanied me on the long journey of this project with encouragement, professional support, and critical reflection, and who helped me to find my way in unfamiliar terrain, especially

Larisa Martyinowa, Miha Majetic, Polina Menzhulina, Gulnur Mukazhanova, Igor Nagel, Yevgeniya Pakhina, Marina Paljuh-Makowitzki, Irina Pen, Raban Richter, Irina Rekida, Harald Rudzky, Zauresch Shutowa, Jürgen Stamm, Claudia Stellmach †, Dagmar Schreiber, Nikolai Schulmeister, Galina Shunusalieva, Jürgen Stamm, Anna Sokolva, Tatjana Stromskaya, Aidana Toleuovna, Tanja Unterberg, Tatjana Volkova-Jäger, Frauke Woitsch, Marie-Luise Wolff, Maxim Zaitsev, Wolfgang Zurborn

And not least

thanks to all those not mentioned here by name who assisted me in many different ways at home and on my travels, and trustingly stood in front of the camera.

Mein besonderer Dank richtet sich an
- das Team des Hatje Cantz Verlags für sein Engagement und Vertrauen in meine Arbeit,
- die Deutsche Botschaft in Astana und das Deutsche Generalkonsulat, Almaty, für die Unterstützung meiner Ausstellungsreihe in Kasachstan,
- das Institut für Auslandsbeziehungen für die Förderung der Ausstellung meiner Arbeiten in Peking sowie
- die Deutsch-Kasachische Universität (DKU), Almaty, die gefördert vom Deutschen Akademischen Austauschdienst (DAAD), Bonn, aus Mitteln des Auswärtigen Amtes, Berlin, die Herausgabe, Übersetzung und das Lektorat des vorliegenden Buches unterstützt hat.

I am particularly obliged to
- *the team at Hatje Cantz Verlag for their commitment and trust in my work,*
- *the German embassy in Astana and the German consulate general in Almaty for supporting my exhibitions in Kazakhstan,*
- *the Institut für Auslandsbeziehungen for sponsoring an exhibition of my works in Beijing,*
- *the German-Kazakh University (DKU), Almaty, who, funded by the German Academic Ex-change Service (DAAD), Bonn, and supported and funded by the Federal Foreign Office, Berlin, supported the editing, translation, and proofreading of this book.*

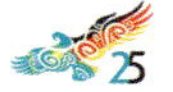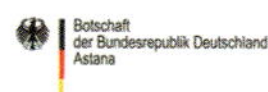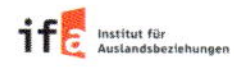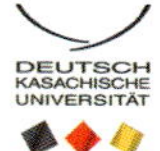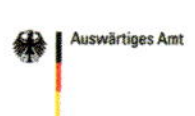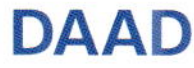

Fotografien *Photographs*
Dieter Seitz

Essay *Essay*
Markus Kaiser

Text *Text*
Dieter Seitz

Gestaltung und Satz *Design and layout*
Moritz Koch

Bildredaktion *Picture editing*
Dieter Seitz, Wolfgang Zurborn

Beratung *Consulting*
Nadine Barth, Markus Schaden

Übersetzung *Translation*
John Sykes

Lektorat *Copyediting*
Dawn Michelle d'Atri (English)
Ilka Backmeister-Collacott (Deutsch)

Projektmanagement *Project management*
Anja Tschörtner, Hatje Cantz

Verlagsherstellung *Production*
Franziska Lang, Hatje Cantz

Druck *Printing*
Passavia Druckservice GmbH & Co. KG, Passau

Buchbinderei *Binding*
Conzella Verlagsbuchbinderei, Urban Meister
GmbH, Aschheim-Dornach bei München

Papier *Paper*
Profimatt, 170 g/m²

© 2017 Hatje Cantz Verlag, Berlin,
und Autoren *and authors*
© 2017 für den Essay: *for the essay:*
Markus Kaiser
© 2017 für andere Texte und abgebildete
Werke: *for other texts and reproduced works:*
Dieter Seitz

Erschienen im *Published by*
Hatje Cantz Verlag GmbH
Mommsenstraße 27
10629 Berlin
Deutschland / Germany
Tel. +49 30 3464678-00
Fax +49 30 3464678-29
www.hatjecantz.com
Ein Unternehmen der Ganske Verlagsgruppe
A Ganske Publishing Group company

*Hatje Cantz books are available internationally
at selected bookstores. For more information
about our distribution partners, please visit
our website at
www.hatjecantz.com.*

ISBN 978-3-7757-4363-1

Printed in Germany

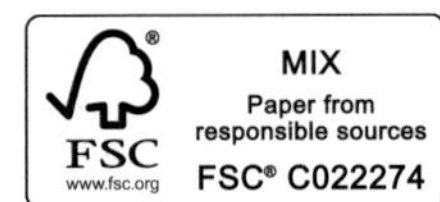